Digital Personal Branding

Marina Zayats

Digital Personal Branding

Über den Mut, sichtbar zu sein. Ein Guide
für Menschen und Unternehmen.

 Springer Gabler

Marina Zayats
Frankfurt am Main, Deutschland

ISBN 978-3-658-30173-6   ISBN 978-3-658-30174-3 (eBook)
https://doi.org/10.1007/978-3-658-30174-3

Die Deutsche Nationalbibliothek verzeichnet diese Publikation in der Deutschen Nationalbibliografie; detaillierte bibliografische Daten sind im Internet über http://dnb.d-nb.de abrufbar.

Springer Gabler

Springer Gabler ist ein Imprint der eingetragenen Gesellschaft Springer Fachmedien Wiesbaden GmbH und ist ein Teil von Springer Nature.
Die Anschrift der Gesellschaft ist: Abraham-Lincoln-Str. 46, 65189 Wiesbaden, Germany

Vorwort

Warum begeistert mich das Thema Digital Personal Branding und für wen habe ich dieses Buch geschrieben?
Das Thema (Digital) Personal Branding begegnete mir an zwei entscheidenden Stationen in meinem Leben. Das erste Mal war Mitte 2015 als ich mich selbstständig machte als Beraterin für Unternehmenskommunikation. Das Feld ist sehr weit, also musste eine klare Positionierung her: Womit kann ich konkret Mehrwert schaffen, für wen genau und was befähigt mich überhaupt dazu? Eine sehr spannende Zeit, die geprägt war von vielen Fragen, vielen Gesprächen mit Mentoren, Freunden, Bekannten und Familie und oft genug auch Zweifeln. Dazu muss man wissen, dass ich mich nicht selbstständig machte nach über 20 Jahren Berufserfahrung, sondern nach meinem Bachelor, einen Master (beide im Bereich Wirtschaft und Marketing) und unter einem Jahr Berufserfahrung bei einer führenden Kommunikationsberatung. In dieser Zeit lernte ich tiefer zu graben und über den Tellerrand der Qualifikationen auf dem Papier zu schauen.

Das brachte mich zu der ersten wichtigen Erkenntnis für Personal Branding: Du und Deine Brand sind viel mehr als die Summe Deiner Abschlüsse, Qualifikationen und Berufserfahrung. Wer nur auf die offensichtlichen Sachen schaut, übersieht Wichtiges. Personal Branding hat also auch immer etwas mit Persönlichkeitsarbeit zu tun und dem Verständnis davon, wer man ist und was man kann.

Die zweite Station, an der mir Personal Branding sehr bewusst wurde, eineinhalb Jahre später, als mich ein Kunde fragte, ob ich ihm helfen könne auch als Person zu einer Brand zu werden. Bis dato hatte ich nur Unternehmen oder Produktmarken dabei geholfen, sichtbarer zu werden. Diese Anfrage machte mich neugierig, weiter in dieses Thema hineinzuschauen und Erfahrungen zu sammeln. Zwei Jahre später wurde aus der ersten Anfrage eine Kerntätigkeit meiner Selbstständigkeit, die viele weitere Felder wie Corporate Influencership, Social Selling, Employer Branding, CEO Kommunikation und mehr umfasst. Das brachte mich zur zweiten wichtigen Erkenntnis über Personal Branding: Der Aufbau unserer Personal Brand ist ein fortwährender Prozess. Genauso wie wir uns ständig weiterentwickeln, so entwickelt sich auch unsere Personal Brand weiter. Nach und nach sammeln wir in unserer Karriere neue Werkzeuge, die wir einsetzen können, um neue Wege einzuschlagen und einen Mehrwert für andere zu stiften. Die Arbeit an unserer Personal

Brand hilft uns dabei, diese neuen Wege zu erkennen und auch anderen sichtbar zu machen, umso mehr Chancen zu nutzen.

Über den Mut, sichtbar zu sein

Diese Chancen entstehen allerdings nur, wenn man den Mut mitbringt, sich und seine Arbeit sichtbar zu machen. Etwas, das vielen nicht leicht fällt am Anfang, denn wo Chancen sind, sind oft auch Risiken. Zum Beispiel das Risiko von negativem Feedback (viel öfter bleibt es jedoch nur bei der Angst vor negativem Feedback oder es ist nicht so „dramatisch" wie wir es uns ausmalen). Bisher habe ich keinen Menschen kennengelernt, der heimlich im stillen Kämmerlein erfolgreich wurde. Gut sein allein reicht nicht, andere müssen das auch sehen – sonst wird man leicht übersehen. Das habe ich leider zu oft beobachtet. Das sorgt nicht nur dafür, dass Potenzial bei der Person selbst ungenutzt bleibt, sondern auch Wert für andere verloren geht, die von diesem Potenzial profitieren könnten.

Um den Mut zur Sichtbarkeit stets im Kopf zu behalten, habe ich mir ein Wort eingeprägt. Das Wort begegnete mir während einem „Entrepreneurship Austausch" in Tel Aviv, bei dem ich viele Gründer traf. Auf die Frage hin, warum Israel die „Start-up Nation" genannt wird, fiel oft das jiddische Wort Chuzpe. Eine entsprechende deutsche Übersetzung gibt es nicht, aber „zielgerichtete, intelligente Unverschämtheit und unwiderstehlicher Dreistigkeit" trifft es ganz gut (Wikipedia 2019). Im Wort schwingt eine gewisse Anerkennung für die soziale Unerschrockenheit von Gründern mit, die sich trauen, den Status quo zu hinterfragen und einfach mal Sachen auszuprobieren.

Dieses Buch ist für Menschen, die den Mut haben sichtbar zu sein, Chancen zu ergreifen und ihre Karriere aktiv selbst zu gestalten. Für Menschen, die Mehrwert stiften wollen durch ihre einzigartige Mischung aus Fähigkeiten, Wissen, Erfahrungen und ihrer Persönlichkeit. Personal Branding ist dabei ihr Werkzeug und ihr Chancenmacher! Dabei eignet es sich sowohl für (angehende) Berufseinsteiger, als auch für gestandene CEOs (siehe dafür Abschn. 5.5). Für Gründer und Selbstständige ebenso wie für Angestellte. Zudem ist der zweite Teil des Buches (ab Kap. 5) für jeden Menschen, der seinem Unternehmen oder seiner Abteilung dabei helfen will, Personal Branding gezielt für die Unternehmensziele einzusetzen (und dabei gleichzeitig den Mitarbeitern ein wertvolles Geschenk zu machen – Stichwort „Mitarbeiterbindung"!).

FAQ für Skeptiker

Du hast von der Wichtigkeit und den Chancen einer starken Personal Brand gehört, bist Dir aber nicht sicher, ob es wirklich was für Dich ist? Ich kann Dich verstehen. Personal Branding ist sehr vielfältig und manche Tipps, die als „must do" deklariert werden, passen einfach nicht zu einem selbst oder sind tatsächlich Humbug! Deswegen habe ich die häufigsten Bedenken, die Menschen davon abhalten anzufangen (und dran zu bleiben), im Folgenden aufgelistet:

Ist Digital Personal Branding nicht etwas für Menschen, die sich nur besser darstellen wollen, als sie eigentlich sind? Und wann wird Personal Branding zu Personal Bragging? (Aus dem Englischen „to brag" = angeben)

Personal Branding hat zu einem großen Teil mit Reflexion und dem klaren Herausarbeiten der eigenen Persönlichkeit und dem eigenen Wertbeitrag für andere zu tun. Alles, was in die Personal Brand mit einfließt, ist vorhanden und nicht erfunden. Es geht nicht darum, sich selbst als besser zu verkaufen, als man ist. Es geht darum, sich und seinen Mehrwert für andere klar zu greifen, zu verpacken und für andere sichtbar zu machen. Das bedeutet nicht, dass man alle Bescheidenheit über Bord wirft, sondern versteht, wo sie angebracht ist und in welcher Form und wo eben nicht. Die Sache ist nämlich die: Kaum jemand kann Dir Deine Kompetenz von der Nasenspitze ablesen.

Bedeutet Personal Branding, dass ich jetzt eine Rampensau werden soll?

Nur wenn Du möchtest. Zum Glück gibt es sehr viele Möglichkeiten, die eigene Marke sichtbar zu machen. Für introvertierte Menschen genauso wie für Extrovertierte. Dabei ist nicht der erfolgreich, der sich am lautesten oder buntesten präsentiert, sondern derjenige, der sich sehr überlegt mit seinen Zielen, seiner Zielgruppe, seinem Superkräfte-Portfolio (dazu später mehr!) und den dazu passenden Kanälen auseinandersetzt. Gerade für Introvertierte bieten beispielsweise passende Social Media Kanäle einen sehr einfachen und zielführenden Kanal, um sich und ihren Wertbeitrag sichtbar zu machen.

Erfordert der Aufbau meiner Personal Brand sehr viel Zeit?

Der Aufbau der Personal Brand ist eine Investition in die eigene berufliche Zukunft. Das hat seinen Preis, der vor allem in Form von Zeit und Gehirnströmen gezahlt wird.

Gleichzeitig, muss niemand dafür seine Wochenenden opfern. Die Regel lautet wie folgt: Zuerst arbeitest Du an Deiner Personal Brand, anschließend arbeitet Deine Personal Brand für Dich!

Der Aufbau der Personal Brand erfordert in der Regel mehr Zeit als ihre spätere Pflege. Schon mit zwei Stunden pro Woche kann man in den ersten drei Monaten ein solides Startkapital aufbauen.

Wie viel Du investieren möchtest, hängt davon ab, welche Ziele Du verfolgst. Als Selbstständige/r wirst Du in der Regel mehr Zeit in Deine Personal Brand investieren als ein Angestellter, der noch fünf Jahre den gleichen Job ausüben möchte (und kann). Wer einmal mit Personal Branding anfängt und erste Erfolge sieht, erlebt oft, wie es zunehmend zu einer Selbstverständlichkeit im Alltag wird.

Ist Personal Branding nur eine Modeerscheinung und überhaupt wirklich neu?
Ob Personenmarke, Marke Ich, Ich-AG, Eigen-PR oder Eigenmarke. Es gibt viele
Begriffe für ein und dieselbe Disziplin. Personal Branding ist dabei vor allem international der am meist verbreitete Begriff. Die Idee der Person als Marke existiert
schon länger. Allerdings sind die Möglichkeiten der Sichtbarkeit und Darstellung
durch den Einzug von Social Media und dem Internet allgemein stark gestiegen.
Gleichzeitig verschwimmen analog und digital zusehends, wenn es um die Sichtbarkeit unserer Personal Brand geht. Jeder hat heute zusätzlich zu seiner Identität, eine
digitale Identität im Internet.
    Ist Personal Branding eine Modeerscheinung, die bald wieder verschwindet?
Nein. Dafür gibt es zu viele langfristige Veränderungen in der Arbeitswelt und der
Gesellschaft, die dagegen sprechen. Mehr dazu in Kap. 1.

Ist Personal Branding nicht nur etwas für Selbstständige und Unternehmer?
Personal Branding ist ein Werkzeug für jeden, der seine Karriere proaktiv gestalten
möchte. Für jeden, der mehr Chancen geboten bekommen möchte. Und für jeden,
der berufliche Ziele hat. Unabhängig davon, ob das Ziel darin besteht, Karriere beim
jetzigen Arbeitgeber zu machen, die Abteilung oder das Unternehmen zu wechseln,
sich selbstständig zu machen, neue Kunden zu gewinnen, ein Unternehmen zu gründen, eine zweite Karriere zu starten oder sich beruflich noch einmal komplett neu zu
orientieren. Wie oben erwähnt: Gut sein allein reicht nicht, andere müssen das
auch sehen!

Bei welchen Zielen kann mich meine Digital Personal Brand unterstützen?
Bei sehr vielen. Meine Kunden und ich selbst haben bisher von folgenden Resulta-
ten des Personal Brandings profitiert:

- Passende Kundenanfragen durch eine starke Digital Personal Brand in LinkedIn
- Neue potenzielle Rollen beim Arbeitgeber gepitcht bevor sie überhaupt ausge-
  schrieben wurden (und diese auch bekommen, weil man schon sichtbarer Experte
  auf diesem Gebiet war). Stichwort Jobcrafting!
- Für Keynotes und Seminare angefragt worden
- Starkes Netzwerk innerhalb des eigenen (Kunden-)Unternehmens aufgebaut
  durch eine starke Digital Personal Brand in den sozialen Business Netzwerken
- Gelungener Sprung in die Selbstständigkeit mit Kunden ab Tag eins

- Umsatz des eigenen Unternehmens erhöht durch die starke Digital Personal Brand des Gründers/der Mitarbeiter
- Image des Unternehmens verbessert durch die Positionierung des CEOs in LinkedIn und Twitter
- Die eigenen Verkaufsziele als Vertriebler übertroffen durch eine überzeugende Positionierung und Interaktion in LinkedIn und XING
- Employer Branding: Mehr (passende) Bewerber durch die Ausbildung der Mitarbeiter als Corporate Influencer

Mir ist Privatsphäre sehr wichtig. Muss ich diese ein Stück weit opfern für eine starke Personal Brand?

Nein. Ich behaupte sogar, dass man durch die gezielte Arbeit an der eigenen Marke und dem gekonnten Steuern der Sichtbarkeit in der digitalen und analogen Welt, die eigene Privatsphäre besser schützen kann. Du entscheidest selbst, was Du teilen möchtest.

Eine gewisse Offenheit und Mut ist jedoch von Vorteil, um Menschen nicht nur die eigene Expertise zu zeigen, sondern auch die Person dahinter. Das baut Vertrauen auf und unterscheidet eine Personal Brand von einem reinen Wissensträger.

Wie lese ich dieses Buch?

Kap. 1 und 2 sind die Basis. Hier erfährst Du, warum Digital Personal Branding ein unerlässliches Werkzeug für Deine Karriere und die Arbeitswelt insgesamt ist. Heute und in der Zukunft.

Zudem kläre ich auf, was (Digital) Personal Branding ist und was es nicht ist. Denn es ist entscheidend, wie bei so vielen anderen Aufgaben auch, mit welcher Geisteshaltung Du Dich Deiner Brand näherst.

Wenn Du Deine eigene Personal Brand aufbauen möchtest, empfehle ich Dir das Buch von vorne bis Kap. 5 zu lesen und insbesondere die Übungen in Kap. 3 zu machen. In Kap. 3 geht es um das Herausarbeiten des Kerns Deiner Personal Brand: Deine Superkräfte, Deine Persönlichkeit, Deine Ziele und relevante Zielgruppen. Diese Arbeit ist unerlässlich, wenn Du eine starke, zielführende Brand aufbauen möchtest.

Anschließend kannst Du Dir einzelne Elemente der Sichtbarkeit in Kap. 4 vornehmen und austesten. Dabei ist es entscheidend, einen guten Überblick zu erhalten über die Möglichkeiten der Sichtbarkeit und diejenigen auszuwählen, die zu Dir und Deiner Zielgruppe passen. Fange nicht mit allen an. Fokus ist hierbei entscheidend.

Wenn Du Mitarbeiter und Führungskräfte innerhalb eines Unternehmens von Personal Branding überzeugen und/oder schulen möchtest, sei es für die Stärkung der Employer

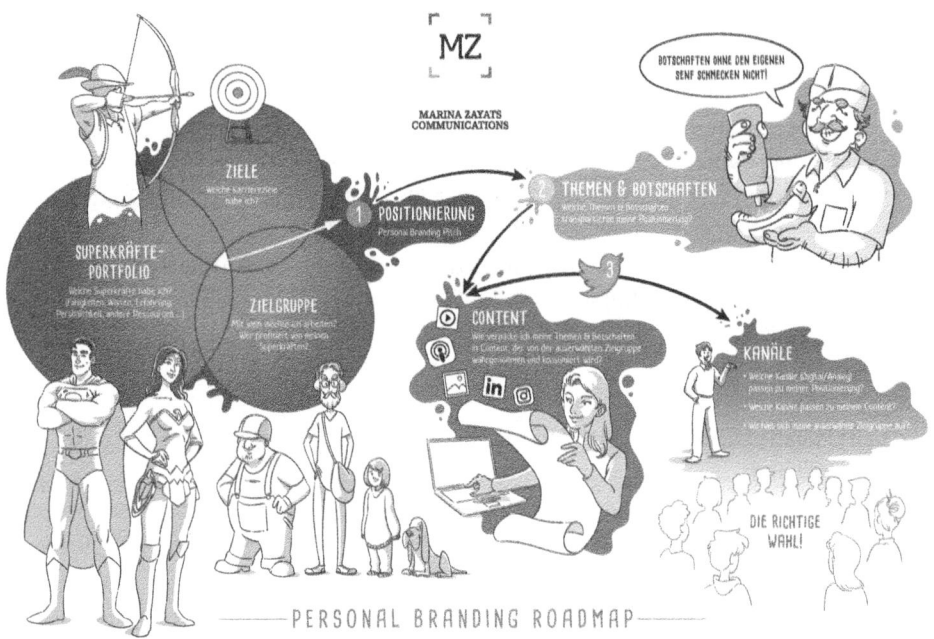

Abb. 1 Personal Branding Roadmap

Brand, die Stärkung des Vertriebs, bei der Begleitung eines Change Prozesses oder anderen Aufgaben, dann wirst Du in Kap. 5 fündig samt vielen Beispielen aus der Praxis von Unternehmen wie Otto, AXA, Hays, Microsoft, Continental und weiteren.

Da die Arbeit an der eigenen Personal Brand nie aufhört, kannst Du zudem das Buch immer wieder als Anleitung zur Hand nehmen und einzelne Kapitel nachschlagen, um neue Ideen zu entwickeln und von den Beispielen anderer zu lernen. Die Personal Branding Roadmap dient dabei als visuelle Unterstützung (siehe Abb. 1).

Ein besonderer Dank an die vielen Gastautoren und Interviewpartner in diesem Buch

Einer der wichtigsten Grundpfeiler dieses Buches sind die vielen Menschen, die daran mitgewirkt haben. Eine starke Personal Brand baut man nicht im Alleingang auf. Wir brauchen die Außensicht genauso wie die Innensicht. Nur so erkennen wir, was uns wirklich besonders macht. Jeder Gastautor und Interviewpartner ist ein sorgfältig ausgewählter Experte in seinem Gebiet und darüber hinaus mit sehr viel Leidenschaft an den Themen dran, die er treibt. Du wirst sehen: Digital Personal Branding ist eine Disziplin, die sehr vielfältig ist.

Ich wünsche Dir viel Freude beim Lesen und noch mehr Freude bei der Arbeit an Deiner Digital Personal Brand!

Literatur

Wikipedia (2019) Chuzpe. https://de.wikipedia.org/wiki/Chuzpe. Zugegriffen am 19.07.2019

Frankfurt am Main, Deutschland   Marina Zayats

Inhaltsverzeichnis

Die treibenden Kräfte der neuen Arbeitswelt: Warum wird Personal Branding zur essentiellen Kompetenz?

„Die Arbeitswelt von morgen wird die Menschen überall auf der Welt stärker fordern, sich selbst in ihr immer wieder neu zu definieren." (Zukunftsinstitut 2012)

Die Chancen auf dem heutigen Arbeitsmarkt sind für gut ausgebildete Menschen vielfältiger als je zuvor. Hybrid-, Portfolio- und Mosaikkarrieren werden immer beliebter. Gemeint sind damit mehrere Karrierepfade, die parallel verlaufen, anstatt eine klassische Karriereleiter, die es hinaufzuklettern gilt. Zudem gewinnen Modelle abseits des klassischen Angestelltenverhältnisses seit Jahren weltweit an Bedeutung. So arbeiten z. B. in Deutschland nur noch 46 % der IT-Spezialisten in Festanstellung (IDG-Studie IT-Freiberufler 2019).

Ein deutlicher Wertewandel ist erkennbar. Für viele Menschen soll Arbeit maximal sinnstiftend sein, das eigene Tun soll einen klaren Wertbeitrag für die Gesellschaft leisten. Natürlich ist dieser Wunsch nicht unbedingt neu, würden jetzt unsere Großeltern sagen. Allerdings wird der Sinn in der eigenen beruflichen Tätigkeit heute viel konsequenter priorisiert. Bewerber suchen Arbeitgeber mit einem „shared why": Die Werte des Unternehmens (oder mindestens der Abteilung und der Führungskraft) sollen den eigenen Werten entsprechen. Ist das nicht (mehr) gegeben, beginnt die Suche von vorne. Zu bleiben, obwohl man gehen könnte, wird zunehmend als inakzeptabel empfunden.

Auch Unternehmen achten bei der Suche nach passenden Mitarbeitern stärker auf die Persönlichkeit, statt nur auf die passenden Fähigkeiten. Nicht zuletzt, weil das Ablaufdatum der gefragten Fähigkeiten immer kürzer wird in einem Markt, in dem sich Unternehmen immer schneller anpassen müssen um zu überleben. Das betrifft auch jene Fähigkeiten, die momentan am stärksten gesucht werden. So schreibt Chris Wanstrath, CEO von Github: „Viele exzellente, gehypte und gut-gemeinte Initiativen die darauf abzielen, jungen Menschen das Coden beizubringen, statten Kinder eventuell mit Fähigkeiten aus, die in einem Jahrzehnt nicht mehr gebraucht werden" (Institute for the Future 2018).

M. Zayats, *Digital Personal Branding*,
https://doi.org/10.1007/978-3-658-30174-3_1

Was heute händeringend gesucht wird, ist morgen schon obsolet. Auch viele der heute stark nachgefragten Berufe waren vor 15 Jahren noch gar nicht auf der Bildfläche. Das bestätigt auch eine aktuelle Umfrage, die unter XING-Mitgliedern durchgeführt wurde. 15 Prozent der Befragten sind heute in Berufen tätig, die erst nach 2003 entstanden sind. Ganze 32 Prozent glauben, dass es ihren Beruf in 15 Jahren nicht mehr in der aktuellen Form geben wird (XING New Work Trendbook 2018).

Der Wunsch und die Fähigkeit, sich konstant weiterzubilden, sowie die intensive Auseinandersetzung mit den eigenen Karrierezielen, Möglichkeiten und Kompetenzen sind demnach die neuen Gebote für Menschen, die auch weiterhin mitgestalten wollen. Passend dazu schreibt Richard Nelson Bolles, Autor von „What Color is Your Parachute?": „Most job-hunters who fail to find their dream job fail not because they lack information about the job market, but because they lack information about themselves."

Wir müssen uns also regelmäßig fragen, welche zusätzlichen Werkzeuge wir brauchen, um daraus mehr Gestaltungsmöglichkeiten für uns zu schaffen. Dafür müssen wir unsere jetzigen Werkzeuge (Superkräfte-Portfolio) klar greifen können! Die Arbeit an der eigenen Personal Brand schafft also doppelte Chancen: Wir werden an den richtigen Stellen sichtbar und wir werden uns darüber bewusst, welchen Mehrwert wir heute schon bieten können und wohin wir uns entwickeln wollen.

Das Institute for the Future hat 2018 in einer qualitativen Studie mit „praktischen Futuristen" aus unterschiedlichen Wirtschaftszweigen die am meist und am wenigsten gefragten Fähigkeiten herausgearbeitet. Auf der Seite der meist gefragten Fähigkeiten steht unter anderem:

> „Managing reputation. Knowing how to protect, trade, donate, and reap your own value from data about you is how you'll manage your reputation and build your personal brand – and learning how to curate your brand in multiple media and many cultures is the first key to success."

Auf der Seite der am wenigsten gefragten Fähigkeiten steht hingegen: „Writing and reviewing resumes. Digital portfolios, personal branding, and performance reputation will replace resumes." (Institute for the Future 2018). Studienergebnisse, die die zunehmende Bedeutung von Personal Branding auf den Punkt bringen.

Die Fragen, die sich daraus für jeden einzelnen von uns ergeben, sind also:

- Wie muss ich mich weiterentwickeln, so dass ich auch in Zukunft nicht nur relevant bin für den Arbeitsmarkt, sondern auch eine aktive, gestalterische Rolle darin einnehme?
- Wie vermittle ich meinen Mehrwert auf einem sehr lauten und vollen Arbeitsmarkt, wenn die klassische Bewerbung ersetzt wird durch „Digital portfolios, personal branding, and performance reputation", wie oben aufgezählt?

Die kürzere Lebensdauer der gefragten Fähigkeiten und der konstante Anpassungsdruck der Unternehmen führen dazu, dass wir zunehmend über den Tellerrand unserer fest abgesteckter Berufe hinaus denken müssen. Wo kann ich im Unternehmen und auf dem Arbeitsmarkt allgemein gerade am meisten Wert stiften wird „das gehört nicht in meine Aufgabenbeschreibung" nach und nach ablösen. Das verlangt von Unternehmen und vor allem auch von den Mitarbeitern viel Flexibilität und Selbstverantwortung. Mitarbeiter werden mehr wie Selbstständige innerhalb ihres Unternehmens denken und handeln. Das bedeutet auch, dass sie mehr Gestaltungsspielraum haben – sofern sie ihn nutzen wollen. So können Menschen, die ihren Mehrwert genau kennen, die Notwendigkeit neuer Rollen sehen bevor die ausgeschrieben werden. Sie können diese folglich mitgestalten und besetzen, anstatt sich mit vielen anderen darauf zu bewerben.

Ein gutes Beispiel dafür sind „First Hires" bei Startup-Unternehmen. Startups müssen sich sehr schnell anpassen, um zu wachsen, bzw. zu überleben. In dieser Zeit entsteht die Nachfrage nach neuen Rollen, die Gründer bisher nicht auf dem Schirm hatten. Die „First Hires" bei vielen ehemaligen Startups, die heute Marktführer sind, haben sich selbst gepitcht. Voraussetzung dafür war, dass sie genau wussten, was ihre Personal Brand ausmacht (HBR 2019).

XING schreibt dazu in seinem New Work Trendbook: „In Zukunft wird ein transparentes Regelwerk die Verantwortung auf einzelne Funktionen aufteilen, davon sind 64 Prozent der befragten Personaler überzeugt. Die Mitarbeiter werden hierbei selbst bestimmen, welche Rollen innerhalb der einzelnen Arbeitskreise zu besetzen sind. Dadurch wird die Entscheidungsfreiheit für jeden steigen" (XING New Work Trendbook 2018).

Um diese Entscheidungsfreiheit nutzen zu können, ist es wichtig zu verstehen, welchen Mehrwert ich liefere und wie ich diesen sichtbar machen kann bei den entscheidenden Akteuren. Die Arbeit an der eigenen (Digital) Personal Brand bietet hierfür das richtige Werkzeug.

1.1   Über die Rolle von Digital Personal Branding für unsere Karrierewahl

„Wer die Wahl hat, hat die Qual", heißt es. Unser Berufsleben ist da keine Ausnahme. „Vorgefertigte Berufe" mit einem klaren Ausbildungs- und Entwicklungsweg weichen zunehmend völlig neuen, noch nie eingeschlagenen Pfaden. Wir leben länger und wir arbeiten länger. Statt einer Karriere, haben wir mehrere und die vielen Möglichkeiten können den einen oder anderen erschlagen. Ich habe mit einem der bekanntesten Karriere- und Business-Coaches im DACH-Raum über die Fragen gesprochen, mit denen seine Coachees zu ihm kommen – und über seine Antworten (s. Abschn. 1.1.1).

1.1.1   Was brauchen Menschen heute um Karriere zu machen?

Marina Zayats im Gespräch mit Dr. Bernd Slaghuis

> **Über den Gesprächspartner**
> Dr. Bernd Slaghuis ist Karriere- und Business-Coach und steht für eine neue Sicht auf Karriere, Bewerbung auf Augenhöhe sowie gesunde Führung. Als Bankkaufmann, Ökonom und ehemalige Führungskraft bei einem Kölner Versicherungskonzern kommt er aus der Praxis. Er schreibt als XING Insider, ist WELT-Kolumnist und sein Karriere-Blog „Perspektivwechsel" erreicht monatlich 100.000 Leser.

▶   **Bernd, Du berätst Menschen zum Thema Karriere und Neuorientierung im Beruf. Was sind die häufigsten Fragen, mit denen Angestellte heute zu Dir kommen?**
In der Karriereberatung geht es meinen Klienten immer um ihren nächsten sinnvollen Schritt im Beruf und damit um die gezielte Entscheidung für einen Weg, der zur jeweiligen Lebenssituation sowie den persönlichen Werten und Zielen für die nächsten Jahre passt. Die meisten von ihnen sind zwischen Anfang Vierzig und Mitte Fünfzig, sie haben schon einige Stationen im Beruf hinter sich und sie sind sich daher oftmals sehr bewusst darüber, was ihnen in Zukunft wichtig ist und was sie auf gar keinen Fall mehr möchten – wobei das Letztere in ihren Köpfen deutlich präsenter ist.

Die Auslöser für den Wunsch beziehungsweise die Notwendigkeit zur beruflichen Veränderung sind sehr vielfältig: Viele meiner Klienten kommen mit einem sie belastenden Gefühl von anhaltend hoher Frustration, dauerhaft fehlender Herausforderung oder mangelnden Entwicklungsperspektiven bei ihrem aktuellen Arbeitgeber zu mir in die Beratung. Andere fühlen sich seit geraumer Zeit gelangweilt in ihren Positionen, sehen kein Vorankommen und fragen sich, wie sie es endlich von diesem gefühlt ausweglosen Abstellgleis zurück in eine erfüllendere Tätigkeit schaffen. Wieder andere haben die Kündigung auf dem Tisch liegen und möchten sich die Entscheidung für den nächsten Arbeitgeber sehr genau überlegen und den Schritt gezielt gehen. Denn viele sind in ihrem Alter um die 50 Jahre der Meinung, dass dies der letzte Wechsel in ihrem Arbeitsleben sein wird.

Wer viele Jahre oder sogar sein bisheriges Leben lang bei einem Arbeitgeber war, der ist sich in der ungewohnten Wechselsituation unsicher, was ihn wirklich attraktiv für einen neuen Arbeitgeber macht und glaubt, nicht zu wissen, wie man sich heute als Jobwechsler verhält und im modernen Arbeitsmarkt bewirbt. Oder wer in den letzten Jahren häufig den Arbeitgeber wechseln musste, der sehnt sich nach einem Ankommen im Beruf und möchte erfahren, was seine Zukunft wirklich nachhaltig sichert. Und wer sich seit Jahren im Job langweilt, der hat den eigenen Blick auf die Stärken und Kompetenzen aus den Augen verloren und kann nicht einschätzen, welche neuen Positionen realistisch sind, geschweige denn in der Rolle als Bewerber Stärke zeigen. Wer sich hingegen vor Überforderung nicht mehr retten kann und wortwörtlich ausgebrannt ist, dem fehlt meist die nötige Kraft, aus dem Hamsterrad des täglichen Wahnsinns auszubrechen und sich Freiraum zu schaffen, den erlösenden Wechsel anzugehen. Viele meiner Klienten haben über Monate und zum Teil Jahre in für sie belastenden Situationen im Beruf ausgehalten und bemerken, dass sie es nicht allein schaffen, die gewünschte positive Veränderung in ihrem Leben umzusetzen.

Was sie zu mir als Coach führt, ist meist das Gefühl, sich selbst im Kreis zu drehen, mit den Gedanken im Nebel zu stochern, den Wald der Möglichkeiten vor lauter Bäumen nicht zu sehen und natürlich auch Angst zu haben, sich falsch zu entscheiden. Immerhin geht es um berufliche Entscheidungen, die das eigene und oft auch das Leben der Familie in den nächsten Jahren nachhaltig prägen werden. Sie alle haben die guten Ratschläge der Familie, von Freunden und Kollegen angehört, sich selbst bereits viele Gedanken über das gemacht, was sie in diese Situation gebracht hat, wer Schuld daran ist und was sie hätten vielleicht besser machen können. Jedoch das, was ihnen heute und in Zukunft wichtig ist, wirklich ihren Stärken und Kompetenzen entspricht und ihnen Freude machen und eine bessere Zukunft versprechen würde, darüber fehlt es vielen noch an Klarheit. Die meisten kommen in einer Phase zu mir, in der es noch mehr um ein Weg-von geht. Hauptsache raus und der Schrecken hat ein Ende. Doch erst der Blick auf das Hin-zu versetzt sie nicht nur in eine zukunftsgerichtete Haltung voller Stärke und Veränderungsmotivation, sondern nur dies eröffnet erst wirklich die Sicht auf die Möglichkeiten, die sich in Zukunft bieten.

▶ **Wie gehst Du im Coaching vor, um Menschen bei ihrer beruflichen Orientierung zu unterstützen?**
In der Arbeit mit Klienten geht es mir vor allem um die Klarheit, die jeder individuell für sich benötigt, um in der jeweiligen Situation eine gute Entscheidung treffen zu können. Klarheit über ihre Werte im Beruf, also über das, was ihnen heute und in Zukunft wirklich wichtig ist und was sie benötigen, um in den nächsten Jahren motiviert, leistungsfähig und zufrieden zu sein sowie gesund zu bleiben. Vielen Angestellten sind heute Sinn empfinden, Herausforderungen meistern, Erfolge spüren, Einfluss und Gestaltungsspielraum besitzen oder auch Sicherheit, Zugehörigkeit, Kollegialität und Gerechtigkeit extrem wichtig. Jedem von uns sind andere Werte im Beruf wichtig und sie verändern sich auch im Laufe eines Lebens. Aus meiner Erfahrung ist die Klarheit über die individuellen Werte und das, was sich hinter solchen Begriffen wie „Sinn" oder „Erfolg" für einen Menschen wirklich verbirgt, die Basis für Glück und Zufriedenheit im Beruf. Daher ist ein „Update" der eigenen Wertvorstellungen zum Zeitpunkt der beruflichen (Neu-)Orientierung aus meiner Erfahrung eines der wichtigsten Elemente im Coaching-Prozess zu allen beruflichen Themen.

Klarheit bedeutet auch, einen klaren Blick auf alles das zu haben, was uns als Arbeitnehmer – und Menschen – ausmacht. Klarheit über das erworbene Fachwissen, über den echten Wert der bisherigen Berufs- und Lebenserfahrung, über die eigenen Stärken und Talente und auch über das, was uns persönlich ausmacht. Schließlich gibt niemand von uns seine Persönlichkeit bei der Arbeit an der Garderobe ab, ganz im Gegenteil: Je mehr es in der Arbeitswelt in Zukunft um neue Formen der menschlichen Zusammenarbeit geht, etwa in Form von agilem Arbeiten oder in interdisziplinären temporären Projektteams, umso mehr werden die sozialen Kompetenzen gefragt sein. Die Halbwertzeit von

Fachwissen wird immer kürzer, Erfahrungswissen, in die Wiege gelegte Talente und Soft-Skills gewinnen zunehmend an Wert. Vielen meiner Klienten fehlt diese Klarheit über sich selbst. Sie haben verlernt, ihre Stärken wertzuschätzen, können nach vielen Jahren im Beruf den Wert ihrer Berufserfahrung nicht mehr richtig einschätzen und erkennen nicht, was sie persönlich etwa als Führungskraft oder in ihrer Rolle in einem Team besonders auszeichnet. Nur wer Klarheit über sich selbst besitzt, kann diese Klarheit auch im Außen etwa in der Rolle als Bewerber vermitteln.

Zu mehr Klarheit gehört in einer beruflichen Wechselsituation ebenso das eigene Bewusstsein darüber, was ein gutes Arbeitsumfeld ausmacht. Im Coaching sammeln wir alles das, was zu einem idealen Traumjob dazugehören würde. Von der Größe und Art eines Arbeitgebers, der Branche, seiner Produkte oder Dienstleistungen, über die Form der Führung, den Chef, die Kollegen im Team, das ideale Verhältnis zwischen Abwechslung und Routine, den Anteil von Reisetätigkeit oder die Internationalität eines Jobs. Ich mache die Erfahrung, dass es weniger die Aufgabe selbst ist, die über Freude und Erfolg im Beruf entscheidet, sondern vor allem der Rahmen als Kontext, also die Arbeitsumgebung und die Menschen, mit denen wir täglich zusammenarbeiten. Sich dieser Faktoren bewusst zu werden, hilft vielen meiner Klienten, sich noch gezielter auf Stellen- und Arbeitgebersuche zu begeben und spätestens im Vorstellungsgespräch auch über ihre Vorstellungen sprechen zu können.

▶   **Haben sich die Themen und Fragen verändert über die letzten Jahre?**
Ja und Nein. Die Gedanken und Sorgen, die sich Menschen grundsätzlich in beruflichen Umbruchsituationen machen, sind sehr ähnlich, zeitstabil und unabhängig von Berufen, Branchen oder Positionen in einer Organisation. Die Assistentin stellt sich – und mir – die gleichen Fragen, wie es auch der Top-Manager tut. So unterscheiden sich meine Methoden und mein Vorgehen im Karriere-Coaching auch nicht nach Berufsfeldern, Hierarchieebene oder Branche meiner Klienten. Schließlich sind wir alle Menschen mit ähnlichen Grundbedürfnissen, Wünschen sowie auch Ängsten und Sorgen – wenn auch auf unterschiedlichen Entwicklungsstufen, mit individueller Prägung und persönlicher Haltung.

Was sich in meiner Wahrnehmung jedoch in den letzten Jahren verändert hat, das sind die Werte und damit das, was viele Arbeitnehmer in ihren Berufen motiviert und gesund hält. Mit einer getrieben durch die Digitalisierung, immer stärkeren Verschmelzung von Arbeits- und Berufsleben geht einher, dass Arbeit immer mehr als Lebenszeit wahrgenommen wird. Arbeit soll Freude und Spaß machen, Identifikation stiften, ständiges Wachstum ermöglichen. Arbeit soll erlebbar sein. Sicherlich ist Geld verdienen wichtig und wer sich einmal einen gewissen Lebensstandard erarbeitet hat, der möchte ihn auch halten. Doch Geld als Motivator für gute Arbeit ist heute längst nicht mehr das, was es früher war. Der teuerste Dienstwagen, das größte Büro und der wichtig klingende Job-Titel haben für immer mehr Arbeitnehmer zuletzt mächtig an Reiz verloren.

Ich erlebe zudem in der Beratung insbesondere von Führungskräften einen Trend, der sich „Downshifting" nennt. Gemeint ist der bewusst gezielte Rückschritt auf der Karriereleiter, etwa durch Abgabe von Führungsverantwortung, den Verzicht auf eine Beförderung oder den Wechsel von der Führungsposition zurück ins Team. Ihnen allen ist bewusst geworden, dass sich ihre Werte verschoben haben und die bisherige Karriereentwicklung hierzu nicht mehr passt. Etwa, weil Zeit mit der Familie nun doch wichtiger geworden sind als Einfluss, Status oder Macht. Dieses Bewusstsein gab es sicherlich auch früher schon, was sich jedoch in meiner Wahrnehmung verändert hat, das ist das Bewusstsein für die eigene Erlaubnis, diesen Wunsch formulieren und einen neuen Weg einschlagen zu dürfen. Die Arbeitswelt und wir als Gesellschaft werden offener für neue Wege und damit auch für Alternativen zur klassischen Aufstiegs- und sogenannten Kaminkarriere. Und es kommt mir so vor, dass diese Offenheit und Erlaubnis für neue Arbeits- und auch Lebenswege in den Köpfen vieler Arbeitnehmer bereits stärker verankert ist als es die Prozesse und Strukturen mancher Arbeitgeber und ihrer Entscheidungsträger erlauben. Auch wenn Quereinsteiger und Neuorientierer vielerorts herzlich willkommen scheinen, so tut sich doch der 51-jährige Bewerber mit buntem Lebenslauf heute noch extrem schwer, sich in den immer stärker standardisierten und auf Passung ausgerichteten Personalauswahlprozessen gegen den geradlinig angepassten Kandidaten zu behaupten.

Eine weitere Veränderung beobachte ich im Vergleich der Generationen und ihrer Karrierephasen. War es bisher so, dass das Bedürfnis und der starke Wunsch nach mehr Sinn und Identifikation mit dem Beruf bei Arbeitnehmern tendenziell in der Lebensmitte aufkam, so rücken diese Werte bei den jungen Generationen zunehmend in ein früheres Alter. Das, was ich im Coaching heute bei berufserfahrenen Angestellten mit Mitte Vierzig als Neuorientierungsphase erlebe, zeigt sich zunehmend bereits bei Berufseinsteigern der jungen Generationen. Werte im Beruf verändern sich damit nicht nur im Laufe eines Lebens, sondern auch zwischen Generationen. Eine Erkenntnis, die ebenfalls heute bei vielen Arbeitgebern noch nicht angekommen zu sein scheint, werben doch vor allem große Konzerne immer noch mit finanziellen Bonbons, besten Aufstiegschancen und übertreffen sich in der Kreativität wichtig klingender Job-Titel, um den „War for Talents" zu gewinnen. Dabei sind es längst andere Faktoren, die auf die Werte junger Arbeitnehmer einzahlen.

► **Welche Rolle spielt das Thema Sichtbarkeit für die eigene Karriere heute?**
Sichtbarkeit spielt heute auf unterschiedlichen Ebenen eine Rolle für die Karriere. Ich erfahre von vielen Angestellten, dass sie das Gefühl haben, dass ihre Leistungen nicht mehr gesehen werden. Ihnen fehlen Anerkennung und Wert-

schätzung, was sie frustriert und viele von ihnen auf Dauer auch krank macht. Es scheint, als würden die Momente des Innehaltens immer kürzer und seltener, in denen Leistung wirklich wertgeschätzt und Erfolge gemeinsam gefeiert werden. Tagesgeschäft frisst Wertschätzung. So demotivierend ungesehene Erfolge auf jeden Angestellten wirken, umso schwieriger wird es gleichzeitig auch, im Dschungel des täglichen Tuns, rasender Kommunikation und komplexer Interaktion eigene Leistung und Wertschöpfung individuell sichtbar zu machen. Schließlich gilt auch weiterhin vor allem in den noch durch hierarchische Aufstiegsordnung geprägten Organisationen: Wer von Entscheidern gesehen wird, laut ist und sich einen vorderen Platz in der Reihe der Aufstiegsanwärter erkämpft, der gewinnt das Rennen – vorausgesetzt, dies ist überhaupt noch das persönliche Ziel.

Doch auch viele derjenigen, deren Karriereambitionen im klassischen Aufstiegsdenken weniger stark ausgeprägt sind, wünschen sich, als Experten auf ihrem Gebiet wahrgenommen zu werden. Sie möchten gefragt und gehört werden. Dieses Verlangen höre ich in der Karriereberatung immer häufiger von Angestellten ohne Führungsfunktion. Auch dies ist eine Art der Sichtbarkeit, die infolge der Komplexität unserer Arbeitswelt sowie insbesondere durch die Austauschbarkeit von Wissen und seinen Trägern immer stärker verloren zu gehen scheint. Sein Fach- und Erfahrungswissen innerhalb einer Organisation sichtbar zu machen und damit als Experte wertgeschätzt zu werden, ist vielen Arbeitnehmern heute sehr wichtig. Nicht Macht zählt, sondern der Einfluss, um Entwicklungen als Teil eines Ganzen mitgestalten zu können.

Eine weitere und zunehmend wichtige Rolle spielt die Sichtbarkeit außerhalb einer Organisation. Ich empfehle jedem Angestellten, sich frühzeitig in Business-Netzwerken, wie etwa XING oder LinkedIn, sichtbar zu machen und online wie auch offline ein Netzwerk von guten Kontakten aufzubauen sowie zu pflegen. Bei meiner Arbeit mit Bewerbern zeigt sich deutlich, dass es immer schwieriger wird, ausschließlich auf dem Weg der klassischen Bewerbung mit Anschreiben, Lebenslauf und Anlagen zum nächsten Job zu finden. Je älter und berufserfahrener ein Jobwechsler ist, umso leichter wird es, über Empfehlungen oder das eigene Kontaktnetzwerk den Fuß in die Tür eines neuen Arbeitgebers zu setzen.

Die eigene Angst vor zu hoher Sichtbarkeit oder die Sorge, ein potenzieller Arbeitgeber könne zu viel erfahren, ist aus meiner Erfahrung nicht mehr angebracht. Ganz im Gegenteil: Immer mehr Arbeitgeber machen sich heute eigenständig auf die Suche nach geeigneten Kandidaten (Active Sourcing), statt auf die richtigen Bewerber zu hoffen und nur Bewerbungen auf Stellenausschreibungen zu sichten. Je stärker die Sichtbarkeit in unterschiedlichen Kanälen und je klarer das eigene Profil in der Außendarstellung sind, desto höher ist die Wahrscheinlichkeit, für solche Positionen gefunden zu werden, die wirklich passen. „Bewerber, zeigt Kante!" ist mein Motto bei der Arbeit mit Jobwechslern. Wem es gelingt, sich mit einem klaren Profil aus Fach- und Erfahrungswissen und individuellen Stärken sichtbar zu machen und hierbei auch bereits etwas über seine Persönlichkeit und sozialen Kompetenzen preisgibt, der macht sich heute und umso mehr in Zukunft im Arbeitsmarkt richtig sicht- und greifbar.

Insbesondere für Führungskräfte und Manager wird es immer wichtiger, eine eigene „Marke" sowie Sichtbarkeit sowohl online als auch offline aufzubauen. Ich sehe in der Karriereberatung, dass die Zeit bei einem Wechsel bis zu einem Anschlussvertrag deutlich reduziert werden kann. Viele dieser Stellen werden im verdeckten Stellenmarkt und über Headhunter gehandelt. Je höher die Auffindbarkeit eines Kandidaten, umso besser. Und diese sollte über die klassischen Business-Netzwerke hinausgehen, sei es über Veröffentlichungen in Fachzeitschriften oder Sammelbänden, regelmäßige Presse-Interviews oder Teilnahme an Tagungen und Konferenzen. Der Aufbau einer Marke erfordert Zeit. Daher sollten Manager frühzeitig und im besten Fall bereits im ruhigen Fahrwasser hiermit beginnen, um im Fall eines Wechsels gut positioniert zu sein.

▷ **„Was ist die wichtigste Sache, die Du Deinen Coachees rätst, damit sie erfolgreich sind?"**
Es klingt womöglich zu simpel, doch mein wichtigster Rat an meine Klienten ist, sich selbst zu erlauben, den Weg zu gehen, von dem sie glauben, dass er sie weiterführt – in welche Richtung auch immer. Viele Menschen sind zu sehr im Außen und machen sich zu stark abhängig von anderen Meinungen. Erfolgreich ist, wer reflektiert und erkennt, was für ihn im Beruf und Leben wirklich wichtig ist und auf dieser Basis individuelle und persönliche Entscheidungen für eine gesunde berufliche und private Zukunft trifft. Mit anderen Worten: Es geht um die Übernahme von Selbstverantwortung, denn schließlich sind wir alle der Chef unseres eigenen Lebens.

▷ **Anmerkung Marina Zayats** „Wer weiß, wo er ist, kann gehen, wohin er will. Wer nicht weiß, wo er ist, muss sehen, wo er bleibt." Ein Sprichwort, das erfahrene Segelflieger jungen Piloten mitgeben, um ihnen die Wichtigkeit der Navigation deutlich zu machen. Das lässt sich auch auf die Navigation der eigenen Karriere übertragen, wie das Interview mit Dr. Bernd Slaghuis zeigt. Zu Wissen wer man ist, was man kann und was man möchte, sind wesentliche Schritte hin zu einer Karriere, die man selbst gestaltet. Diese Schritte sind auch wesentliche Bestandteile der Reise hin zu Deiner Digital Personal Brand.

Literatur

HBR (2019) What startup employees can teach the rest of us about work. https://hbr.org/2019/06/what-startup-employees-can-teach-the-rest-of-us-about-work. Zugegriffen am 08.06.2019

Institute for the Future (2018) AI forces shaping work & learning in 2030. http://www.iftf.org/fileadmin/user_upload/images/ourwork/Work___Learn/IFTF_Lumina_AI_Forces_Work_Learn.pdf. Zugegriffen am 09.08.2019

XING (2018) Zum 15. Jubiläum präsentiert XING das „New Work Trendbook". https://corporate.xing.com/de/newsroom/pressemitteilungen/meldung/zum-15-jubilaeum-praesentiert-xing-das-new-work-trendbook/. Zugegriffen am 08.06.2019

Zukunftsinstitut (2012) Die Neuerfindung der Arbeitswelt. https://www.zukunftsinstitut.de/artikel/die-neuerfindung-der-arbeitswelt/. Zugegriffen am 08.06.2019

Was ist Digital Personal Branding?

Würdest Du behaupten, Du hast eine Personal Brand?

Diese Fragen stelle ich den Teilnehmern oft am Anfang meiner Workshops. Was üblicherweise passiert: Kaum eine Hand regt sich. Wenn ich dann frage, welchen Persönlichkeiten sie eine Brand zuschreiben würden, fallen Namen wie Steve Jobs, Lady Gaga oder Dieter Zetsche. Diese Übung deckt schnell einen Glaubenssatz auf, den viele Menschen über Personal Branding haben: Personal Branding muss etwas mit einem hohen Bekanntheitsgrad zu tun haben.

Die Sache ist jedoch die: Deine Brand hat erst einmal gar nichts damit zu tun, wie viele Menschen Dich kennen, sondern mit deinem Wertbeitrag für bestimmte Zielgruppen. Dabei ist es irrelevant, ob Dein Wert darin besteht, einen Konzern zu leiten, Wale zu retten oder Kinder zu unterrichten. Jeder Mensch, der etwas Wertstiftendes für andere beiträgt, hat eine Personal Brand, mit der er oder sie in Verbindung gebracht wird.

Damit grenzt sich eine Personal Brand auch von der Reputation ab. Während die Personal Brand von Dir selbst aktiv gestaltet wird (ob bewusst oder unbewusst) durch Deine Handlungen, Worte und mehr, ist Deine Reputation die Interpretation Deiner Personal Brand von anderen. Das Wort Reputation leitet sich vom lateinischen Wort reputatio ab, was so viel wie „Erwägung" oder „Betrachtung" heißt (Cambridge Dictionary 2019). Erwägung ist dabei insofern passend, als die Reputation maßgeblich darüber entscheidet, ob wir mit jemanden beispielsweise zusammenarbeiten möchten oder nicht. Das Verständnis davon, was unsere Personal Brand genau ausmacht und die Schärfung unserer Brand, sind also unser Schlüssel, um die eigene Reputation mit zu beeinflussen. Um diese Verständnis zu erlangen, ist zunächst die Auseinandersetzung mit unserem Wertbeitrag für andere entscheidend.

Dein konkreter Wert ist die Essenz aus Deinen Fähigkeiten, Erfahrungen, Stärken, Deinem Netzwerk, Wissen, Deiner Persönlichkeit und vielem mehr. Die Gesamtheit dieser Attribute nenne ich das Superkräfte-Portfolio. Wenn Du dieses Portfolio richtig verstanden, sortiert und kondensiert hast, unter Berücksichtigung Deiner Ziele und Deiner Zielgruppe, erhältst Du das Fundament Deiner Personal Brand (dazu später mehr).

M. Zayats, *Digital Personal Branding*,
https://doi.org/10.1007/978-3-658-30174-3_2

Im Vergleich zu Deinem Wert, ist der Titel auf Deiner Businesskarte ein kleiner Tropfen im Ozean. Nicht zuletzt, weil Titel immer länger und nichtssagender werden.

Damit kommen wir auch schon zur ersten Regel beim Personal Branding: kein Personal Branding ohne Wert für andere. Ich lade Dich an dieser Stelle ein, Dich von der Angst der reinen Selbstdarstellung zu verabschieden. Wen auch immer Du gerade als Paradebeispiel dafür im Kopf hast: Darum geht es bei Personal Branding nicht. Personal Branding dient als Werkzeug, um Menschen klar aufzuzeigen, welchen Wert Du vermittelst und damit Chancen auf beiden Seiten möglich zu machen.

Die Basis der Personal Brand ist also zunächst die Aufstellung Deines Superkräfte-Portfolios und die anschließende Herausarbeitung Deines Wertes für andere. Damit fangen wir im Kap. 3 an. Jedoch fehlt für die Definition von Personal Branding noch der zweite Teil: die Sichtbarkeit.

Durch die gesteuerte Sichtbarkeit Deiner Personal Brand schaffst du (mehr) Chancen für Dich und für Deine Zielgruppe. Schon jetzt bist Du sichtbar in den Kreisen, in denen Du Dich bewegst. Die Frage ist: Wie viel mehr Menschen könnten durch Dich und Deine Superkräfte inspiriert werden, neues Wissen tanken, neue Fähigkeiten erlernen oder ihr Geschäft voranbringen, wenn sie wüssten, dass es Dich gibt? Welche Chancen würdest Du hingegen durch mehr Sichtbarkeit erhalten? Sei es ein neuer Job, ein neuer Kunde, ein neues Projekt innerhalb Deiner jetzigen Rolle oder auch einfach eine Idee, die Dich weiterbringt?

Welche Kraft die eigene Sichtbarkeit schaffen kann, zeigt das Beispiel von Massimo Bottura. Der italienische Koch hatte nichts Geringeres vor, als die italienische Küche zu revolutionieren. 1995 eröffneten Bottura die Osteria Francescana in seiner Heimatstadt Modena. Zu Anfang blieb die regelmäßige Kundschaft aus und die Kritik war harsch. Wie konnte es jemand wagen, die beliebte traditionelle italienische Küche, weitergereicht von Generation zu Generation, so zu „verunstalten"? Das ging einige Jahre so weiter bis zum Jahr 2001. Da erhielt Bottura seinen ersten Michelin Stern.

Im Jahr 2015, 20 Jahre nach der Eröffnung, hatte er drei Michelin-Sterne und erhielt die Auszeichnung für das „beste Restaurant der Welt" von der World's 50 Best Restaurants List mit seiner Osteria Francescana. Durch die Portraitierung in der beliebten Netflix-Produktion „Chef's Table" erlangte er zudem weltweite Aufmerksamkeit, auch abseits der gehobenen Gastronomie-Szene (New Work Times 2016).

Was war passiert? An seinem ursprünglichen Wertbeitrag hat sich nichts geändert und auch einige seiner Rezepte von damals haben den Aufstieg überlebt (so z. B. das Rezept „Crunchy part of the Lasagna"). Im Jahr 2001, gefangen in einem langen Stau zwischen Mailand und Rom, stolperte einer der bekanntesten Restaurantkritiker Italiens in Botturas Restaurant. Was folgte, war eine schwärmende Rezension. Innerhalb eines Jahres folgte der erwähnte erste Stern (New York Times 2016).

Kurzum: Botturas Wert für die Gesellschaft blieb zunächst der gleiche, aber seine Sichtbarkeit veränderte sich und damit seine Reichweite und letztendlich sein Spielfeld. Und noch etwas änderte sich: Durch die plötzliche Sichtbarkeit erschlossen sich ihm neue Chancen, Teile seines Superkräfte-Portfolios in einen Mehrwert für die Gesellschaft zu verwandeln. Vor seiner Entdeckung bestand sein Wert darin, Menschen mit seinem Essen zu inspirieren. Heute inspiriert er tausende von Menschen, die seine Kreationen noch nie gekostet haben, mit seiner Haltung und seinen Gedanken zu Kreativität. Gleichzeitig macht er sich stark gegen Lebensmittelverschwendung und kann durch seine starke Personal Brand mehr bewegen, da sich ihm mehr Chancen geöffnet haben.

Die Sichtbarkeit Deiner Personal Brand eröffnet Dir und den Menschen um Dich herum mehr und oft ungeahnte Chancen. Oder wie Massimo Bottura es ausdrücken würde: „The contemporary chef is much more than the sum of his recipes." Um es auf Personal Branding zu übertragen: Dein Wert ist mehr als die Summe Deiner Superkräfte.

Bevor es weitergeht, bleibt eine zentrale Frage: Warum spreche ich die ganze Zeit von Personal Branding und auf dem Buchcover steht „Digital Personal Branding"? Die Basis einer wirksamen Personal Brand hat sich mit der Einkehr des Internets und sozialer Netzwerke nicht verändert. Wenn Du Deinen Wertbeitrag für andere nicht richtig greifen kannst, bringt auch die beste Sichtbarkeit und Reichweite nichts.

Wenn Du Dir jedoch die Mühe machst, die Essenz Deiner Superkräfte herauszukristallisieren und in Einklang zu bringen mit Deinen Zielen und Deiner Zielgruppe, so bieten Dir die digitalen Kanäle heute eine ganz andere Möglichkeit der Sichtbarkeit. Im Grunde sind die sozialen Medien heute das, was für Massimo Bottura damals der Restaurantkritiker war. Mit dem Unterschied, dass Du diesen „Restaurantkritiker" selbst steuern kannst!

Zudem ist die Wahrscheinlichkeit, dass alles, was Du offline machst, schnell auch in der digitalen Welt ankommt, sehr groß. Viele Auftritte auf Kongressen oder Artikel in Zeitungen und Zeitschriften finden schnell den Weg in Soziale Netzwerke. Deine Personal Brand auch online gekonnt zu steuern, wird vom Institute for the Future als eine der essentiellsten Fähigkeiten genannt (Institute for the Future 2018).

Das Digital in Digital Personal Branding bezieht sich also auf den zweiten Teil: Die Sichtbarkeit und die neuen Möglichkeiten, die die Digitalisierung Deiner Brand bietet. Im Kap. 4 zum Thema Kanäle und Content erfährst Du, wie Du diese neuen Plattformen für Deine Personal Brand zielführend nutzen kannst.

Alles zusammengenommen entsteht folgende Definition von Digital Personal Branding:

▶ Digital Personal Branding ist ein stetiger Prozess, bei dem Du Deinen Wert klar definierst und diesen an Deine Zielgruppe durch geeignete Kanäle kommunizierst.

Ein wichtiger Aspekt in der Definition: der stetige Prozess. Genauso wie Du als Person lebst und Dich weiterentwickelst, so entwickelt sich auch Deine Personal Brand. Es ist somit ein stetiger Prozess, Deine Brand auf Aktualität zu prüfen und weiterzuentwickeln. Sobald das wesentliche Fundament einmal steht, fällt die Weiterentwicklung leichter.

2.1   Personal Branding Roadmap

Die Digital Personal Branding Roadmap begleitet Dich auf dem Weg hin zu einer klaren und sichtbaren Personal Brand. Du kannst auf einen Blick sehen, wo Du Dich gerade befindest und wo die Reise noch hingeht. Dabei empfehle ich jedem die Schritte von 1 bis 3

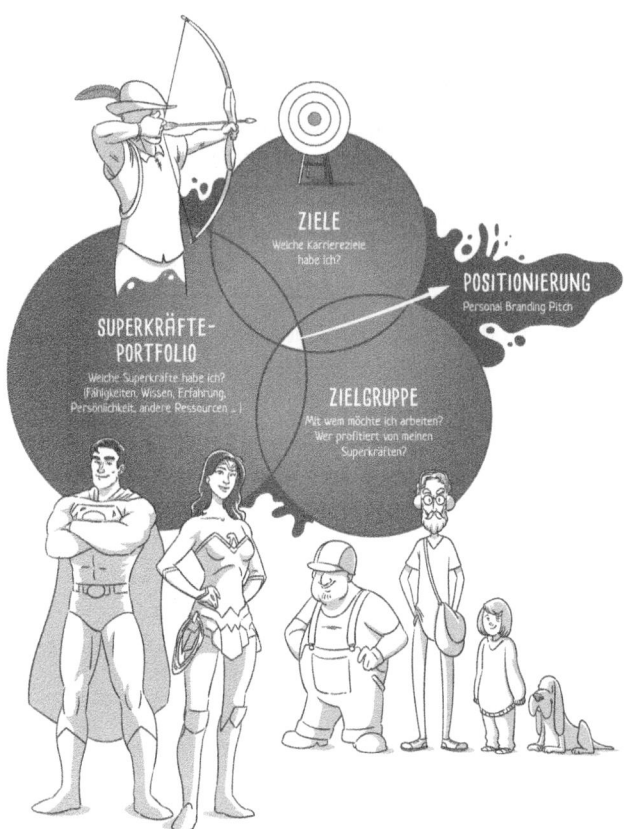

Abb. 2.1 Superkräfte-Portfolio

einmal durchzugehen. Später kann man zu jedem Punkt noch einmal einzeln zurückkehren und bei Bedarf anpassen. Bei manchen wird die Anpassung alle zwei Jahre notwendig sein, bei anderen vielleicht nur alle fünf.

Jeder dieser Schritte wird in diesem Buch beschrieben samt Hintergrundinfos und praktischen Tipps zur Umsetzung.

2.1.1   Was wir von Unternehmensmarken für die eigene Digital Personal Brand lernen können

Ursprünglich wurde der Begriff „Brand" nur im Kontext von Unternehmensmarken und deren Produkten verwendet. In einer übervollen Waren- und Dienstleistungswelt reduzieren Marken die Komplexität, weil wir einzelne Marken sofort wiedererkennen und ihnen vertrauen. Dadurch wird uns die Entscheidung vor einem vollen Regal mit gefühlt 1000 verschiedenen Marmeladen erleichtert. Getreu dem Slogan von Persil: „Da weiß man, was man hat" (Persil 2019). Wer einer Marke einmal vertraut, neigt dazu, das Vertrauen auch anderen Produkten oder Dienstleistungen dieser Marke zu schenken. Neulich sagte eine Bekannte über die neue vegane Schokolade von Ritter Sport: „Ich bin schon etwas skeptisch, was vegane Schokolade angeht. Aber andererseits kann Ritter Sport ja eigentlich keine schlechte Schokolade machen". Eine Woche später haben wir die Schokolade probiert – und wurden nicht enttäuscht. Ein Beispiel das zeigt, wie wichtig die Übereinstimmung von (empfundenem) Markenversprechen und Markenerlebnis ist. Gleiches gilt auch für Dich als Person. Das Markenversprechen ist Deine Personal Brand und das Markenerlebnis jede Interaktion, die Menschen mit Dir und Deiner Marke haben.

Über die Jahre haben sich viele Branding-Strategien entwickelt, die maßgeblich beeinflussen, was wir kaufen und warum wir es kaufen. Ein eindrucksvolles Beispiel bietet hier die Reise in die Welt der Biermarken. Warum kaufen manche Menschen Beck's und andere wiederum Radeberger? Warum wird das eine mit Abenteuer, Freiheit und Spaß vermarktet, das andere mit Qualität, Anspruch und Tradition? Geschmack ist dabei nur ein Entscheidungskriterium für die Kunden.

Am Ende zählt der Gesamteindruck (und damit der Gesamtwert), der von Markenexperten sehr gezielt gesteuert wird. Teile dieses Wissens können wir auch für unsere Personal Brand nutzen. Welche Parallelen zu Unternehmensmarken bestehen und was das für unsere Personal Brand bedeutet, erklärt Dr. Cornelia Andriof (s. Abschn. 2.2).

2.2 Parallelen zur Unternehmensmarke

Gastbeitrag von Dr. Cornelia Andriof

Über die Autorin
Dr. Cornelia Andriof unterstützt als Coach, Beraterin und Moderatorin Unternehmen und Manager in Veränderungsprozessen. Der Fokus dabei: Führung und Kommunikation. Sie kombiniert Ansätze der strategischen Unternehmensberatung – erworben in 15 Jahren bei Hering Schuppener – mit Haltung, Methoden und Achtsamkeit des NLP und systemischen Coaches. Ethik & Qualität sind die Leitwerte ihres 2011 gegründeten Unternehmens, Kraft & Partners Deutschland. Kreativität & Leidenschaft die Werte, die ihre eigene Arbeitsweise beschreiben. Cornelia Andriof hat Germanistik und Kommunikationswissenschaft studiert.

2.2.1   Warum wir von der Personal Brand sprechen

„Kenn ich – will ich" – auf diesen kurzen Nenner bringen Experten die Besonderheit und den Nutzen von Marken (siehe Abb. 2.2). Marken helfen uns bei der Orientierung in einer komplexen Welt. Sie reduzieren die Vielfalt von – teilweise kaum verständlichen – Informationen, bündeln sie und laden sie emotional auf. So helfen uns Marken bei Entscheidungen.

Jeder hat einen Ruf, ein Ansehen, eine Marke. Nicht nur Top-Manager. Jeder in seiner Öffentlichkeit. Marken vereinfachen die Welt. Menschen nutzen sie als Entscheidungshilfe. Möchte ich als Young Talent/Führungskraft/Manager, dass man mir folgt, dass man sich für mich entscheidet, dann sollte ich über meine Marke nachdenken.

Und was ist eine solche Manager-Marke? Frank Appel (Vorstandsvorsitzender der Deutschen Post AG) ist „der Meckie", seine vielleicht etwas kühle, auf jeden Fall sehr sachorientierte Ausstrahlung wird so in einen sinnvollen Kontext gesetzt: Das ist ein Manager, der für Struktur und Prozesse steht. Das braucht es an der Spitze des ehemaligen Staatsunternehmens „Deutsche Post".

Oder: Lufthanseat Carsten Spohr. Kaum ein Artikel über ihn, der nicht darauf verweist, dass Spohr selbst „der Pilot" ist. Ihm wird zugeschrieben, dass er nicht zuletzt deshalb bei der starken Hausmacht der Piloten ein gutes Standing hat und erfolgreiche Verhandlungen mit diesen führen kann.

Marken erkennen wir immer wieder und wir können sie uns merken. Dazu dienen auch optische „Markenzeichen". Der Manager mit Schnauzer? Ganz klar: Dieter Zetsche.

Kenn ich!

Eine Marke ist bekannt.

Da sie konsistent auftritt, erkenne ich sie immer wieder.

Sie ist unterscheidbar. Ich habe ein klares Bild in meinem Kopf und werde sie nicht verwechseln.

Will ich!

Die Marke ist für mich attraktiv.

Sie steht für etwas, das ich haben möchte. Darum ist sie für mich relevant.

Die Marke ist wie für mich gemacht. Sie spricht mich an, sie passt zu mir.

Abb. 2.2   Was Marken auszeichnet

Wir vertrauen den Marken, die wir kennen und wollen. Trotzdem müssen Marken nicht statisch sein. Im Gegenteil, es ist wichtig, dass sie sich veränderten Gegebenheiten anpassen. Josef Käser wird zu Joe Kaeser – ein Beispiel für eine Manager-Marke, die ganz bewusst angepasst wurde. Der bayerische „Josef" mit Bart und Trachtenjacke verschwand, der internationale „Joe" im Maßanzug führt heute Siemens.

Auch hier ist ein Vergleich möglich mit der Welt der Consumer-Marken: Mancher kennt Jägermeister noch als Alt-Herren-Getränk. Dann kam die legendäre „Ich-trinke-Jägermeister-weil … Kampagne" und hat die Zielgruppe aufgerissen. Mit starkem optischen Auftritt und Präsenz überall dort, wo gefeiert wird, ist Jägermeister heute Trend. (Jägermeister.de 2019)

Marken-Übungen

- Die Marke meiner Kindheit … welche Marke ist das und warum? Welche Gedanken, Gefühle, sensorischen Eindrücke kann ich abrufen, wenn ich an die Marke meiner Kindheit denke?
  - Diese Übung zeigt uns, wie machtvoll Marken auch über lange Zeit sind.
- Die Marke meines Vertrauens … wem vertraue ich? Und warum? Welche Aussagen und Erfahrungen haben dazu geführt, dass ich dieser Marke vertraue?
  - Diese Übung zeigt uns, was für tiefe Verbindungen Marken gestalten können.
- Meine Marke … wenn ich eine Marke wäre, welche wäre das? Und warum? Welche Attribute schreibe ich mir zu? Welche Zielgruppe spreche ich an? Was bin ich überhaupt für ein Produkt und wie unterscheide ich mich von meinen Wettbewerbern?
  - Diese Übung gibt uns, ein wenig spielerisch, erste Hinweise zu unserer Personal Brand.

2.2.2 Wie entsteht die Personal Brand eines Managers?

Die Markenbildung von Menschen erfolgt – so paradox das klingen mag – unbewusst durch bewusste Entscheidungen.

Bewusste Entscheidungen sind die Wahl der Ausbildung, ggf. auch Spezialisierungen, dann die Entscheidung für einen Arbeitgeber und auch die Übernahme bestimmter Aufgaben und Projekte. Bei vielen Menschen liegt diesen Entscheidungen ein Zielbild zugrunde, eine Vorstellung davon, was jemand werden und erreichen möchte. Für andere entsteht der Weg während des Gehens.

Prägend für die Personal Brand eines Managers sind aber nicht nur Ausbildung und Karriereschritte. Darüber hinaus prägt die Selbstdarstellung, bis hin zur Selbstinszenierung, die Wahrnehmung einer Person. Es sind sicherlich bewusste Entscheidungen, auf den eigenen Micky-Maus-Becher Wert zu legen, die ansonsten im Unternehmen übliche Krawatte zu verweigern oder diese durch auffallend bunte Socken zu konterkarieren, einen Porsche zu fahren oder eben immer Fahrrad etc. Auch das, was ich in sozialen Netzwerken tue oder eben lasse, entscheide ich bewusst. Genau dieses Verhalten, diese Entscheidungen prägen die Wahrnehmung der eigenen Person. Und genau diese Prägung ist für den Einzelnen oft unbewusst, bis hin zu nicht nachvollziehbar. Fremdwahrnehmung ist das Stichwort.

Ein erneuter Blick in die Markentheorie zeigt: Aktive Markenbildung ist viel mehr als gutes Design und eine coole Kampagne (siehe Abb. 2.3). Der Außenauftritt ist die Wirkung, Ursache ist eine – idealerweise langfristige – Marken-Strategie. Begegnungen mit der Marke, sogenannte Touchpoints, sind bewusst gestaltet. Die Marke und ihre Entwicklung folgen einer tieferen Logik. Die Positionierung im Verhältnis zum Wettbewerb ist klar definiert.

All dies – Touchpoints, Entwicklung, Positionierung – sind Elemente, die auch bei der Ausbildung der Personal Brand eine Rolle spielen können. Hier gilt es, sich die Wirkung von Entscheidungen auf die Brand klar zu machen und sie bewusst zu steuern. Nur auf einer soliden Basis kann die Personal Brand nachhaltig, wandlungsfähig und damit auf Dauer erfolgreich sein.

2.2.3   Entwicklung von Marken

Personal Branding ist nicht auf eine bestimmte Karrierestufe festgelegt. Bereits Young Talents können eine Marke haben. Diese unterscheidet sich in der Regel dadurch, dass sie stark durch externe Attribute bestimmt wird: Die Zuschreibung „der Harvard-Absolvent" hat fast ausschließlich mit dem Ruf der Institution zu tun, kaum etwas mit der Person selbst. Ebenso wie die Reputation des Ausbildungsortes werden auch andere Eigenschaften aufgrund externer Referenz zugeschrieben: „Generation Y", „ein Biologe" etc. Umso wichtiger ist es, sowohl im persönlichen Auftritt als auch in Lebenslauf und in sozialen Profilen die eigene Prägung, die unverwechselbare Marke, sichtbar zu machen. Erfahrungen während der Ausbildung oder ersten Berufstätigkeit können dabei die Positionierung

Abb. 2.3 Eisbergmodell der Markenbildung

ebenso mitgestalten wie Hobbies. So wird dann aus dem „die Biologin" die „Gründern einer Bienenrettungsstation, die regelmäßig zu Innovationsthemen postet und seit zehn Jahren Volleyball spielt". Markenattribute wie „engagiert", „kreativ" und „teamfähig" ergänzen so „die Biologin".

Mit den ersten beruflichen Stationen und Projekten, dem wachsenden Netzwerk wird die Personal Brand tatsächlich persönlich. Warum legen heute viele Unternehmen mehr Wert auf Referenzen als auf Zeugnisse? Zum einen sicherlich, weil die „politisch korrekten" Zeugnisse in Geheimcodes deutlich an Aussagekraft verloren haben. Zum anderen aber auch, weil die Aussage eines Menschen über einen Menschen vielschichtiger und glaubwürdiger ist. Nachfragen sind möglich, ich erfahre viel mehr als die Eckdaten aus Ausbildung und Beschäftigung.

Erfahrene Führungskräfte, die nach einer neuen Herausforderung suchen, erleben es oft: Im Gespräch mit Headhuntern zeigt sich, wie festgelegt ihr Profil bereits ist, zumindest in der Fremdwahrnehmung. Zehn Jahre in der Logistik – und eine Tätigkeit in anderen Branchen wird kaum in Erwägung gezogen, geschweige denn aktiv angeboten. Das kann ich als sinnvoll akzeptieren, schließlich ist das eigene Netzwerk oft branchenbezogen und das wichtigste Asset für eine neue Position. Oder ich kann meine Marke breiter anlegen, deutlich machen, dass meine Stärke und mein Wert beispielsweise im Bereich Führung oder der Gestaltung von Prozessen liegt – völlig branchenunabhängig.

Auf jeder Karrierestufe kann eine durchdachte Marke helfen – für das eigene Selbstverständnis und die Wahrnehmung durch andere. Personal Brand kann als „kenn ich – will ich" Türen öffnen und Wege erst möglich machen.

▶ **Anmerkung von Marina Zayats** Der Gastbeitrag von Dr. Cornelia Andriof zeigt: Jeder von uns hat bereits eine Marke, mit der er oder sie in der Öffentlichkeit sichtbar wird. Die Arbeit an der eigenen Personal Brand bedeutet im ersten Schritt, sich dessen bewusst zu werden, wie diese Marke aktuell wahrgenommen wird. Diese Wahrnehmung entscheidet nämlich maßgeblich darüber, welche Chancen wir erhalten – ob als ManagerIn, als GründerIn oder als Young Talent. Deswegen startet die Reise hin zu Deiner starken Personal Brand mit der Bestandsaufnahme, bei der Dein Superkräfte-Portfolio und Deine Persönlichkeit herausgearbeitet werden.

2.3 Welche Wirkung hat der Aufbau der Personal Brand auf uns?

Aber davor möchte ich Dir noch aufzeigen, was die Arbeit an Deiner Personal Brand in Deinem eigenen Kopf und im Kopf Deiner Mitmenschen bewirkt. Dieses Wissen hilft Dir dabei, die Kräfte der Selbst- und Fremdwahrnehmung besser zu verstehen und einzusetzen beim Aufbau Deiner Brand. Dafür habe ich Sarah Seiler gebeten, ihren Blick als Psychologin auf die Praxis des Personal Brandings zu richten (s. Abschn. 2.3.1).

2.3.1   Das Zusammenspiel zwischen Personal Branding und Psychologie

Gastbeitrag von Sarah Seiler

Über die Autorin
Sarah Seiler hat Psychologie in Erlangen und Mannheim studiert. Immer mit dem Fokus darauf, wie wir Menschen lernen, wahrnehmen und was uns intrinsisch motivieren – also was wir wirklich, wirklich wollen. Sie hat mehrjährige Erfahrung in Unternehmensstrategie, Marketing und Vertrieb und ist aktuell Leiterin Vertrieb und Marketing in einem Kölner Startup. Nebenbei hat sie sich zur Weisheitstherapeutin sowie zum NLP-Master ausbilden lassen.

Was bewirkst Du durch die Arbeit an Deiner Personal Brand? Du steuerst die Art, wie andere Dich wahrnehmen sollen. Für Dein Gegenüber werden manche Deiner Persönlichkeits-Eigenschaften deutlicher, andere rücken in den Hintergrund. Ein gutes Branding unterstützt Dich darin, ein konsistentes, klares und greifbares Bild der eigenen Person abzugeben. Wie Marken die Wahrnehmung beeinflussen, untersucht die Psychologie schon viele Jahrzehnte. Dieses Kapitel beschreibt die Effekte, die durch ein Personal Branding auftreten und liefert Erklärungen aus der Psychologie.

Da wir Menschen nicht so viele Reize verarbeiten können, wie in jeder Sekunde auf uns einströmen, nehmen wir immer nur bestimmte Aspekte unserer Umwelt wahr. In der Psychologie spricht man dabei von selektiver Wahrnehmung. Nachweislich fokussieren wir auf Reize, die zu vorheriger Information, zu unserer Motivation oder Einstellung passen: Haben wir beispielsweise ein rotes Auto gekauft, rücken rote Autos in unseren Wahrnehmungsfokus. Wo auch immer wir nun unterwegs sind „sehen" wir rote Autos häufiger als Autos in anderen Farben, selbst wenn diese objektiv nicht häufiger vorkommen.

Auch ein Personal Branding führt zu einer selektiven Wahrnehmung: Die Brand unterstreicht bestimmte Werte und Fähigkeiten, die unser Gegenüber dann verstärkt wahrnimmt. Ein Beispiel: Frau Lore stellt sich auf einem Event als Finanzberaterin und Realistin vor, ihr Gegenüber beginnt daraufhin das Gespräch über Vermögen-, Banken- und Finanzthemen. Warum? Weil diese Themen mit Finanzberatung assoziiert werden. Das Gegenüber geht daher davon aus, dass Frau Lore hierzu interessante Einblicke geben wird. Natürlich hat Frau Lore weitere Eigenschaften, diese treten für das Gegenüber jedoch zunächst in den Hintergrund. Das macht ein Gespräch für beide Seiten leichter, gemeinsame Themen und Anknüpfungspunkte werden schneller gefunden.

Auch Frau Lores Wahrnehmung wird durch ihr Personal Branding beeinflusst (Selbst-Priming). Sie identifiziert sich mit ihrer Personal Brand, ihrer Rolle als Finanzberaterin. Informationen über Finanzprodukte speichert Frau Lore besser ab, denn für sie haben diese

Themen eine persönliche, identitätsstiftende Relevanz. Eine sogenannten Positiv-Spirale entsteht: Frau Lore beschäftigt sich ausgiebig mit Themen, die zu ihrem Personal Branding passen. Ihr Expertenwissen wächst und stärkt wiederum ihre Brand. So wird die Personal Brand für Frau Lore gleichzeitig ein Lernziel, eine Lernmotivation und eine Lernverstärkung.

2.3.2 Wie meine Personal Brand auf andere wirkt

Wir können nicht nicht bewerten. An jedem Tag in jedem Moment machen wir uns ein Bild von anderen. Egal, ob wir mit jemandem in der Schlange vor der Kasse warten, kurz mit den Nachbarn sprechen oder mit Kollegen zu einem Projekt zusammensitzen, immer haben wir eine Meinung zur Person vor uns. Dabei unterscheiden wir zwischen Eigenschaften (Verhalten, das typisch ist) und Situationen, in denen angepasstes oder außergewöhnliches Verhalten gezeigt wird. Nehmen wir an, Du bist für Deine Ausgeglichenheit und Ruhe bekannt. Wenn Du nun an einem Tag besonders kritisch und aufgebracht reagierst, vermutet Ihr Kollege, dass etwas vorgefallen ist. („Micha Schmidt hat heute einen schlechten Tag.“). Sollte Dein Gegenüber Dir das erste Mal begegnen, wird sie Dein Verhalten wahrscheinlich falsch einschätzen („Herr Schmidt ist ein sehr ungeduldiger, aufbrausender Mensch.“). Je nachdem, wie lange die andere Person uns kennt und in welcher hierarchischen Ebene wir uns befinden, werden wir unterschiedlich betrachtet und bewertet.

Fazit
Je weniger eine Person Dich kennt, desto eher wird sie Dein Verhalten auf Deine Persönlichkeit zurückführen. Durch eine Personal Brand und vor allem durch einen gelungen Pitch bei der Vorstellung können wir das Bild, das eine unbekannte Person von uns erhält positiv beeinflussen. Wir lenken die Wahrnehmung der anderen Person auf spezielle Eigenschaften (im Beispiel Ruhe und Ausgeglichenheit) und können dadurch situative Eindrücke verringern. Ein Personal Branding hilft uns, einen guten ersten Eindruck zu machen und schnellere, vertrauensvolle Kontakte zu knüpfen.

2.3.3 Wie können wir durch Personal Branding die Wahrnehmung anderer beeinflussen?

Sicher fühlt sich der ein oder andere unwohl beim Gedanken andere Menschen zu beeinflussen. Ist beeinflussen etwas Negatives? Stelle Dir vor, Du kommst in einen Raum mit 100 unbekannten Personen. Dein Ziel ist es, zwei Menschen zu finden, mit denen Du ein großartiges Projekt auf die Beine stellen kannst. Du hast nur eine Stunde Zeit, um beide MitstreiterInnen zu finden. Wie gehst Du vor? Würdest Du durch den Saal laufen und mit möglichst vielen Menschen reden? Oder warten, bis jemand auf Dich zukommt?

Wenn Du eine Personal Brand hast, kannst Du die richtigen Personen schneller finden. Überlege einmal, wie viel schneller, wie viel erfolgreicher Du die richtigen Kontakte knüpfen kannst, wenn andere schon wissen, wofür Du stehst?

Eine passende Personal Brand führt nicht nur dazu, dass wir schneller „erkannt" werden, sondern auch zu mehr Sympathie beim Gegenüber. Menschen öffnen sich, weil sie wissen mit wem sie es zu tun haben.

In der folgenden Übersicht sind die Auswirkungen einer Personal Brand auf unser Gegenüber zusammengefasst. Eine Personal Brand führt dazu, dass unser Gegenüber uns schneller einschätzen kann. Dadurch wirken wir auf die Person sympathischer, sie vertraut uns eher. Es sei denn, wir haben eine Personal Brand aufgebaut, die nicht zu uns passt und als inkonsistent wahrgenommen wird.

Die Auswirkungen vom Personal Branding auf Kognition und Sympathie

Anna (mit einer Personal Brand)	Peter (ihr Gegenüber)

Auswirkung der Personal Brand auf die kognitiven Prozesse des Gegenübers:

- Anna wird durch Peter anders wahrgenommen, wenn sie eine Personal Brand kommuniziert hat. Diese beeinflusst Peter, weil bei ihm zur Brand passende, implizite Gedächtnisinhalte aktiviert werden (Priming). Dieses Priming verstärkt die selektive Wahrnehmung, dadurch wird bspw. der Expertisestatus von Anna durch Peter verstärkt wahrgenommen.
- Informationen aus dem Personal Branding von Anna (Interessen, Fähigkeiten, usw.) können durch Peter einfach und schnell verarbeitet werden. Dadurch kann Peter Anna schnell und eindeutig zu einer (sozialen) Gruppe zuordnen (Social Identity Theory, H. Tajfel; J.C. Turner).
- Annas Stärken (entsprechend der Personal Brand) überstrahlen ihre anderen Eigenschaften. Nach dem Motto, wer literarisch bewandert ist, ist insgesamt intelligenter. Dadurch wird Anna von Peter insgesamt positiver wahrgenommen, sie erhält Vorschusslorbeeren (Halo-Effekt).

Eine Personal Brand steigert die Sympathie:

- Peter kann Annas Verhalten leichter interpretieren, weil ihre Motive, Werte und Ziele offen kommuniziert sind. Dadurch hat Peter ein Gefühl der Sicherheit und der Kontrolle über die Situation: Es fällt ihm leichter die Situation und Annas Verhalten vorherzusagen. Er ist sich sicherer, was Anna wohl zu Thema A, B, C für einen Standpunkt hat, wie sie vermutlich auf verschiedene Situationen reagieren wird, usw. (Theorie der kognitiven Kontrolle). Peter empfindet Annas Verhalten konsistent, das schafft Sympathie.
- Wenn Peter Annas Marke als konsistent wahrnimmt, dann wertschätzt er ihre Leistung mehr, da er diese auf ihr Können und nicht auf Zufall zurückführt. Durch eine positive Brand hat Peter in der Interaktion mit Anna ein gutes Gefühl, so dass alleine durch das Zusammenarbeiten schon ein emotionaler Mehrwert für Peter entsteht (vgl. Hermann Wala in Emotion und Marke).

2.3.4 Wie meine Personal Brand auf mich wirkt

Drei Effekte sind für das Selbstbild besonders relevant:

Das innere Bild
Schon C.G. Jung (1934) schrieb über die Macht innerer Bilder. In der Psychotherapie gibt es zahlreiche Methoden zur Nutzung von inneren Bildern. Auch für das Personal Branding können innere Bilder genutzt werden, um Ziele zu verankern und zu fokussieren. Überlege Dir zum Beispiel welches Tier, Symbol und welche Farben für Deine Brand stehen können. Für jemanden der gerne forschen und lehren möchte hat womöglich ein blaues Quadrat mit grünen Zweigen darin eine besondere Bedeutung. Jemand der eine Sportkarriere anstrebt, sucht sich vermutlich eher einen gelben Tiger aus. Ein Symbol, die bildliche Brand, hilft Dir dabei Dich zu fokussieren und sich mit der eigenen Marke zu identifizieren.

Selbstpriming
Priming bedeutet, dass Worte durch die damit verbundene Assoziation automatisch ihre Wirkung entfalten. Selbstpriming bedeutet, dass man diese Wirkung bei sich selbst erzeugen kann. Eine Person, deren Personal Brand lautet, „Ich bin Filmspezialistin, ich habe ein besonderes Auge für Details und ein gutes Gefühl für Stimmung, mit meiner Kreativität unterstütze" ich Drehbuchautoren und Regisseure dabei „Filme zu produzieren." ermutigt sich selbst dazu kreativ an Problemsituationen heranzugehen. Eine Person, die sich stattdessen folgendermaßen beschreibt: „Ich bin ein Zahlenmensch, ich lasse mich durch Fakten und Logik leiten, meine Stärke besteht darin der Geschäftsführung objektive Gegebenheiten aufzuzeigen und sie bei der Wahl der besten Strategie zu unterstützen" wird weniger kreativ, dafür strukturiert und anhand messbarer Größen nach Problemlösungen suchen. Beide Sätze führen zu unterschiedlichen Emotionen, Verhaltensweisen und Einstellungen. Durch die Wiederholung dieser Sätze verstärkt man direkt und indirekt die eigene Haltung und das Verhalten – entsprechend der eigenen Personal Brand.

Reduktion kognitiver Dissonanz
Je überzeugter wir von unserer eigenen Personal Brand sind, desto eher werden wir eigene abweichende Eigenschaften verleugnen. Uns Menschen ist es wichtig, dass unsere Werte und unser Verhalten zusammenpassen, also konsistent sind. Wenn dies nicht der Fall ist, fühlen wir uns unwohl und bemühen uns durch eine Neubewertung dieses Unwohlsein zu beseitigen: Ich habe ein Auto gekauft, das vielleicht nicht all meinen Werten und Ansprüchen standhält, um meine Wahl aber vor mir selbst zu rechtfertigen, sehe ich über Nachteile hinweg und unterstreiche Vorteile („Mein neues Auto hat doch mehr Vorzüge als ich dachte.").

Dieser Effekt der „kognitiven Dissonanz" (McLeod 2018) kann beim Personal Branding dazu führen, dass wir durch unsere eigene Personal Brand abstumpfen. Wir bestärken unsere Brand, indem wir auf Beweise fokussieren (Selbstschutz) und Gegenbeweise abtun (Ich bin immer die Ruhe selbst, dass ich vorhin geschrien habe lag nur an meinem Bruder).

Um diesen Effekt zu reduzieren ist es wichtig, dass Du Deine eigene Brand regelmäßig reflektierst. Hole Dir regelmäßig Feedback, wie andere Dich wahrnehmen. Sei offen dafür Dein Verhalten und Deine Brand zu überdenken. Die Arbeit an der Personal Brand ist ein stetiger Prozess. Kleine Änderungen werden immer wieder nötig sein.

2.3.5   Worauf ich beim Personal Branding achten sollte – die berühmten Fallstricke

„Heuchelei ist das schwierigste und anstrengendste aller Laster. […], es ist eine Aufgabe rund um die Uhr". (William Somerset Maugham)

Eine der wichtigsten Regeln im Personal Branding: Sorge dafür, dass Deine Marke wirklich Dich widerspiegelt! Damit sind Deine Werte und auch Dein Verhalten gemeint. Versuche nicht nach außen einen anderen Menschen darzustellen, als Du es im Inneren bist! Warum ist das so wichtig?

- Dissonanz zwischen Deiner Marke und Deinem tatsächlichen Verhalten wird vom Gegenüber bewusst oder unbewusst wahrgenommen. Stellt Dein Gegenüber immer wieder diese Dissonanz fest, entsteht Misstrauen. Deine Glaubwürdigkeit sinkt. Letzten Endes wird sich die andere Person abwenden oder sich offensiv gegen Dich stellen. Achte daher auf Authentizität bei Deiner Personal Brand und prüfe regelmäßig, ob diese noch gegeben ist.
- Für Dich selbst wirkt es sich negativ aus, wenn Du ständig eine Rolle spielst. Wenn Deine Marke nicht Deiner eigenen Persönlichkeit und Deiner Veranlagung entspricht, dann ändere Deine Marke! Forscher haben herausgefunden, dass Menschen, die sich im Beruf ständig verstellen müssen (emotional oder persönlich) häufiger unter Depressionen leiden und ihr eigenes Potential weniger nutzen können (Holman et al. 2002). Wenn Du stattdessen eine passende Personal Brand entwickelst, kannst Du Dich selbst noch besser kennenlernen und noch authentischer auftreten.
- Prüfe Deine Personal Brand mit anderen. Achte dabei auf Dein Selbst- und Fremdbild (wo ist Dein blinder Fleck, wie wird Dein Verhalten von anderen wahrgenommen etc.) Mit Sicherheit wirst Du dabei etwas Neues über Dich und andere erfahren und eine neue Leichtigkeit entwickeln.

Literatur

Cambridge Dictionary (2019) Reputation. https://dictionary.cambridge.org/de/wörterbuch/englisch/reputation. Zugegriffen am 02.11.2019

Holman D, Chissick C, Totterdell P (2002) The effects of performance monitoring on emotional labor and well-being in call centers. https://link.springer.com/article/10.1023/A:1015194108376. Zugegriffen am 09.09.2019

Institute for the Future (2018) AI forces shaping work & learning in 2030. http://www.iftf.org/file-admin/user_upload/images/ourwork/Work___Learn/IFTF_Lumina_AI_Forces_Work_Learn.pdf. Zugegriffen am 09.08.2019

Jägermeister (2019) Ich trinke Jägermeister, weil. https://www.jagermeister.com/de-DE/meisterwissen/ich-trinke-jaegermeister-weil. Zugegriffen am 07.08.2019

Jung CG (1934) Über die Archetypen des kollektiven Unbewussten. Eranos-Jahrbuch 1934. Rhein, Zürich, S 179–229

McLeod SA (2018) Cognitive dissonance (05.02.2018). Simply psychology. https://www.simplypsychology.org/cognitive-dissonance.html. Zugegriffen am 09.09.2019

New York Times (2016) Gordinier: Massimo Bottura, the man behind the world's best restaurant. https://www.nytimes.com/2016/10/17/t-magazine/massimo-bottura-chef-osteria-francescana.html. Zugegriffen am 02.11.2019

Persil (2019) Die Historie von Persil. https://www.persil.de/de/startseite/ueber-persil/die-historie-von-persil.html. Zugegriffen am 08.06.2019

Den Kern der eigenen Digital Personal Brand erarbeiten

3

3.1 Die Basis: Dein Superkräfte-Portfolio

Jeder Mensch hat einen individuellen Fingerabdruck, eine individuelle DNA. Genauso hat jeder Mensch auch ein Arsenal an Fähigkeiten, Wissen, Erfahrungen, Kontakten und mehr, die ihn einzigartig machen. Dieses Superkräfte-Portfolio ist von Mensch zu Mensch sehr unterschiedlich. Dennoch höre ich von meinen Workshop-Teilnehmern am Anfang des Tages häufig: „Diese Fähigkeit hat doch fast jeder", „es gibt nichts, worin ich herausragend gut bin" oder „ich bin ein Generalist". Wenn wir uns einzelne Aspekte unseres Superkräfte-Portfolios anschauen, dann gibt es sehr sicher jemanden, der genauso so smart programmieren oder genauso so gut Vertrauen zu anderen aufbauen kann. Zwei Menschen können jedoch nicht das identische Superkräfte-Portfolio haben. Die Mischung an Fähigkeiten, Wissen, Erfahrungen, Stärken etc. ist immer individuell. Zumal jede einzelne Fähigkeit zusätzlich unseren persönlichen Fingerabdruck trägt, unsere Persönlichkeit.

Woher kommt also dieses Gefühl, „nichts Besonderes" zu können? Dafür liefert die Psychologie einige Antworten. Zum einen fällt es uns selbst eher schwer, bestimmte Fähigkeiten einzuschätzen. In meinen Workshops zeigt sich immer wieder, wie überrascht Teilnehmer sind, wenn andere sie für eine bestimmte Fähigkeit loben. Wir nehmen viele unserer Fähigkeiten und anderen Stärken einfach als gegeben und selbstverständlich hin. Vor allem jene Fähigkeiten, die wir nur unbewusst einsetzen. Die Fähigkeit, schnell Vertrauen zu anderen aufzubauen oder echtes Zuhören können solche Fähigkeiten sein. Zum anderen kann bei vielen auch das sogenannte Hochstapler-Syndrom dazu beitragen. Psychologische Studien gehen davon aus, dass rund 70 Prozent aller Menschen sich unter bestimmten Umständen als Hochstapler fühlen (The Journal of Behavioral Science 2011). Besonders hilfreich ist das nicht fürs Personal Branding. Deswegen ist das Schaffen der Basis, also das Sich-bewusst-Machen,

M. Zayats, *Digital Personal Branding*,
https://doi.org/10.1007/978-3-658-30174-3_3

was die eigenen Superkräfte sind, so entscheidend bevor man mit der Positionierung und Sichtbarkeit anfängt.

Sich klar zu werden über die eigenen Fähigkeiten, Stärken, das eigene Wissen und alle weiteren Asse, die wir ins Spiel bringen, ist also die eine Sache. Die andere ist das Verständnis vom persönlichen Fingerabdruck, der sich durch all unsere Fähigkeiten zieht. Welche Rolle die Persönlichkeit bei all dem, was wir tun spielt, wird deutlich, wenn wir uns Menschen anschauen, die scheinbar nur mit einer Fähigkeit ihr Geld verdienen. Nuron Makumi ist so ein Mensch. Der 23-jährige Pianist füllt u. a. Säle in der Alten Oper Frankfurt und dem Mariinsky Theater St. Petersburg mit seinen Interpretationen von Liszt, Chopin und anderen bekannten Künstlern. Stücke, die viele andere Pianisten vor ihm gespielt haben. Pianisten, die ebenfalls technisch stark sind. Einige von ihnen haben zudem ebenfalls eine starke Bühnenpräsenz. Was ist also das Besondere? Warum schreiben Kritiker völlig unterschiedliche Rezensionen über Pianisten, die teilweise die gleichen Stücke spielen? Warum gehen Menschen zu Konzerten von dem einen Pianisten, aber nicht dem anderen?

Beim Treffen mit Nuron komme ich der Antwort näher: „Jeder Pianist bringt seine Persönlichkeit und seine Geschichte mit auf die Bühne. Die Lebenserfahrung und die Emotionen, die in das Stück gehen, sind dabei sehr wichtig. Emotionen wie Zorn, Angst, Nostalgie, Freude oder Überraschung verleihen der Musik ihre Seele. Je mehr Lebenserfahrung ich habe, umso mehr Emotionen kann ich beim Spielen transportieren – und damit steigt die Chance, Menschen mit meiner Musik zu berühren."

Facetten Deiner Persönlichkeit fließen also ebenfalls in Dein Superkräfte-Portfolio mit ein. Somit setzen wir uns in diesem Kapitel mit Deiner Persönlichkeit auseinander.

Bestandsaufnahme
Jeder Mensch hat sie, aber vielen fällt es schwer sie zu greifen: unsere Persönlichkeit. Deswegen habe ich zu diesem Thema drei sehr geschätzte Expertinnen gefragt, wie wir uns unserer Persönlichkeit bewusster werden können und wie wir das Wissen anschließend nutzen, um unsere Personal Brand zu schärfen (s. Abschn. 3.2).

3.2   Über Authentizität und den Mut zur Veränderung

Ein Gastbeitrag von Christine Heilmaier

Über die Autorin
Christine Heilmaier ist seit 20 Jahren erfolgreiche Trainerin und Coach für Führungsverhalten und Führungsmethoden. Seit 2010 ist sie Inhaberin von TAIFUN® Beratung, Coaching und Training.

Sie bringt nicht nur ein umfangreiches theoretisches Wissen mit, sondern auch langjährige Erfahrungen aus der Personalentwicklung eines großen deutschen Kreditinstituts. Den ganz normalen Stürmen des Führungsalltags hat sie selbst viele Jahre als Filialleiterin und später als Leiterin Privatkunden in der Bankenlandschaft Stand gehalten. Diese Kenntnisse fließen wesentlich in ihre Beratung ein.

Sie hat bereits über 1000 Führungs- und Führungsnachwuchskräfte in Führungssimulationen trainiert und gecoacht. Ihre Analysen sind fundiert, genau und scharf. Dabei vergisst sie nicht den Humor, den der Führungsalltag so mit sich bringt. Christine Heilmaier ist Wirtschaftspsychologin (Master S.c.) und Diplom-Kauffrau (FH), sowie gelernte Bankkauffrau. Ihre mehrjährige Tätigkeit als Dozentin für methodische und soziale Kompetenzen an der Frankfurt School of Finance and Management rundet ihr Profil als Beraterin und Coach für Führungskräfte ab.

3.2.1   Authentizität = Personal Brand?

Wenn ich Führungskräfte im Coaching frage, was Sie erreichen möchten, so erhalte ich oft die Antwort: „Erfolg, Karriere, etwas gestalten können und dabei authentisch bleiben". Auf die Nachfrage, was denn für die Person authentisch sei, kommt oft die Antwort: „Ich möchte mich nicht verstellen müssen." Auch wenn authentisch (aus dem Griechischen) so viel heißt wie „man selbst zu sein", stellt sich die Frage, ob das ein Freibrief ist, zu tun und zu lassen, was einem gerade in den Sinn kommt. Für mich ist das oft nur eine Ausrede, nicht an sich selbst arbeiten zu müssen.

Führen bedeutet, sich mit der Rolle als Führungskraft auseinanderzusetzen und in dieser seinen persönlichen Stil zu entwickeln. Authentisch in diesem Zusammenhang bedeutet, dass eine Person in dieser Rolle stimmig ist. Der Gesamteindruck von Reden, Handeln, Fühlen und Denkweise muss eindeutig sein. Wenn alle Signale, die Sie aussenden, zusammen passen, erzeugen Sie Glaubwürdigkeit. Es sind die Situationen, in denen Ihr Inneres und Ihr Äußeres im Einklang miteinander sind.

Stimmigkeit bedeutet auch, dass Ihre Körpersprache zu den Botschaften, die Sie aussenden, passt. Damit das Innere zum Äußeren passt, heißt es zunächst, sich mit dem Inneren zu befassen, bevor man das Äußere darauf abstimmt. Hier fängt das Personal Branding an: „Was macht sie aus, was bestimmt ihr Denken und Handeln, was sind ihre Antreiber?" Sehr schnell geraten Menschen bei diesen Fragestellungen an ihre Grenzen. Die Antworten sind meist oberflächlich und könnten auf viele Personen passen, wie z. B. „Ich bin ehrgeizig, kompetent, humorvoll ..." Die Auseinandersetzung mit sich selbst ist die Grundlage des Personal Branding. Hilfreich kann es sein, sich von anderen Personen Feedback einzuholen. Allerdings sollten die Fragen konkret sein. „Wie wirke ich auf Dich?"

ist für andere schwer zu beantworten und die Antworten sind situationsabhängig. Da wir andere nicht gerne verletzen, sagen wir oft, was sozial erwünscht ist.

Authentische Menschen setzen sich mit ihren Stärken und Schwächen auseinander. Dafür benötigen sie eine ausreichende Kompetenz zur Selbstreflexion und eine ordentliche Portion an Ehrlichkeit. Wer authentisch sein möchte, muss auch unangenehmen Realitäten ins Auge sehen. Feedback ist nicht immer ehrlich oder geschönt. Deshalb sind Tools hilfreich, die das persönliche Verhalten in all seinen Facetten aufzeigt. Ein empfehlenswertes Diagnostikinstrument ist der Insights MDI (Management Development Instrument) Report (Scheelen Institut 2019). Er gibt ein ganzheitliches Bild über Ihre Führungsqualitäten, die Offenlegung Ihrer Motive und Wertvorstellungen und die daraus resultierenden Verhaltenspräferenzen (wie verhalten Sie sich und warum), sowie Ihre emotionale Intelligenz.

Dieser Report kann als Grundlage Ihres Personal Brand dienen und hat den charmanten Nebeneffekt, dass Sie das Verhalten Ihres Gegenübers besser verstehen und einordnen können. Insights basiert auf den wissenschaftlichen Vorarbeiten des Psychologen Marston und klärt die Frage, wie Sie Ihr Umfeld wahrnehmen (angenehm oder anstrengend) und wie Sie auf ihr Umfeld reagieren (bestimmt/zurückhaltend) (Scheelen Institut 2019). Sie erhalten mit dem Report einen tiefen Einblick, z. B. welche Faktoren Sie motivieren oder demotivieren, Ihr bevorzugtes Arbeitsumfeld, Ihre Ausweichtendenzen und Ihre Art, mit Konflikten umzugehen. Darüber hinaus zeigt Insights Ihren sogenannten Basisstil, also Ihr Verhalten ohne äußere Zwänge und Ihren adaptierten Stil, das Verhalten, das von anderen wahrgenommen wird und von dem Sie meinen, dass Ihr Umfeld dieses Verhalten erwartet. Je weiter der adaptierte Stil vom Basisstil abweicht, desto mehr Kraft kostet es Sie, ihr angepasstes Verhalten durchzuhalten.

Wenn Personen mir im Coaching sagen „Aber dann bin ich ja nicht mehr authentisch", betrachten sie ihr Verhalten als ihren wahren Wesenskern und nehmen sich die Chancen, die in ihrer Persönlichkeitsentwicklung liegen.

▶   Das Verharren in der Komfortzone als authentisch zu bezeichnen, ist nichts anderes, als sich der eigenen Veränderung zu verweigern.

Wir entwickeln uns stetig weiter und auch Persönlichkeitsmerkmale sind änderbar. Wir verändern nach einer Studie von Magret Kings und Jamie O'Boyle unsere Identität ca. alle 20 Jahre (Channelpartner 2012). Veränderung ist also authentisch und es ist sicher sinnvoller, den Prozess der Veränderung bewusst und willentlich zu steuern als ein unbewusstes Produkt seines Umfeldes zu sein. Persönlichkeitsentwicklung bedeutet an beiden Fronten zu arbeiten, also an Ihrer inneren und äußeren Haltung. Sie sind Dreh-und Angelpunkt Ihres Personal Brand und bedeutet für Sie einen hohen Grad an Bewusstheit für Ihre Wirkung auf andere zu entwickeln und diese Wirkung bewusst positiv gestalten zu wollen. Wenn es Ihnen nicht gelingt, bei anderen eine positive Wirkung zu erzielen, werden Sie schnell übersehen, übergangen oder unterschätzt. Wer nicht an seiner Persönlichkeit (weiter-)arbeitet, verpasst die Chancen der Zukunft.

▶ **Anmerkung Marina Zayats** Auch mit Dr. Margret Klinkhammer habe ich über die Arbeit an der eigenen Persönlichkeit gesprochen (s. Abschn. 3.3). Eins wird beim Interview sehr deutlich: Die eigene Persönlichkeit ist kein statisches Gesamtkonstrukt, wie einige glauben mögen. Wir haben viele Persönlichkeitsfacetten. Manche bringen wir nur im engsten Freundeskreis zum Vorschein, andere nur in der Berufswelt, andere wiederum scheinen überall durch. Die bewusste Auseinandersetzung damit, welche Facetten man überhaupt besitzt, kann im nächsten Schritt genutzt werden, um die eigene Personal Brand zu schärfen.

3.3 Eine Frage der Persönlichkeit: Welche Rolle die eigene Persönlichkeit im Personal Branding spielt

Marina Zayats im Gespräch mit Dr. Margret Klinkhammer

Dr. Margret Klinkhammer hat in ihrer mehr als 30-jährigen Berufstätigkeit vielfältige Veränderungsprojekte auf individueller und organisationaler Ebene verantwortet. In ihrer Arbeit als Executive Coach, Trainerin und Mediatorin bringt sie zudem ihre Erfahrungen als Geschäftsführerin mittelständischer Unternehmen (u. a. COR-MENS GmbH), langjähriges Mitglied von Aufsichts- und Beiräten sowie aktive Netzwerkerin in „Old und New Work" ein. Sie begleitet Leadership Teams, Betriebsräte und Unternehmensgremien im In- und Ausland als Beraterin und Supervisorin.

▶ „Wer Leistung erbringt, wird schon wahrgenommen und befördert", so antworten manche Menschen, wenn die Rede auf Personal Branding oder Netzwerken kommt. Was sind Deine Beobachtungen aus jahrzehntelanger Erfahrung als Beraterin, Executive Coach und Geschäftsführerin? Welche Rolle spielt unsere Persönlichkeit (im Gegensatz zur reinen Leistungserbringung) in unserer Karriere?
Eine sehr wichtige Rolle. Jede und jeder kann seine Persönlichkeit von zwei Seiten aus betrachten und sich mit dem Selbstbild und dem Fremdbild der eigenen Persönlichkeit beschäftigen:
Zum einen kann ich meine Persönlichkeit sehen als mein Selbstbild, bezogen auf meine Haltung, meine Eigenschaften und Fähigkeiten sowie die mir eigenen Muster des Denkens, Handelns, Kommunizierens und Fühlens.

Zum anderen kann ich Persönlichkeit sehen als das Fremdbild, als die meist bewertende Zuschreibung, als das, was über mich kommuniziert wird – verbal und nonverbal.

In den seltensten Fällen deckt sich das Selbstbild mit dem Bild, das andere von mir haben, denn jeder Mensch hat einen anderen Blick auf seine Umwelten. Und aus der Differenz kann ich lernen – vorausgesetzt, ich kann sie transparent machen durch Nachfragen nach Beobachtungen, Eindrücken und Feedback.

Das Johari-Fenster veranschaulicht das sehr einfach mithilfe von vier Quadranten (siehe Abb. 3.1). Ich selbst habe einen blinden Fleck, weil meine Kollegen und Freunde nicht alle ihre Beobachtungen über mich mit mir teilen wollen – entweder, weil ich nicht fragen und zuhören will oder weil sie sich nicht trauen oder denken, dass ich „es" ja eh schon weiß. Natürlich habe ich auch Geheimnisse, die niemand über mich weiß, wo ich bewusst oder unbewusst, etwas zu verbergen suche. Dann gibt es noch die „öffentliche Person": Das sind Facetten meiner Persönlichkeit, die ich kenne und die andere kennen. Im Gegensatz dazu gibt es letztlich das Unbekannte, also Facetten meiner Persönlichkeit, die weder mir noch anderen bekannt sind.

Jeder kann – wenn er will – an der eigenen Persönlichkeit arbeiten, sei es durch das Einholen von Feedback oder das Reflektieren des eigenen Verhaltens, Denkens und Fühlens. Die diesbezügliche, ganz allgemeine Frage lautet: Wer will ich sein bzw. als wer will ich wahrgenommen werden? In Coachinggesprächen stelle ich immer wieder die folgende einfach klingende Aufgabe, die

Abb. 3.1 Johari-Fenster von Joseph Luft und Harry Ingham, Entwicklung der Persönlichkeit 2019

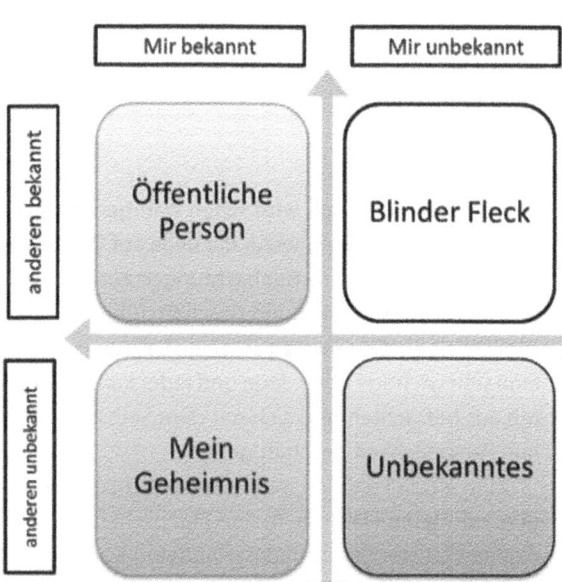

aber – wenn ernst genommen – oft Tage und Wochen erfordert, bis eine zufriedenstellende Antwort gefunden ist. Die Aufgabe lautet: „Schreiben Sie Ihre eigene Grabrede: Was sagen Ihre Frau/Ihr Mann, Ihre Kinder, Ihre Geschwister und Eltern, Ihre Freunde und Arbeitskolleginnen an Ihrem Grab über Ihre Persönlichkeit, Ihr Leben, Ihre Beziehung? Was bleibt auch nach Ihrem Tod und was wird allen fehlen?". Und mit dem Schreiben einer geht die Auseinandersetzung damit, ob ich als Schreiber das auch hören will oder nicht eher etwas anderes. Und es stellt sich die Frage, wie ich mein Leben (re-)konstruieren kann, wie ich ihm den von mir gewünschten Sinn geben kann, so dass aus meiner Sicht und der Sicht der mich umgebenden Menschen mein Leben gelingen kann.

Gehen wir mit Rilke (1899), so kann die Arbeit an der eigenen Persönlichkeit ein Leben lang dauern: „Ich lebe mein Leben in wachsenden Ringen … Ich werde den letzten vielleicht nicht vollbringen, aber versuchen will ich ihn". Ich werde dieses Jahr 60 und habe vor einiger Zeit beschlossen, dass es „mein bestes Lebensjahrzehnt" wird. Ob es das wirklich sein wird, weiß ich nicht. Und ehrlicherweise habe ich es auch nur zu einem klitzekleinen Teil selbst in der Hand. Aber ich merke, dass mich dieser innerlich gereifte und erstmals im Kreis meiner Familie spontan geäußerte Entschluss doch immer wieder zum Nachdenken bringt. Ich überlege mir bewusster als vorher, worauf ich mich fokussieren will und was ich ganz bewusst auch lasse. Ich frage mich selbst, was ich durch und dank der Arbeit mit anderen Menschen Neues in mir entdecken will, welche andere Haltung oder Perspektive ich einnehmen möchte, welche neuen Fähigkeiten und Muster ich ausprobieren und trainieren will, wie ich wirken möchte – sowohl nach innen als auch nach außen. Ob andere Menschen mir dann auch das Neue zuschreiben, kann ich nur bedingt beeinflussen – und wahrscheinlich wird es mit zunehmendem Alter auch immer unwichtiger.

Personal Branding hilft aber sicherlich dabei, dass mich Menschen anders als bisher wahrnehmen. Es gilt immer wieder, ganz bewusst eine Entscheidung zu treffen, welche Facetten meiner (neu konstruierten) Persönlichkeit ich sichtbar und hörbar mache. Beispielsweise empfehle ich meinen Coachees, die in absehbarer Zeit eine Führungsaufgabe einnehmen wollen, sich schon lange vorher so zu verhalten, als ob sie diese Aufgabe bereits innehätten: „If you want to be a president, act as a president." Ich kann mich heute schon entsprechend verhalten, kommunizieren, mich anziehen, sprechen, zuhören und entscheiden. Zum einen nehmen Menschen mich dann schon „neu" wahr, zum anderen kann ich auch ein Gefühl für mich entwickeln, ob ich mit diesen neuen Facetten meiner Persönlichkeit experimentieren möchte. Das hat übrigens nichts damit zu tun, dass man sich verstellt, sondern einfach damit, dass man bestimmte Facetten seiner Persönlichkeit aufgrund der anstehenden Aufgabe in den Vordergrund bringt und anderes dafür in den Hintergrund treten lässt. So übernimmt man Führungsarbeit, obwohl man die Führungsrolle offiziell noch gar nicht hat.

▷ **Wie schaffe ich es, im Berufskontext die Lücke aus „so will ich wahrgenommen werden" und „so werde ich tatsächlich wahrgenommen" ein Stück weit zu schließen?**
Ich bewege mich immer in einer Umwelt. Und vor diesem Hintergrund wird meine Bewegung in sozialen Räumen wahrgenommen und interpretiert. Also gilt es erst einmal, den Kontext zu verstehen: Beobachten, Fragen, Zuhören sind angesagt, nicht Handeln. Wer redet mit wem, wer spielt welche Rolle, wie ist der Umgang mit verschiedenen Funktionsträgern im Unternehmen? All das hilft dabei, zu verstehen, welche sozialen Normen im Unternehmen herrschen und welches Verhalten darauf einzahlt und welches auch nicht. Mit der Zeit verstehe ich dann besser, wie bestimmte Botschaften, die ich sende, auch tatsächlich ankommen. Ich lerne, welches Maß an Irritation noch gerade so eben zulässig ist, damit ich einen Unterschied machen kann. Und welche Irritation das System so verstören würde, dass ich ignoriert oder gar ausgesondert werden würde.

Im Coaching empfehle ich Führungskräften, sich bewusst mit ihrem Führungsprofil über alle fünf Sinne – Sehen, Hören, Fühlen, Riechen, Schmecken – auseinanderzusetzen und ihre Persönlichkeit dabei in unterschiedliche Szenen zu setzen. Folgende Fragen können sich Führungskräfte dabei beantworten:

V(isuell): Welches Bild von mir als Führungskraft will ich malen? Was zeige ich dabei von mir? Was verberge ich? Welche Körperhaltung bringt am besten meine innere Haltung zum Ausdruck? Wie bunt und schrill, wie klar und reduziert darf das Bild sein? Wenn wir einen Film drehen würden, welches Verhalten von mir wäre z. B. in Stresssituationen beobachtbar? Welchen meiner Interaktionsmustern kann ich gut zusehen, was will ich aber auch nicht von mir sehen und will es daher aktiv ändern?

A(uditiv): Wie spreche ich von mir als Führungskraft – zu mir in meinen Gedanken und nach außen, hörbar vor anderen? Was sollen Andere über mich als ihre Führungskraft sagen? Bei welchen Führungsthemen kann ich gut zuhören, bei welchen Themen schalte ich auf „taub"? Wie denke und spreche ich über andere Menschen, meine Mitarbeiter, Kollegen oder Führungskräfte, Kunden oder Lieferanten?

Das Profil ändert sich natürlich auch im Laufe des Lebens und unterscheidet sich je nach Lebensbereich. In meinem Wirtschaftsmathematikstudium war ich sehr glücklich, wenn andere sagten, ich sei die Logische, Intellektuelle. Wenn mir heute jemand sagt oder schreibt, ich hätte durch mein Einfühlungsvermögen den Gruppenprozess ermöglicht, dann berührt mich das viel mehr als die Hervorhebung meiner logischen Kompetenz, die ja nicht weg ist, aber für mich als Teil meiner Persönlichkeit nicht mehr den Stellenwert hat wie früher.

K(inästetisch): Wofür brenne ich als Führungskraft? Für welche Themen kann ich mich erwärmen? Was erwischt mich aber immer wieder auch kalt? Welches Gefühl will ich in anderen wecken, welche Energien will ich freisetzen? Wo bremse ich aber womöglich auch andere mit meiner Führungsenergie? Was berührt mich, was trifft mich? Welchen Teil meiner Führungsverantwortung sehe ich als Last und welchen als Freude? Was davon kann ich mit anderen teilen, andere damit in Führung bringen? Bei welchen Führungsthemen lacht mein Herz, wann schlägt es eher angstvoll? Will ich eher „mit beiden Füßen auf dem Boden stehen" oder „schwebt mein Kopf in den Wolken"?

O(lfaktorisch): Welche Duftmarke will ich setzen? In welche Netzwerke will ich bewusst hineinschnuppern? Was stinkt mir an der Art, wie hier Führungsarbeit geleistet wird und was will ich anders machen? Womit bin ich schon mal auf die Nase gefallen, wo habe ich aber auch einen guten Riecher gezeigt?

Anmerkung Marina Zayats

Eine interessante Rolle spielt hier das Thema Parfum, mit dem Sie gezielt Bilder beim Gegenüber hervorrufen können. Nicht umsonst werden Parfums mit sehr emotional aufgeladener Werbung vermarktet. Sie sollen beim Träger eine Haltung und beim Gegenüber eine Wirkung erzeugen. So gibt es Parfums für den „modernen Macher", die „elegante Macherin" usw.

G(ustatorisch): Welche Themen finde ich knackig? Was und wen habe ich gefressen und was und wen habe ich zum Fressen gerne? Was schmeckt mir, was schmeckt mir nicht an der Art, wie hier über Führung geredet wird?

Dabei ist es wichtig, sich zunächst auf die Selbstkonstruktion, auf das selbst konstruierte Profil von sich zu konzentrieren. Welches Bild will ICH von mir haben? Ist es bunt, grau, laut, kühl, klassisch, verspielt etc.? Wenn ich mir darüber klar werde, in welches Profil ich hineinwachsen will, dann sehe ich einen Entwicklungspfad. Dann lebe ich – nach Rilke – im Laufe des Lebens „allmählich, ohne es zu merken, eines fremden Tages in die Antworten hinein". (Rainer Maria Rilke: „Was mich bewegt"). (Anm. der Autorin: Analog zu dem Superkräfte-Portfolio!).

Ist das geklärt, geht es an die Frage, was andere Menschen im Unternehmen mit mir verbinden sollen: graue Maus, bunter Vogel, gelassener Elefant, angreifender Bulle? Dazu arbeite ich in meinen Seminaren sehr gerne mit den wunderschönen Holzfiguren von Ostheimer. Das mag zunächst etwas verspielt klingen, weil ich gleichermaßen Tier- wie Menschenfiguren nutze. Mitunter zögern Menschen, weil sie eine Figur finden wollen, die zur gesamten Persönlichkeit passt. Dabei ist das Entscheidende zu verstehen, wer ich in welchem Kontext sein will – und so suchen sich manche auch mehrere Tiere aus, die jeweils unterschiedliche Facetten ihrer Persönlichkeit verkörpern. Und im nächsten Schritt gilt es, diese Rückkoppelung aus dem Außen wieder in den eigenen Selbstkonstruktionsprozess im Inneren zu übernehmen.

Wichtig bei all den Übungen ist es, ehrlich mit sich selbst zu sein. Wer unbedingt ein Bild erschaffen will, das mit keiner Facette seiner Persönlichkeit einhergeht, wird Unsicherheit ausstrahlen. Das Körpergefühl macht einen entscheidenden Teil unseres Auftretens aus und Menschen spüren schnell, wenn da etwas nicht zusammenpasst.

► **Sagen wir, ich bin mir meiner eigenen Persönlichkeit und der Facetten, die ich im beruflichen Kontext zeigen möchte, bewusst. Wie geht es nun weiter? Wie schaffe ich Sichtbarkeit im Unternehmen, um Karriere zu machen, und was ist dabei zu beachten?**

Zu Anfang meines Berufslebens dachte ich nicht an meine Sichtbarkeit. Vielleicht scheute ich auch davor zurück, weil Sichtbarkeit auch Risiken beinhaltet. Nicht nur Leistung, auch Fehlleistung wird beobachtbar und je nachdem, wie meine Umwelt und ich selbst mit meiner Fehlleistung umgehen, mache ich mich mehr oder minder verletzbar. Als Studentin und Uni-Assistentin war es nicht notwendig, anders als durch gute Leistung auf sich aufmerksam zu machen. So war ich auf intellektueller Ebene durchaus sichtbar. Aber ich kümmerte mich wenig um Kleidung oder Status. So dachte ich, dass auch im Beruf gute Leistung schon gesehen und belohnt wird. Aber: wenn ich nicht aktiv im Unternehmen die Vorderbühne betrete, dann werde ich von Kollegen, Kunden etc. nicht oder nur unzureichend wahrgenommen. Ich selbst verschenkte wichtige Chancen, stand mir – ohne es zu merken – selbst im Weg! Was ich zu dem Zeitpunkt auch noch nicht verstand: Wenn ein Mitarbeiter gut ist, wollen manche Führungskräfte ihn nicht promoten und letztlich weiterziehen lassen. Als mir das nach einigen Jahren bewusst wurde, habe ich endlich selbst für Sichtbarkeit gesorgt und Sichtbarkeit eingefordert – und war bereit, den Preis für die Sichtbarkeit zu zahlen.

Heute gebe ich den Tipp: Zeigt Euch so früh wie möglich. Denn ein junger Kollege, eine junge Mitarbeiterin kann davon ausgehen, dass er oder sie einen gewissen Schutzraum hat. Manche sprechen von „Welpenschutz" oder beziehen sich auf das Sprichwort: „Es ist noch kein Meister vom Himmel gefallen". Üben ist wichtig, sich irren ist menschlich – viel wird verziehen, solange ich nicht arrogant auftrete. Diesen „Welpenschutz" habe ich leider später im Berufsleben oft nicht mehr, auch wenn ich natürlich nie aufhöre zu lernen und mit jeder neuen Aufgabe und Rolle neue Herausforderungen kommen. Hier könnte ich durchaus einen gewissen Schutzraum gebrauchen, aber den bekomme ich umso weniger, je höher ich die Karriereleiter aufsteige. Dessen muss ich mir bewusst sein: Als Manager habe ich hohe Sichtbarkeit in einem mich unter Umständen zu fordernden Maß. Hier ist die Frage zu klären: Was soll besonders sichtbar sein, was weniger sichtbar? Coaching kann da ein geschützter Raum zum unbeobachteten Üben sein.

► **Hast Du noch ein Universal-Werkzeug für die Leser? Wenn sie sich eine Sache aneignen könnten, um morgen richtig aufzutreten im Beruf: Welche wäre das?**

Die innere Haltung entscheidet! Für mich ist Zusammenarbeit ein freiwillig abgeschlossener Vertrag von gleichwürdigen Partnern. Was meine ich damit? Systemtheoretiker sagen, dass für eine Organisation grundsätzlich jeder Mitarbeiter austauschbar sein muss. Wenn ich das im Hinterkopf habe, dann habe ich realistische Erwartungen an das Unternehmen, in dem ich arbeite. Gleichzeitig sollte jeder Mitarbeiter das Unternehmen auf seinem CV für austauschbar halten. Wenn jede Seite von der jederzeitigen Austauschbarkeit der anderen Seite ausgeht, dann kann jede auf Augenhöhe „Ja" und „Nein" zum anderen sagen – mit Freude bleiben und ohne Groll die Trennung vollziehen. Dann kann ich sagen: Liebes Gegenüber, ich kann ohne dich, aber ich will mit dir.

Das Gleiche gilt natürlich auch für Selbstständige. Wenn die Sparbücher oder Auftragsbücher voll sind, lässt es sich am leichtesten akquirieren, weil man eben lockerer und selbstsicherer auftritt. Der Kunde spürt, ob du willst oder musst.

Mein Tipp zum Schluss: Vermeidet den Bau goldener Käfige, legt stattdessen Naturparks an!

▶   **Anmerkung von Marina Zayats** Von der Persönlichkeit zur Personal Brand: Die Übungen im folgenden Gastbeitrag helfen dabei, den Weg vom Wissen über die eigene Persönlichkeit hin zur Personal Brand zu starten. Dabei ist insbesondere das Herausarbeiten des eigenen Superkräfte-Portfolios entscheidend. Wie man dieses Portfolio aufdeckt, um es im nächsten Schritt mit seinen Zielen und Zielgruppen abgleichen zu können, darum geht es im Gastbeitrag von Dr. Cornelia Andriof (s. Abschn. 3.4).

3.4   Ich bin doch keine Cola-Dose! Personal Branding für Manager und die Funktion von Coaching

Gastbeitrag von Dr. Cornelia Andriof

Über die Autorin
Dr. Cornelia Andriof unterstützt als Coach, Beraterin und Moderatorin Unternehmen und Manager in Veränderungsprozessen. Der Fokus dabei: Führung und Kommunikation. Sie kombiniert Ansätze der strategischen Unternehmensberatung – erworben in 15 Jahren bei Hering Schuppener – mit Haltung, Methoden und Achtsamkeit des NLP und systemischen Coaches. Ethik & Qualität sind die Leitwerte ihres 2011 gegründeten Unternehmens, Kraft & Partners Deutschland. Kreativität & Leidenschaft die Werte, die ihre eigene Arbeitsweise beschreiben. Cornelia Andriof hat Germanistik und Kommunikationswissenschaft studiert.

Das Gespräch mit einem Coach kann hilfreich sein auf dem Weg zur Personal Brand. In diesem Beitrag werden Methoden vorgestellt, die dabei zum Einsatz kommen. Robert Dilts Pyramiden-Modell bringt mehr Klarheit über einen selbst. Mit einer Zielbestimmung kann die Personal Brand neu ausgerichtet werden. Vor allem aber hilft ein Coach, neben der Selbstwahrnehmung auch die Fremdwahrnehmung kennenzulernen, zu verstehen und – gegebenenfalls – die Lücke zwischen beiden zu schließen.

„Ich bin doch keine Cola-Dose" – war die Antwort eines gestandenen Managers, als ich ihn im Coaching nach seiner „Markenpositionierung" fragte. Ein Steilvorlage, um zu klären:

- Wie kann ich als Manager meine Personal Brand erkennen?
- Wie kann ich meine Personal Brand aktiv gestalten?

Tatsächlich hat jeder eine Personal Brand, meist unbewusst. Managerinnen und Manager haben in der Regel eine bereits geschärfte Personal Brand – sie stehen in den Augen anderer für etwas ganz bestimmtes. Eine Position soll besetzt werden? Sobald eine Kerneigenschaft genannt ist, wird diese auch sehr schnell mit einem Namen verbunden: Wir suchen einen „kreativen Kopf", jemanden der „klar strukturiert" oder „das Team mitnimmt". Genau um diesen Zusammenhang geht es: Die Person steht für bestimmte Fähigkeiten, diese werden unter Schlagworten, quasi als Marke, zusammengefasst.

3.4.1   Wie kann ich als Manager meine Personal Brand erkennen?

Im Coaching nähern wir uns der Personal Brand durch zwei Perspektiven: Selbst- und Fremdwahrnehmung auf verschiedenen Ebenen, diese sind abgebildet in der Pyramide nach Robert Dilts.

„Flexibility comes from having multiple choices; wisdom comes from having multiple perspectives." Robert Dilts (ToolsHero 2018)

Robert Dilts beschreibt 1990 seine Pyramide, oder auch „(neuro)logischen Ebenen", in Anlehnung an Gregory Batesons logische Ebenen des Lernens. Ihm ist es damit – entgegen seiner Intention – zwar nicht geglückt, ein tatsächlich logisches Modell des menschlichen Gehirns zu beschreiben. Wohl aber hat er uns eine wunderbare Orientierungshilfe geschenkt. Wenn wir die verschiedenen Ebenen der Dilts-Pyramide erkunden, können wir viel über uns selbst erfahren; erkennen, auf welcher Ebene ein Problem angesiedelt ist; Lösungen für Probleme finden. Wir können Veränderungen anstoßen, die „passt-zu-mir" sind. In der Regel findet sich die Lösung auf einer anderen Ebene als das Problem.

Und wie hilft die Pyramide beim Personal Branding? Indem ich mich auf den verschiedenen Ebenen beschreibe, bekomme ich ein klares Bild meiner selbst. Der Status Quo meiner Personal Brand zeigt sich in meiner Selbstwahrnehmung (Wunschvorstellung?) und in der Wahrnehmung durch andere. Aus dem Unterschied sowie einer Ausrichtung auf ein Ziel ergibt sich der Veränderungsbedarf.

Abb. 3.2 Pyramide/logische
Ebenen nach Robert Dilts

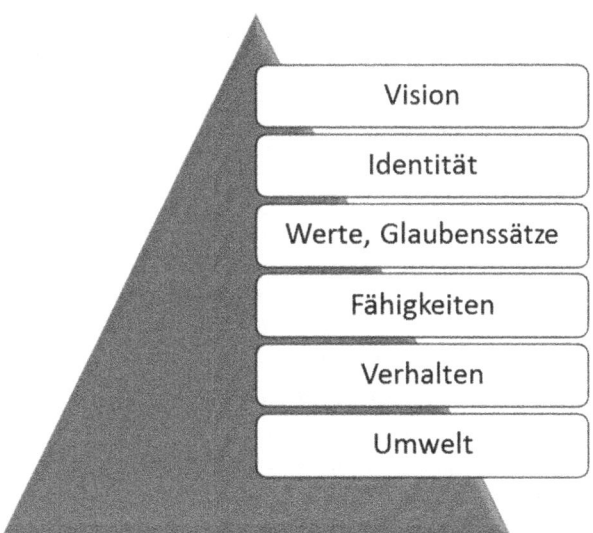

Bevor wir uns den Coaching-Prozess im Einzelnen ansehen, hier noch eine kurze Erläuterung zu den Ebenen in Dilts' Pyramide (siehe Abb. 3.2).

Umwelt ist das, was uns täglich umgibt. In ihr bewegt sich der Mensch mit seinem
Verhalten. Hier ist die Pyramide noch sehr breit – in unserem Verhalten sind wir flexibel.
Limitiert wird unser Verhalten durch die erlernten Fähigkeiten. Diese ermöglichen es
schließlich erst, irgendein Verhalten überhaupt auszuführen. Ich kann mich nur dann in
einer Fremdsprache unterhalten, wenn ich diese gelernt habe. Mit Fähigkeiten sind nicht
nur Wissen und Können gemeint, sondern umfassend mentale Strategien. Werte und Glaubenssätze begründen, welche Fähigkeiten ich mir aneigne. Bin ich beispielsweise ein
weltoffener Mensch und sehe meine Berufung darin, international zu arbeiten, werde ich
mir entsprechende Fremdsprachenkenntnisse aneignen. Werte sind Orientierungspunkte
für meine Entscheidungen. Glaubenssätze beschreiben, wie ich die Welt sehe. Man erkennt Glaubenssätze im Gespräch sehr schnell an ihrer Formelhaftigkeit: „Man bekommt
ja im Leben nichts geschenkt; ohne Fleiß, kein Preis."

Schaut man auf die ägyptischen Pyramiden, so stimmt das Bild: Diese sind im unteren
Bereich aus einzelnen Steinen gemauert, tragen an der Spitze aber oft einen Monolithen.
Auch unsere oberen logischen Ebenen sind deutlich weniger variabel. Identität fasst zusammen, wer wir sind, was wir sind, was zu uns dazugehört und was nicht. Vision meint –
kurz gesagt – das, was mir wichtiger ist als ich selbst.

Im Coaching entdecken wir die Pyramide von unten nach oben. Für die Frage nach der
Personal Brand sind die Ebenen Fähigkeiten und Werte zentral.

3.4.1.1 Selbstwahrnehmung beschreiben

Im Coaching-Gespräch erfrage ich zuerst die Selbstwahrnehmung. Allerdings nicht direkt
mit: „Wie bist Du so?" Zum einen, weil vielen Menschen die Antwort darauf schwer fallen

dürfte. Zum anderen aber wollen wir zum Kern der Persönlichkeit kommen und nicht nur ein „inszeniertes Selbst" abfragen. Dafür reisen wir gedanklich immer wieder ins direkte Erleben, in die Umwelt, in die konkrete Situation. Wir folgen den bewussten Entscheidungen.

Ein Beispiel: Führungsverhalten ist stark geprägt von den eigenen, ersten Chefs. Es ist daher interessanter und deutlich einfacher das Verhalten der ersten eigenen Führungskräfte zu beschreiben als das eigene aktuelle Führungsverhalten. Welche Situationen sind als prägend – positiv wie negativ – in Erinnerung? Was war typisch für ihn/sie? Bei der anschließenden Betrachtung der Erfahrungen entsteht mit verblüffender Treffsicherheit ein ehrliches Profil des eigenen Führungsverhaltens.

3.4.1.2 Von den Fähigkeiten zum „Superkräfte-Portfolio"

Eine besonders inspirierende Coaching-Sitzung ist die zu den Fähigkeiten. Die Aufgabe ist, alles zu nennen und aufzuschreiben, was jemand kann. Beruflich, privat, Hobbys, auch Fähigkeiten, die als selbstverständlich angesehen werden. Es sollten mindestens zwei Seiten voller Fähigkeiten sein. Und es tut gut zu sehen, was man alles kann. Und wenn es einmal hakt? Fragen, weiterfragen und noch mal weiterfragen – in dieser Coaching-Sitzung darf es gerne etwas mehr sein.

Wichtig ist es dabei Eigenschaften (Adjektive) von Fähigkeiten (Verben) zu unterscheiden. Also zum Beispiel „ich bin geduldig" weiter zu hinterfragen hinsichtlich „was mache ich, wenn ich geduldig bin. Welche Fähigkeit macht mich geduldig". Das führt zu mentalen Strategien. Muster werden erkennbar, wie die Person z. B. Problemlösungen angeht oder mit Schwierigkeiten umgeht. Und darum geht es: Was kann ich wirklich? Und: Was kann ich besonders gut?

(Mindestens) zwei Seiten voller Fähigkeiten zeigen jedem, wie außergewöhnlich er oder sie ist. Wir sind hier schon ganz nah am „Superkräfte-Portfolio" (siehe Abschn. 3.4.1.1).

Wünsche ich mir eine Veränderung in meinem Verhalten, kann ich die Lösung auf der Ebene darüber, also auf der Ebene meiner Fähigkeiten suchen. Indem ich in der als problematisch empfundenen Situation andere Fähigkeiten einsetze als bisher, komme ich zu einem anderen Verhalten – ausprobieren zeigt, ob es besser ist.

Ich setze für diese Veränderungsarbeit auch gerne den Zufall ein. So geht's: Alle Fähigkeiten auf Karten schreiben und die Karten mischen. In problematischer Situation eine Karte ziehen und überlegen: Wie kann ich mit dieser Fähigkeit das Problem lösen. Dies bietet spannende und vor allem kreative, neue Ansätze: Wie kann mir „Tauchen" helfen, wenn ich gerade mal wieder an einem unkooperativen Kollegen verzweifle.

3.4.1.3 Werte und Glaubenssätze

Es ist nicht ganz einfach, im Coaching über die eigenen Werte zu sprechen – nur bei den wenigsten sprudelt es, auf die schlichte Frage: „Was sind Ihre sieben wichtigsten Werte?" Bewährt hat es sich, die Frage nach Werten in eine Geschichte zu verpacken. Im Zuge der Geschichte werden von dem Coachee immer wieder Entscheidungen verlangt – mit wachsender Wichtigkeit. Schaut man anschließend auf diese Entscheidungen, zeigen sie nicht nur kurzfristige Motivationen, sondern auch die darunter liegenden Werte. Es entsteht eine Reihenfolge, eine Werte-Hierarchie.

Erstaunlich ist, dass viele Coachees ihre eigene Werte-Hierarchie für selbstverständlich halten „Ist das nicht bei allen so?", werde ich gefragt. Doch tatsächlich habe ich noch nicht zwei annähernd gleiche Werte-Hierarchien gesehen.

Was sind Werte?
Achtsamkeit, Agilität, Aktivität, Akzeptanz, Altruismus, Anerkennung, Andersartigkeit, Anmut, Ansehen, Anstand, Ästhetik, Aufgeschlossenheit, Aufmerksamkeit, Ausgeglichenheit, Ausgewogenheit, Authentizität, Begeisterung, Beharrlichkeit, Bescheidenheit, Besonnenheit, Dankbarkeit, Demut, Disziplin, Effektivität, Effizienz, Ehrlichkeit, Empathie, Entscheidungsfreude, Fairness, Fleiß, Flexibilität, Freiheit, Freude, Freundlichkeit, Frieden, Fröhlichkeit, Fürsorglichkeit, Geduld, Gelassenheit, Gemütlichkeit, Gerechtigkeit, Gesundheit, Glaubwürdigkeit, Großzügigkeit, Güte, Harmonie, Herzlichkeit, Hilfsbereitschaft, Hingabe, Hoffnung, Höflichkeit, Humor, Idealismus, Innovation, Integrität, Intelligenz, Interesse, Intuition, Klugheit, Kontrolle, Kreativität, Leidenschaft, Leichtigkeit, Liebenswürdigkeit, Loyalität, Mitgefühl, Motivation, Mut, Nachhaltigkeit, Nächstenliebe, Neugier, Neutralität, Offenheit, Optimismus, Ordnungssinn, Pflichtgefühl, Phantasie, Pragmatismus, Präsenz, Pünktlichkeit, Realismus, Redlichkeit, Respekt, Rücksichtnahme, Sanftmut, Sauberkeit, Selbstdisziplin, Selbstvertrauen, Sensibilität, Sicherheit, Solidarität, Sorgfalt, Sparsamkeit, Spaß, Standfestigkeit, Sympathie, Teamgeist, Tapferkeit, Teilen, Toleranz, Tradition, Transparenz, Treue, Tüchtigkeit, Unabhängigkeit, Unbestechlichkeit, Verantwortung, Verlässlichkeit, Vertrauen, Wachsamkeit, Weisheit, Weitsicht, Würde, Zielstrebigkeit, Zuverlässigkeit, Zuneigung, Zuversicht

Übung zu Werten
- Wählen Sie aus der Aufzählung oben drei Werte aus, die ganz und gar zu Ihnen passen. Welche Bilder und Geschichten verbinden Sie mit diesen Werten? Warum passen die? Welche Fähigkeiten haben Sie entwickelt, um diese Werte mit Ihrem Verhalten in die Umwelt zu bringen?
- Wählen Sie jetzt jeweils das Gegenteil dieser drei passenden Werte und denken Sie „… ist wichtig für mich". Spüren Sie dem Störgefühl nach, das sich vielleicht einstellt. Oder sind beide Seiten der Medaille wichtig für Sie?*

* Viele Menschen tragen in sich einen Werte-Konflikt. Wenn zum Beispiel Freiheit und Sicherheit als gleichermaßen wichtig empfunden werden. Oft ist es gerade diese Spannung, die uns auszeichnet, die uns Entscheidungen schwer macht, die uns im Leben antreibt.

Glaubenssätze frage ich im Coaching nicht gesondert ab. Ich schreibe sie lediglich mit. Es ist immer wieder überraschend, wie oft Coachees diese Ich-und-die-Welt-Formeln in das Gespräch einfließen lassen. Ist die Liste einmal begonnen, fällt es Coachees in der

Regel leicht, sie fortzuführen. Spannend ist der Umgang mit „überholten" Glaubenssätzen, also solchen, die aus anderen Lebensphasen stammen und sich hartnäckig halten. Darin liegt ein produktiver Ansatzpunkt für die Befreiung von Ballast und für selbst gewünschte Verhaltensänderungen.

3.4.1.4 Die Fremdwahrnehmung beschreiben

Die Fremdwahrnehmung der Personal Brand zu beschreiben ist sicherlich noch schwieriger. Es gilt zu akzeptieren: Perception is Reality. Unabhängig davon, ob mir eine Wahrnehmung gefällt, ist sie da und wahr.

Sogenanntes Shadowing ist der Königsweg, um eine Fremdwahrnehmung seines Verhaltens als Führungskraft zu erhalten. Der Coach begleitet dafür den Coachee in Meetings oder anderen alltäglichen Situationen und spiegelt im Anschluss die Beobachtungen. Knapp zehn Jahre nach dem entsprechenden Coaching schrieb mir ein Coachee: „Sie haben mir sehr geholfen, als Sie mich in Meetings begleitet, dort zugehört, zugeschaut, mitgeschrieben und mir hinterher geholfen haben den Abgleich zwischen ‚glaube ich gesagt zu haben' und ‚haben Sie tatsächlich gesagt' zu machen."

Eine Fremdwahrnehmung der eigenen Fähigkeiten erfordert einen gedanklichen Perspektivwechsel. „Wenn ich Mitarbeiter, Kollegen, Chef, Partner, Familie, Freunde frage, was sie besonders gut können, was sagen diese?" Es gilt einzutauchen in die Vorstellungswelt anderer Menschen und sich selbst dissoziiert, also von außen zu sehen. Die Fremdwahrnehmung der Fähigkeiten ergänzt die selbst wahrgenommene Liste und verändert manchmal deren Gewichtung. Wer mag, fragt auch noch mal direkt bei den anderen Personen nach.

Werte, Glaubenssätze – wie beschreiben mich andere? Was glauben andere von mir? Diesen Perspektivwechsel muss man üben. Es hilft, dies nicht nur im Gespräch zu tun, sondern mit Bildern zu arbeiten. Wenn ich etwas nicht mit Worten, sondern in Bildern ausdrücken soll, ist es nicht möglich, das zu sagen, was ich immer sage. Ich muss „übersetzen". So gerät das Denken in Bewegung und die Reflexion vertieft sich. Anhand von entsprechenden Motivkarten folgen wir im Coaching der Frage: „Welche Bilder würden mir andere zuschreiben und warum?". Auch hier kann der gedachte Perspektivwechsel durch einen tatsächlichen ergänzt werden.

Erfahrungsgemäß ist das Auseinanderfallen von Selbst- und Fremdwahrnehmung auf der Ebene von Werten und Glaubenssätzen besonders erschütternd für Coachees. „Wie kommt es, dass ich als so ehrgeizig und karriereorientiert wahrgenommen werden, dabei geht es mir doch um die Menschen?" Gerade solche Erkenntnisse sind es, die später bei der aktiven Gestaltung der Personal Brand helfen.

3.4.1.5 Die Ebenen von Identität und Vision

Identität und Vision sind nicht unbedingt Thema im Business Coaching. Die eigene Identität zu beschreiben, gelingt oft eher außersprachlich, zum Beispiel in einem Bild. Die Antwort auf die Frage nach der eigenen Vision – was ist mir wichtiger als ich selbst – kann durchaus auch religiös oder spirituell sein. Diese Ebenen werden für ein Verständnis der Personal Brand nicht zwingend benötigt.

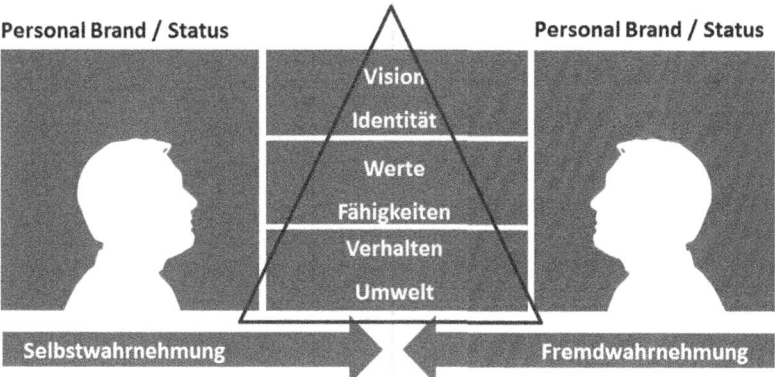

Abb. 3.3 Selbst- und Fremdwahrnehmung

Vielmehr ist Ziel eines Coachings zu Personal Branding die Antwort auf die Frage „Wie sehe ich mich und wie werde ich gesehen" (siehe Abb. 3.3). Wenn ich über beides Klarheit habe, ist dies der Ausgangspunkt für eine Veränderung von Selbst- und Fremdwahrnehmung sowie eine gezielte Weiterentwicklung der Personal Brand.

3.4.2 Ziele setzen

3.4.2.1 Wie kann ich meine Personal Brand aktiv gestalten?

Ich kenne jetzt meine Fähigkeiten und Werte, sehe die Differenz zwischen Selbst- und Fremdwahrnehmung. Welche Verhaltensweisen sorgen bisher für das Auseinanderklaffen von Selbst- und Fremdwahrnehmung? Und wie kann ich das ändern? Vor einer aktiven Veränderung steht eine Zielvorstellung. Wie möchte ich mich auf dieser Basis entwickeln? Welche Positionen oder Projekte passen zu meiner Zielvorstellung? Wenn ich das weiß, kann ich beginnen Entscheidungen, die bisher unbewusst zur Ausprägung meiner Marke geführt haben, bewusst zu treffen.

Eine klare Zielbestimmung unterscheidet sich von guten Vorsätzen zu Silvester. Sie ist durchdacht, auf innere Widersprüche hin geprüft und vor allem verankert in der eigenen Werte-Welt. Wir sprechen hier nicht von Unternehmenszielen oder Zielen in Zahlen (Umsatz, Marktanteil etc.). Es geht um die ganz eigenen Ziele. Mit dieser Methode kann auch ein Personal Branding Pitch entwickelt werden (siehe Abschn. 3.8). Wie komme ich zu einer Zielvorstellung? Im Coaching erfolgt dies in sechs Schritten (siehe Abb. 3.4).

Das Ziel positiv formulieren

Ein Ziel kann nur dann „magnetisch" sein, wenn es positiv und absolut formuliert ist. Also nicht „Ich möchte weniger ..." oder „mehr ...". Eine positive Formulierung des Zieles klärt schon ganz viel. Leicht zu finden, ist sie zumeist nicht.

Abb. 3.4 Sechs Schritte zur Zielbestimmung

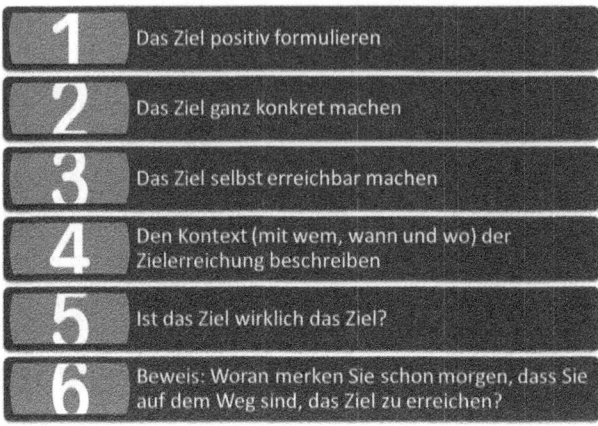

Das Ziel konkret machen

Es geht darum, sich das Ziel sinnlich konkret vorzustellen. Wie sieht es aus? Wie hört es sich an? Wie riecht und schmeckt es? Warum machen wir das? Zum einen, weil es ein wichtiges Indiz ist, ob ich das Ziel wirklich will – nur dann kann ich es nämlich gedanklich ausgestalten. Zum anderen, weil das Gehirn tendenziell faul ist und gerne die Wege geht, die es schon kennt. Je häufiger und konkreter ich mein Ziel in Gedanken bereits erreicht habe, umso leichter wird es auch in der Realität.

Das Ziel selbst erreichbar machen

Im dritten Schritt geht es darum zu klären, ob ich wirklich in der Lage bin, mein Ziel autonom zu erreichen. Wenn ich hier feststelle, dass die Zielerreichung von anderen Personen abhängig ist und wenn ich das nicht auflösen kann, gehe ich zurück zu Schritt eins.

Den Kontext (mit wem, wann und wo) der Zielerreichung beschreiben

Jetzt wird es noch konkreter: Was genau werde ich tun, um mein Ziel zu erreichen. Ich plane den Weg zum Ziel und prüfe, ob ich wirklich Klarheit darüber habe, wie ich mein Ziel erreichen kann.

Ist das Ziel wirklich das Ziel?

Vielleicht ist es dieser Schritt, der den größten Unterschied zu den zitierten Silvester-Vorsätzen ausmacht. Eine hilfreiche Frage lautet: „Was wird schlechter, wenn ich mein Ziel erreiche/was kostet mich die Zielerreichung – und bin ich bereit damit umzugehen?" Jede Zielerreichung hat ihren Preis. Wenn ich mich ganz und gar Ziel A widme, muss ich vielleicht auf Ziel B verzichten. Wenn ich ein wirklich großartiges Ziel erreiche, verändert es vielleicht mein Selbstbild – will ich das? Habe ich eine Idee davon, wie es nach der Zielerreichung weiter geht – oder werde ich zum Ende hin langsamer, weil danach ein schwarzes Loch droht? Hier gilt es schonungslos ehrlich zu sein mit sich selbst. Denn wenn ich Barrieren oder sogar eine Erklärung/Entschuldigung für Scheitern schon unbewusst formuliert habe, wird sie mich ausbremsen. Sie wird zur self-fulfilling prophecy.

Beweis: Woran merken Sie schon morgen, dass Sie auf dem Weg sind, das Ziel zu erreichen?

Meilensteine helfen, vor allem bei großen Zielen, den Weg in sinnvolle Etappen zu gliedern. Noch eine Anregung: Vielleicht gelingt es, diese Meilensteine nicht nur rational nachprüfbar, sondern auch emotional erfahrbar zu machen. Also nicht nur: „Bis zum Zeitpunkt X die Aufgabe Y erledigen", sondern auch: „Sicherheit spüren in Bezug auf meine Zielerreichung".

Am Ende einer Zielbestimmung sind die ersten Schritte zur Zielerreichung schon getan. Das Ziel ist nicht nur – inklusive Kontext und Meilensteinen – durchgeplant und beschrieben, es ist tief verankert. Eine gute Zielbestimmung ist wie ein zusätzlicher Motor, sie gibt Energie.

3.4.3   Fazit oder: Bin ich eine Cola-Dose?

Wir kaufen und benutzen Manger nicht (und Pfand gibt es auch nicht zurück). Insofern hinkt der Vergleich zu Consumer Marken. Wenn es aber darum geht „kenn ich – will ich", also um Positionierung, Vertrauen sowie Sicht- und Merkbarkeit, dann passt die Analogie.

Im Coaching zur Personal Brand können verschiedene Methoden eingesetzt werden. Sie strukturieren einen Prozess, der zu Klarheit über Selbstwahrnehmung, Fremdwahrnehmung und Ziele führt. Jeder hat eine Personal Brand. Wer sie sich bewusst macht, kann sie aktiv gestalten.

▷   **Anmerkung von Marina Zayats**   Die Gastbeiträge von Christine Heilmaier, Dr. Margret Klinkhammer und Dr. Cornelia Andriof zeigen auf, wie Du Deine Persönlichkeit und Dein Superkräfte-Portfolio genauer herausarbeiten kannst. Nutze die vielen Übungen und auch Anekdoten, um eine stabile Basis für Deine Digital Personal Brand zu erarbeiten.

Auf dem Weg zu einer starken Digital Personal Brand werden Dir mit Sicherheit einige Hürden begegnen. Oft befinden sich diese Hürden in unserem Kopf. Der folgende Gastbeitrag von Maxine Schiffmann und Karolin König geht auf diese Hürden ein und darauf, wie wir sie überwinden können (s. Abschn. 3.5).

3.5   Blockaden auf dem Weg zu unseren Superkräften erkennen und auflösen

Gastbeitrag von Maxine Schiffmann und Karolin König

Über die Autorinnen

Maxine Schiffmann – Coach & Podcasterin für Deine persönliche Entwicklung – www.maxineschiffmann.de

Karolin König – Expertin & Speakerin für eine erfüllende & gesunde Karriere, die zukunftsfähig ist – www.careercatalyst.de

Jeder hat sie, nicht jeder kennt sie und noch weniger Menschen nutzen sie bewusst: Die eigenen Superkräfte. Dass Stärken Tätigkeiten sind, die Du besonders gut kannst, ist bereits bekannt. Doch eine Zutat fehlt oft in der Denkweise zum Thema Stärken: Stärken sind nur Stärken, wenn das Ausüben Dich STÄRKT. Wenn Dir also die Tätigkeit Freude, Kraft und Energie schenkt.

Wenn Du sehr gut zuhören kannst, Dich aber danach generell ausgelaugt fühlst und Dir die Aufgabe wenig Freude schenkt, dann ist dies keine Stärke – egal wie hoch Du für diese Tätigkeit auch gelobt wirst. Stärken stärken Dich. Dich für Superkräfte zu positionieren, die Dich stärken, macht umso mehr Sinn, als Deine Personal Brand auch richtungweisend für Deine Karriere ist. Aber wer möchte sich schon für eine Tätigkeit positionieren, die er zwar gut ausführen kann, aber die ihn endlos anstrengt und für die ihm die Passion fehlt?

Die Hürden zwischen Dir und Deiner Kraft

Die meisten Menschen kennen ihre Superkräfte nicht oder setzen diese nicht bewusst in ihrem Alltag ein. Denn zwischen uns und unseren Kräften stehen drei Hürden, die es zu überwinden gilt, um die Personal Brand mit den wahren Stärken aufzuladen.

Hallo Schwächen Fokus!

Unser menschlicher Verstand ist darauf programmiert, Gefahren und potenzielle Probleme zu sehen – mehr noch als schöne Dinge oder lukrative Chancen. Unsere Vorfahren haben überlebt, weil sie ihre Schwächen ausgebügelt haben und konstant auf Gefahren im Außen geschaut haben. Psychologen nennen dies „Negativ-Neigung" (engl. negativity bias), (Rozin und Royzman 2001). Die Neigung zu negativen Gedanken, zum Fokussieren auf Unzulänglichkeiten und Schwächen – genau das, was wir damals brauchten, um zu überleben.

Warst Du schlecht im Verstecken oder im Säbelzahntiger-Sichten – dann warst Du schnell tot. Ende der Geschichte. Der Steinzeitmensch hatte keine Zeit sein Personal Branding oder seine Stärken zu nutzen – er musste Gefahren antizipieren und mögliche Schwächen ausbügeln, um zu überleben. Heute haben wir andere Möglichkeiten!

Von der Negativ-Neigung zur Stärkenobsession

Um Deine Superkräfte aufzudecken und zu nutzen, musst Du Deinen Fokus auf Deine Stärken ausrichten. Also weg von der automatischen Fehlersuche und Optimierungs-Maschinerie Deines Verstandes, hin zu dem, was Du bereits JETZT gut kannst und zu bieten hast: Deinem Superkräfte-Portfolio.

Das bedarf des Stärkenfokus: der bewusste Blick für Deine Superkräfte und Erfolge. Stell Dir vor, Du hast gerade eine Präsentation auf der Arbeit gehalten oder ein Kunstwerk zu Ende gemalt. Welche Frage stellst Du Dir danach?

Fragst Du: „Was sollte ich noch optimieren?" oder „Was habe ich wirklich gut gemacht?" Frage 1 – Was sollte ich optimieren, ist der Schwächen Fokus. Frage 2 – Was habe ich wirklich gut gemacht, ist der Stärkenfokus.

Der Schwächenfokus wird uns schon in der Schule antrainiert: Hast Du jemals in Deinem besten Fach Nachhilfe bekommen? Wahrscheinlich nicht! Eher in dem Fach, in dem Du eine absolute Niete warst.

Doch ist dieser Schwächen-Fokus wirklich fruchtbar? Die Wissenschaft zeigt: Du wächst am meisten in den Bereichen Deiner größten Stärken, also wo Du bereits jetzt stark ausgeprägte Synapsen besitzt – sei es aufgrund eines Dir angeborenen Talente oder einer über Jahre geschärften Stärke. Der Fokus auf das, was schon weit in Dir entwickelt ist, lenkt also den Blick auf Dein größtes Potenzial und macht es nutzbar. Der Stärkenfokus (und dadurch das bewusste Einsetzen und Ausbauen Deiner Superkräfte) bietet Dir daher Dein größtes Potenzial für Deine Personal Brand.

Der Stärkenfokus Schnell-Test

Wie stark ist Du bereits Dein Stärkenfokus? Beantworte dafür intuitiv folgende Fragen:

Ich kann meine Fehler akzeptieren und werte mich nicht selbst ab.
gar nicht   1   2   3   4   5   definitiv
Ich frage mich immer wieder: Was habe ich schon richtig gut gemacht?
gar nicht   1   2   3   4   5   definitiv
Ich merke mir Komplimente mehr/genauso gut wie Kritik.
gar nicht   1   2   3   4   5   definitiv
Ich frage oft nach Feedback zu meinen Stärken.
gar nicht   1   2   3   4   5   definitiv

Auswertung des Stärkenfokus Schnell-Tests

Addiere zunächst Deine Ergebnisse. Anschließend kannst Du wie folgt Dein Resultat ermitteln:

4–8 Punkte
Dein Fokus liegt noch nicht auf Deinen Stärken. Du kannst ihn bewusst trainieren und wirst schnell veränderte Werte auf diese Fragen sehen. Deshalb bleibe dran und fokussiere Dich bewusst auf Deine Stärken.
9–15 Punkte
Dein Stärkenfokus hat bereits eine gute Basis, bleibe dran!
16–20 Punkte
Herzlichen Glückwunsch, Du nutzt den Stärkenfokus bereits aktiv für Dich!

Im Folgenden haben wir noch eine Übung dazu für Dich: Blinde Flecken aufdecken
Es war ein inspirierender Abend in Frankfurt: Marina und ich, Maxine, sind bei einem Workshop anlässlich der Veröffentlichung eines Buches über Workhacks von Lydia

Schültcken und sie ist vertieft in ein Gespräch mit einem anderen Teilnehmer. Er ist eine spannende Person, Mitte 40, aus der Personalentwicklung eines großen Konzerns. Ich stoße zu den beiden hinzu und zu Dritt lernen wir uns kennen. Das besonders Spannende geschah für mich nach der Unterhaltung – in einer beiläufigen Bemerkung, die mir die Augen öffnete:

Marina bemerkte, wie sich die Unterhaltung veränderte, als ich dazu gestoßen bin: „Auf einmal war er offener und erzählte mehr." Sie sagte mir: „Du schaffst leicht Vertrauen und Menschen öffnen sich Dir".

Dies war mir bis dato völlig unbekannt gewesen. Ja, ich komme gut mit Menschen ins Gespräch, habe schnell tiefgehende Gespräche und baue leicht eine Verbindung auf. Aber ich wusste nie WARUM. Es war keine Besonderheit für mich. Und da wurde mir wieder eines bewusst: Andere können oft sehr einfach das erkennen, was Dir selbst verborgen bleibt. Deine Superkräfte sind oft Aspekte, die Dir sehr einfach fallen. Und genau das ist der Haken: Weil sie für Dich so „natürlich" und „alltäglich" sind, fallen sie uns nicht auf und wir werten sie sogar häufig als „nichts Besonderes" ab.

Was Du für Deine No 1. Superkraft hältst, ist sehr wahrscheinlich nur das zweit- oder drittbeste, was Du zu bieten hast. Wir haben blinde Flecken und unsere Superkräfte fallen oft darunter. Aus diesem Grund bedarf es den Fremdblick, das Feedback von außen und ein bewusst eingesetzter wohlwollender Vergleich mit anderen.

Vom Sein zum Tun

Wenn wir Menschen nach ihren Stärken fragen, begegnen uns immer wieder Standardantworten wie „Ich bin teamfähig", „kreativ" oder „zielstrebig".

Und diese Antworten sind nicht falsch. Aber meist nur unkonkrete, oberflächliche Dinge, die Dich nicht im Kern beschreiben. Und sie sind nicht besonders spannend. Du hast mehr zu bieten!

Um Deine Superkräfte gekonnt einzusetzen, braucht es tiefere, konkrete Antworten. Aus diesem Grund laden wir Dich ein, Deine Definition von Stärken und Superkräften zu erweitern:

Eine Superkraft ist eine Fähigkeit, also etwas, das Du tust. Deswegen identifizieren wir mit unseren Coaching Klienten bei der beruflichen Orientierung auch ihre Stärkenaktivitäten – und nicht nur reine Stärkeneigenschaften.

Da Stärken Aktivitäten sind, die Du gut und gerne machst, sind sie die optimale Basis für eine erfüllende, sinnstiftende Karriere. Genau deshalb ergänzen wir also unser Stärken Repertoire um Verben und setzen nicht nur auf Adjektive, sprich Eigenschaften.

Stärkeneigenschaften	Konkretere Stärkenaktivitäten
Von teamfähig hin zu	gut im Team mit unterschiedlichsten Menschen zusammenzuarbeiten
Von zielstrebig hin zu	auf ein Ziel mit Fokus und Ausdauer hinarbeiten

Deine Superkräfte aufdecken

Die eigenen Stärken bewusst aufzudecken und zu entwickeln ist ein nie endender Prozess, denn wir Menschen sind geprägt von immerwährender Veränderung. Selbst Intelligenz ist erwiesenermaßen nicht statisch, sondern eine dynamische Größe, die wir aktiv beeinflussen können.

Die Königsdisziplin zum Aufdecken Deiner Superkräfte ist die Selbstwahrnehmung. Basierend auf jahrelanger Erfahrung mit Einzelklienten und Gruppen, haben wir die effektivsten Übungen für Dich herausgefiltert. Diese kannst Du in regelmäßigen Abständen z. B. einmal jährlich wiederholen.

Experiment

Erstelle eine zweispaltige Liste und sammle jetzt und in den kommenden Wochen alle berufsrelevanten Aktivitäten und Hobby-Projekte, die Du besonders genießt.

Im zweiten Schritt geht es in die Tiefe und hier wird es spannend: Frage Dich, welcher genaue Teil der Aktivität dir besonders Freude bereitet. Sei konkret, denn das Wertvolle liegt im Detail.

Wenn Du beispielsweise liebend gerne Dinner-Parties veranstaltets, dann sind darin verschiedene Teilfähigkeiten und Aspekte enthalten. Was genau liebst Du daran?

Ist es das Planen des Abends (gibt es ein Motto?), das Organisieren (wo bekomme ich die originellsten Kerzenständer her?), das Zusammenbringen von Menschen oder die Aufmerksamkeit als Gastgeber?

Das Geschenk des Feedbacks

Erinnerst Du Dich an die Geschichte mit mir, Maxine, und Marina, und wie sich das Gespräch verändert hat?

Wir sehen unsere Superkräfte oft erst mal gar nicht – aber sie werden uns von anderen gespiegelt:

- In Komplimenten
- Wenn Jemand uns bei bestimmten Themen um Unterstützung bittet
- Wenn wir Andere nach unseren Stärken fragen.

Auch hier braucht es Deinen bewussten Stärkenfokus, denn wie oft passiert es, dass wir Komplimente innerlich runter spielen oder dass wir uns kritische Worte eher merken als Komplimente.

Kritik, die an uns gerichtet wird, kann ebenfalls wertvolles Feedback sein. Per se besitzen wir alle neutrale Eigenschaften – die weder gut noch schlecht sind. Je nach Situation und je nach Umgang damit, kann die Eigenschaft hilfreich oder zerstörerisch sein, nutzbringend oder nutzlos.

In jeder Schwäche stecken Eigenschaften, die nützlich sind – wenn sie anders eingesetzt werden. Hast Du die Schwäche, dass Du dich nicht lange auf eine Sache fokussieren kannst? Dann hast Du wahrscheinlich die Gabe, schnell zwischen Themen zu wechseln (perfekt in Brainstorming Sessions) oder mehrere Projekte gleichzeitig zu betreuen – ideale Eigenschaften für Manager. Bist Du jemand, der kleinlich ist, dann bist du fähig, bis ins tiefste Detail zu gehen und beharrlich dabei zu bleiben. Eine wichtige Eigenschaft für Ingenieure.

Dein Umgang und Umfeld sind entscheidend, ob Eigenschaften Stärken oder Schwächen sind.

Dein Umgang

Lebst Du unbewusst Eigenschaften aus – auch da wo sie destruktiv sind oder setzt Du sie gekonnt ein, wenn sie gebraucht werden? Es ist eine Frage Deines Umgangs mit Dir.

Dein Umfeld

„Wenn ich Pinguin bin und in der Wüste mich aufhalte, dann liegts nicht an mir, wenn es nicht flutscht" (Youtube 2010). Ein wunderbarer Satz von Dr. Eckart von Hirschhausen. Und er trifft den Nagel auf den Kopf. Wenn das Umfeld zu Deinen ausgeprägten Eigenschaften passt, dann werden aus vermeintlichen Schwächen auf einmal Stärken. Denn wie Dr. Eckart von Hirschhausen weiter so schön sagte: „Wenn man als Pinguin geboren wurde, machen auch sieben Jahre Psychotherapie aus dir in diesem Leben keine Giraffe" (2010).

Bleibe als Pinguin nicht in der Steppe. Mach kleine Schritte und finde Dein Wasser. Und dann: Spring! Und schwimme! Und Du wirst wissen, wie es ist, in Deinem Element zu sein.

Die Superkraft Analyse

Nachdem Du Deine Lieblingsaktivitäten und das Feedback anderer identifiziert hast, geht's jetzt an die Analyse.

Um Deine Superkräfte herauszukristallisieren, schau nach dem roten Faden: Welche Fähigkeiten kommen immer wieder vor? Welche Fähigkeiten sind sich ähnlich oder gehen in eine ähnliche Richtung?

Wenn keine Fähigkeiten besonders herausstechen, schau Dir die meist-genannten Antworten an und frage Dich, welche Aktivitäten Du davon am meisten genießt, Dir am leichtesten fallen und welche davon am Wertvollsten für Dich und andere sind.

Deine Superkräfte aktivieren

Um Deine Superkräfte zu aktivieren, reicht das bloße Aufdecken Deiner starken Eigenschaften nicht aus. Das Aufdecken ist nur der erste Schritt der Reise. Um Deine Superkräfte zu aktivieren und für Deine Personal Brand zu nutzen, bedarf s zwei weiteren Schritten:

1. Das Annehmen und Integrieren Deiner Stärken. Werde Dir bewusst, welche Stärken Du bewusst annimmst und in Deine Arbeit weiter integrieren möchtest.

2. Konkretisieren und einsetzen. Oberflächlich ausgearbeitete Stärken sind nutzlos. Wenn Du sagst, Du bist teamfähig und ein Teil in Dir schreit laut „naja aber nicht immer", dann bist Du nicht konkret genug geworden. Zuletzt gilt es auch Deine Stärken einzusetzen – den Mut zu haben mit ihnen neue Wege zu gehen und auszuprobieren.

Dein Personal Branding wird persönlich, wenn Du tief in Deine DNA eintauchst.

Wir schaffen nur Wert, wenn wir unseren eigenen Wert annehmen und unsere starken Züge kennen und nutzen lernen. Dein ausgearbeitetes Stärkenportfolio ist Dein Beschleuniger für Dein Personal Branding, Deine Karriere und vor allem auch Dein Selbstbewusstsein.

Wir wünschen Dir viel Spaß beim Umsetzen!

3.6   Ziel der Personal Brand bestimmen

Dein Superkräfte-Portfolio steht und es ist größer, als Du gedacht hast, oder? Im nächsten Schritt geht es darum, diejenigen Superkräfte herauszugreifen, die in Deine Personal Brand einfließen sollen. Es ist schlichtweg unmöglich eine Brand aufzubauen, die alles umfasst. Eine Brand lebt von der Wiedererkennung, Fokussierung und Klarheit. Ein guter Filter, um die relevanten Superkräfte zu bestimmen, sind Deine Karriereziele.

Im zweiten Gastbeitrag von Dr. Cornelia Andriof haben wir bereits gelernt, wie gute Ziele formuliert sind und erarbeitet werden. Dieses Wissen nutzen wir jetzt, um von Deinem Superkräfte-Portfolio näher zu Deiner Personal Brand zu gelangen.

1. Das Ziel positiv formulieren
Deine Digital Personal Brand wird Dir bei vielen Aufgaben in Deiner Karriere ein starkes Werkzeug sein. Sie wird Dich z. B. dabei unterstützen, Deine neuen Arbeitgeber zu finden, neue Kunden zu gewinnen, als Experte zu interessanten Events eingeladen zu werden u.v.m. Sie ist Dein persönlicher Chancenmacher. Doch auch wenn die Personal Brand ein Universalwerkzeug ist, ist es wichtig sich zunächst auf wenige ausgewählte Ziele zu fokussieren. Die Zieldefinition entscheidet im weiteren Aufbau der Personal Brand unter anderem darüber, wer Deine Zielgruppe ist, wo Du sie am einfachsten erreichst, wie Du sie erreichst und wie sie Dich wahrnehmen sollen.

Versuche Dich dabei nicht nur auf einen Aspekt Deines Ziels zu fokussieren, sondern auf das eigentliche Gesamtziel. Beispiel: Anstatt „befördert werden zur Führungskraft" könntest Du eher das Ziel „meine Führungskompetenz sichtbar machen" anvisieren.

2. Das Ziel konkret machen
Dr. Cornelia Andriof empfiehlt, sich das Ziel konkret vorzustellen auf allen Sinnesebenen. Die eigene Vorstellungskraft läuft allerdings nicht immer auf Hochtouren. Hier hilft gesteuerte Inspiration. Durchsuche z. B. die Speakerlisten von relevanten Events, auf denen Du Dir auch vorstellen könntest mal aufzutreten. Wie werden sie vorgestellt? Was strahlen

sie auf dem Foto aus? Oder durchsuche die sozialen Netzwerke nach Menschen, die ähnliche Ziele verfolgen. So setzt sich nach und nach ein konkretes Bild zusammen, das Dir aufzeigt wo Du wirken möchtest, mit welchen Themen und wie. Wichtig: Dabei geht es nicht darum, andere Menschen nachzuahmen, sondern die eigene Inspiration anzuregen.

3. Das Ziel selbst erreichbar machen
Hier ist es im Personal Branding-Kontext besonders wichtig zwischen dem Branding (also der aktiven Arbeit an der eigenen Positionierung und Sichtbarkeit) und der Reputation (wie nehmen andere mich wahr) zu unterscheiden. Das Erste kann ich aktiv selbst steuern. Das Zweite kann ich nicht steuern. Ich kann es nur beeinflussen durch die Arbeit an der Personal Brand. Anstatt sich also das Ziel zu setzen als „Führungskraft wahrgenommen zu werden", lieber „meine Führungskompetenz sichtbar machen".

4. Den Kontext (mit wem, wann und wo) der Zielerreichung beschreiben
Das eigene Ziel in diesen Kontext einzubetten hilft dabei, mögliche Hindernisse frühzeitig zu erkennen. Wenn Du beispielsweise das Ziel hast, als Selbstständiger mehr Kundenanfragen aus der Pharma-Branche zu erhalten, dann wirst Du an einem anderen Ort auf Kundenakquise gehen und andere Menschen ansprechen, als wenn Du Dich auf die Finanzbranche fokussierst.

Wenn wir das Beispiel von vorhin nehmen, „meine Führungskompetenz sichtbar machen", könnte ein Teilschritt wie folgt lauten: Ich gebe das Johari-Fenster aus dem Gastbeitrag mit Dr. Margret Klinkhammer an folgende fünf Personen, um meine Selbst- und Fremdwahrnehmung besser zu verstehen. Das hilft mir dabei, meine Personal Brand zu schärfen um das gesetzte Ziel zu erreichen.

5. Ist das Ziel wirklich das Ziel?
Oder anders ausgedrückt: Will ich das formulierte Ziel wirklich erreichen? Hier steht vor allem die Frage nach den Opportunitätskosten im Raum. Wenn Du z. B. eine zweite Karriere als Coach aufbauen möchtest, dann hast Du unter Punkt 4 eventuell festgehalten, dass Du x Ausbildungen machen möchtest innerhalb eines Jahres. Wenn Du parallel dazu einen Vollzeitjob hast, dann könnte das viele Wochenenden kosten, die Du nicht mit dem Partner, Freunden, der Familie verbringst sondern mit Lernen. Wer seine Opportunitätskosten kennt und sich dennoch bewusst für das Ziel entscheidet, macht das Ziel solider.

6. Beweis: Woran merkst Du schon morgen, dass Du auf dem Weg bist, das Ziel zu erreichen?
Die Frage könnte auch lauten: Warum hören viele Menschen mit der Arbeit an ihrer Personal Brand auf, bevor sie überhaupt richtig angefangen haben? Häufig liegt es daran, dass die Investition in die Personal Brand und der eintretende Erfolg zeitversetzt sind. Du wirst einige Monate investieren müssen (diese Beschleunigungsenergie am Start ist besonders entscheidend), bevor Du erste Erfolge erzielst.

Wie können diese aussehen:

- Du erzielst immer mehr Reichweite in den gewählten digitalen Kanälen mit Deinen Beiträgen
- Deine Zielgruppe wird auf Dich aufmerksam und möchte in Kontakt treten
- Du wirst häufiger zu Rate gezogen
- Die Kontaktaufnahme zu Deiner Zielgruppe wird leichter, weil sie Dich als Experten wahrnimmt, mit dem sich der Austausch lohnt
- Du kannst Deine Personal Brand immer besser greifen und schärfen
- Du kannst mit weniger Zeitinvest mehr Sichtbarkeit für Deine Brand erzielen, weil Du geübter wirst
- Du wirst von bestehenden Kontakten angesprochen auf Deinen wertvollen Content in LinkedIn, Twitter etc.
- Du wirst selbstsicherer und mutiger beim Sichtbarmachen Deiner Brand

Das sind nur einige Aspekte. Ich hoffe, Du machst Deine eigenen positiven Erfahrungen.

3.7 Zielen, um zu Treffen: Die Zielgruppe bestimmen

Der Historiker und Yale-Professor George Burton Adams sagte einmal sehr treffend:

> „There is no such thing as a ‚self-made' man. We are made up of thousands of others. Everyone who has ever done a kind deed for us, or spoken one word of encouragement to us, has entered into the make-up of our character and of our thoughts, as well as our success." (Forbes 2019)

Wir können als Menschen gar nicht anders als zusammenzuarbeiten und uns gegenseitig zu helfen. Die Fortschritte, die wir dadurch erzielen, sind das, was uns besonders und erfolgreich macht als Spezies (mehr dazu im Abschn. 4.5 zum Thema Netzwerken). Wenn dann auch noch zwei Menschen zusammenarbeiten, die beide besonders voneinander profitieren können, ist ein solider Grundstein für Erfolg gelegt. Wie man herausfindet, wer diese Menschen sind und wo man sie findet, darum geht es in diesem Kapitel.

Wenn Unternehmen Social Media ernst nehmen (die, die es immer noch nicht tun merken gerade, dass sie stark nachrüsten müssen), investieren sie genug Zeit und Budget, um zunächst ihre Zielgruppe besser zu verstehen und genauer zu umreißen. Und damit sind nicht nur die Zielgruppen gemeint, die aktuell ihre Produkte und Dienstleistungen kaufen, sondern auch diejenigen, die potenzielle Kunden sein könnten. Die Erstellung von sogenannten Personas (ein fiktiver Charakter der stellvertretend für eine ganze Zielgruppe steht), basiert oftmals auf demografischen und psychografischen Daten sowie Informationen über das Verhalten der Zielgruppe. Die Daten reichen von der Biermarke, die getrunken wird, über die Zeitung, die gelesen wird bis hin zur Uhrzeit, wann die Wäsche gemacht wird.

So haargenau brauchen wir es beim Personal Branding nicht, allerdings zeigt es uns, wie viele Informationen wir über unsere Zielgruppen gewinnen können. Viele der Informationen erhalten wir auch schon ohne Geld für Social-Media-Kampagnen auszugeben oder teure Marktbefragungen durchzuführen. Das Stichwort lautet „Social Listening". Die Sozialen Netzwerke enthalten unfassbar viele Daten über die Personen, mit denen wir zusammenarbeiten wollen. Sicherlich nicht über jede einzelne Person, aber über eine Zielgruppe als Ganzes.

Wie fangen wir an?
Letztendlich geht es darum, drei Aspekte in Einklang zu bringen, um die Basis Deiner Personal Brand zu bestimmen: Deine Positionierung.

- Deine Ziele mit der Personal Brand
- Den Wert, den Du geben kannst und willst
- Die Zielgruppe, die die beiden oberen Punkte ermöglicht UND mit der Du zusammenarbeiten willst

Um die Zielgruppen zu bestimmen, die zu Deinen Zielen und zu Deinem Superkräfte-Portfolio passt, kannst Du Dir folgende Menschengruppen in Deinem Umfeld anschauen (s. Abb. 3.5):

Die offensichtlichen Interessenten vs. primäre Zielgruppe
Das sind die Menschen, die Dir als erstes in den Sinn kommen, Menschen, die ganz offensichtlich von Deinen Superkräften profitieren können. Gerade weil sie so intuitiv in den Sinn kommen, solltest du hier genau überprüfen, ob Du mit diesen Menschen auch tatsächlich zusammenarbeiten willst. Nur weil sie von Deinem Wert profitieren können, heißt es nicht, dass sie auch automatisch auf Deine Ziele einzahlen. Beispiel: Du bist Fotograf und Dein Ziel ist es, Persönlichkeiten zu portraitieren, je bekannter, umso interessanter für Dich. Jetzt erhältst Du auch Anfragen für Hochzeiten. Paare würden sehr von Deinem Wert profitieren. Sie helfen Dir aber nicht bei Deinem übergeordneten Ziel, mehr bekannte Persönlichkeiten vor die Linse zu bekommen. Also schärfst Du Deine Personal Brand mehr in Richtung „Portraitfotograf für bekannte Persönlichkeiten".
Ein anderes Beispiel: Du möchtest in Deinem Unternehmen aufsteigen. Als offensichtlicher Interessent Deines Wertes fällt Dir zunächst Dein/e Chef/in ein. Jetzt kann es sein, dass er oder sie zwar von Deinem Wert profitiert und dadurch selbst als bessere Führungskraft wahrgenommen wird, Dir aber nicht zwangsläufig dabei hilft, Deine Ziele zu erreichen. Gerade weil Du so einen Mehrwert bietest, will er/sie Dich gar nicht (weg)befördern. Überlege Dir also, wer statt dessen Deine eigentliche Zielgruppe sein sollte im Unternehmen, um aufzusteigen. Vielleicht ist es der Chef Deines Chefs? Oder die Chefin einer anderen Abteilung?

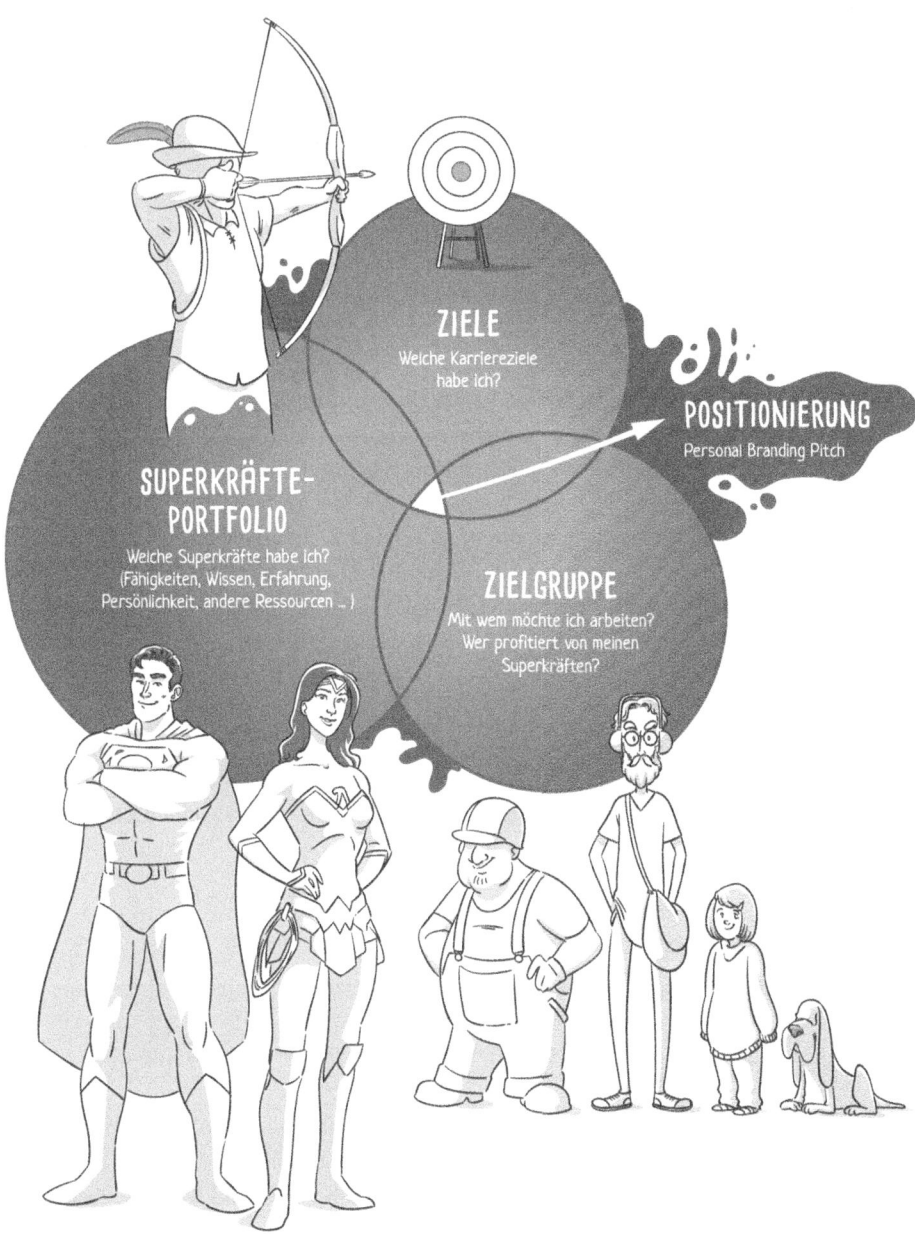

Abb. 3.5 Personal Branding Roadmap, Teil 1

Wenn Du die offensichtlichen Interessenten überprüfst, gelangst Du am Ende zu Deiner primären Zielgruppe. Menschen, die Dir wirklich dabei helfen, Deine Ziele zu erreichen unter Einsatz Deiner ausgewählten Superkräfte!

Einige Menschen aus dieser Zielgruppe wirst Du sicherlich auch schon persönlich kennen. Versuche mehr über diese Personen herauszufinden. Manche wirst Du direkt fragen können: „Was schätzt Du an meiner Arbeit besonders?" Das gibt Dir Aufschluss darüber, welche Aspekte Du in Deiner Brand betonen könntest.

Bei den Menschen, die Du nicht persönlich fragen kannst, lohnt sich eine LinkedIn-Recherche. Welchen Content liken, kommentieren oder teilen sie? Welche Angaben machen sie über sich selbst im Profil?

Zudem lohnt es sich im Bekannten- und Freundeskreis zu fragen: Wer kennt die Zielgruppe, die Du ansprechen möchtest und kann Dir mehr über sie erzählen?

Die Unterstützer

Das sind Menschen, die Deine Arbeit und auch Dich als Person sehr wertschätzen. Diese Menschen können sowohl aus dem Familien- und Freundeskreis als auch aus dem beruflichen Spielfeld kommen. Man trifft sie aber auch in der digitalen Welt. Menschen, die regelmäßig Deine Beiträge lesen, teilen, kommentieren und Dich weiterempfehlen. Auch wenn diese Menschen vielleicht nicht direkt auf Deine Ziele einzahlen, so sind sie dennoch wichtig als Referenz- und auch Feedbackgeber. Insbesondere dann, wenn Sie Beeinflusser sind (siehe dazu nächster Punkt). Bleibe mit diesen Menschen regelmäßig in Kontakt und finde heraus, warum sie Deine Arbeit schätzen. Personal Branding lebt von regelmäßigem Feedback.

Die Beeinflusser

Diese Gruppe wird von vielen anderen Menschen als Meinungsführer für bestimmte Themen wahrgenommen. Ihre Meinung beeinflusst Entscheidungen. Sie können auch Influencer, Vordenker oder Thought Leader genannt werden.

Weißt Du, wer

- die Beeinflusser in Deinem Themenfeld sind?
- in Deinem Spielfeld (z. B im Unternehmen) geschätzt und gehört wird für seine/ihre Meinung?
- Deine primäre Zielgruppe beeinflusst in Deinem gewählten Themenfeld?

Diese Menschen gilt es ausfindig zu machen und mit ihnen eine Beziehung aufzubauen. Natürlich nur mit denen, deren Expertise Du auch wirklich schätzt. Der Beziehungsaufbau soll wie jede Beziehung auf gegenseitigem Respekt und Interesse basieren.

Wie findest Du sie? Es lohnt sich, mehrere Kanäle zu Rate zu ziehen.

- Wer sind die Autoren von Fachzeitschriften, die Du zu Deinem Thema liest? Welche Experten werden darin interviewet?
- Wer ist in LinkedIn, Facebook, Twitter oder XING ein Meinungsführer in Deinem Themengebiet? Das kannst Du beispielsweise durch die Hashtag Suche herausfinden.

In LinkedIn machst Du das, indem du in das Suchfeld oben ein # und dahinter (ohne Leerzeichen) das Thema eingibst. Also zum Beispiel #personalbranding.

- Wer tritt auf passenden Events als Speaker auf? Gehe die Programme online durch.
- Innerhalb Deines Unternehmens: Je nach Größe kennst Du diese Menschen entweder persönlich oder nicht. Bei größeren Unternehmen kannst Du eine LinkedIn-Inhalte-Suche starten. Dafür gehst Du auf die Startseite und klickst oben ins Suchfeld. Im Drop-down-Menu erscheint neben Personen und Jobs die Option „Inhalte". Hier gehst Du rein und klickst dann oben rechts auf „alle Filter". Beim Suchfeld „Unternehmen des Autors", gibst Du das entsprechende Unternehmen ein. Jetzt siehst Du, wer in diesem Unternehmen aktiv welchen Content teilt.

Die Entscheider

Entscheider sind Menschen, die über die Zusammenarbeit mit Dir entscheiden oder darüber, ob Du befördert wirst, den Beratervertrag erhältst oder Dich im Pitch gegen andere Unternehmen bei der Ausschreibung durchsetzt. Wenn Deine „primäre Zielgruppe" auch gleichzeitig Entscheider sind (z. B. Selbstständige oder CEOs), dann hast Du hier kein weiteres To Do. In den Fällen, in denen es nicht so ist, solltest Du Dir überlegen, wie Du diese Zielgruppe ebenfalls von Dir überzeugen kannst.

In Abschn. 4.5 gehe ich weiter auf das Thema Networking ein.

3.8 Personal Branding Pitch: Deine Positionierung

Auf Business-Events treffe ich immer häufiger Menschen, deren Jobtitel sich an Kreativität zu übertreffen scheinen: Titel wie Client Happiness Manager, Chief Digital Evangelist und Product Wizard sind mittlerweile nicht mehr nur bei „hippen" Start-ups anzutreffen. Kein Wunder, dass die Vielzahl dieser Positionen den Bullshit Job Title Generator auf den Plan ruft: http://www.bullshitjob.com/title/. (s. Abb. 3.6)

Natürlich dienen Titel auch heute noch als Ausdruck für einen bestimmten Rang im Unternehmen. Leider erreichen die meisten Titel jedoch nicht mehr das, was sie eigentlich sollen: Eine Orientierung schaffen beim Gegenüber und damit potenzielle Chancen einer Zusammenarbeit aufzeigen.

Wir vergessen oft das, was uns jemand über sich erzählt binnen Minuten – oder haben es gar nicht erst richtig verstanden. Das liegt auch daran, dass viele Menschen bei der eigenen Vorstellung einfach etwas erzählen, ohne auf den Punkt zu kommen. Nicht umsonst sagte Mark Twain: „Eine gute Rede hat einen guten Anfang und ein gutes Ende und beide sollten möglichst dicht beieinander liegen" (FAZ 2007).

Hinzu kommt, dass wir uns oft nur das merken, was gerade relevant für uns ist (potenzieller Kunde, Mitarbeiter, Konkurrent etc.). Informationen, die eventuell erst in einem halben Jahr für uns relevant werden, gehen so verloren und dadurch auch Chancen auf beiden Seiten.

Job Title Generator

- Offering a job? Can't think of an exciting title?
- Want to hire a friend or relative but they have no skills?
- Need to give someone a 'promotion' in lieu of actual money?

Generate their title right here!

| | Generate Bullshit Title |

uno	zwei	trois
Lead	Solutions	Supervisor
Senior	Program	Associate
Direct	Brand	Executive
Corporate	Security	Liason
Dynamic	Research	Officer
Future	Marketing	Manager
Product	Directives	Engineer
National	Implementation	Specialist
Regional	Integration	Director
District	Functionality	Coordinator
Central	Response	Administrator
Global	Paradigm	Architect
Relational	Tactics	Analyst
Customer	Identity	Designer
Investor	Markets	Planner
Dynamic	Group	Synergist
International	Resonance	Orchestrator
Legacy	Applications	Technician

Abb. 3.6 Bullshit Job Title Generator

Mindestens genauso schädlich wie das Nichtwissen, wer da vor mir steht, ist auch das große Fragezeichen, wenn gegensätzliche Informationen präsentiert werden. In meinem ersten Job nach der Universität bei einer führenden Beratung für Unternehmenskommunikation, stand „Executive" auf meiner Visitenkarte. Executive wird übersetzt mit „geschäftsführende Position". Mein Alter: 24 Jahre, mein Auftreten: auch 24 Jahre. Jung, voller Tatendrang und Neugier in den Augen, gepaart mit einem Business-Casual-Stil, der noch nicht ganz ausgereift war. Das, was in der Stellenausschreibung eben als „dynamischer Young Professional" bezeichnet wurde. Ich muss wohl nicht erwähnen, dass ich weit weg war von einer „geschäftsführenden Position" – und das sah man auch auf den ersten Blick. Dementsprechend fiel die Reaktion der Menschen aus, denen ich die Karte bei Networking Events in die Hand drückte: „Oh, Executive!?" Pause, fragender Blick, freundliches Lächeln.

Am Jobtitel kann nicht jeder etwas ändern, an der Präsentation der eigenen Tätigkeit jedoch schon. Vom Elevator-Pitch wirst Du vielleicht schon einmal gehört haben. Im US-Showformat „Shark tank", oder dem deutschen Pendant „Die Höhle des Löwen" erklären Gründer in wenigen Sätzen und sehr präzise, was ihr Angebot auszeichnet.

Dieser Pitch soll Deinem Gegenüber (vor allem aber Deiner Zielgruppe) glasklar aufzeigen, was Dein Wert für sie oder ihn ist. Genau wie Start-ups brauchen auch wir Menschen einen Pitch. Nicht zuletzt, weil der Trend hin zu „Portfolio- oder Mosaik-Karrieren" geht. Wir sind Unternehmensberater UND Dozent UND Pizza-Entrepreneuer UND Superheld nach Feierabend. Ein Titel allein kann unsere Tätigkeiten gar nicht mehr abdecken. Soll der Pitch immer gleich sein? Ja und Nein. Er soll den gleichen Wert transportieren, aber Du musst nicht immer sklavisch die gleichen Wörter verwenden – das würde ohnehin maschinell wirken.

Der Personal Branding Pitch beantwortet drei Fragen

- Welchen Wert vermittels Du?
- Für wen?
- UVP (unique value proposition): Warum kannst Du das besonders gut?

Der Personal Branding Pitch dient nicht nur im XING- und LinkedIn-Profil zur schnellen Einordnung, welchen Wert Du erbringst, sondern auch im persönlichen Miteinander. Dein Gegenüber wird es Dir danken, wenn Du schnell und verständlich auf den Punkt kommst, damit ihr anschließend über Eure Interessen oder sogar Anknüpfungspunkte der Zusammenarbeit reden könnt. Und Du selbst musst nicht jedes Mal das Rad neu erfinden. Dadurch trittst Du auch überzeugender und selbstbewusster auf.

Was macht einen Personal Branding Pitch aus, der im Kopf bleibt?

- Er ist 2–3 Sätze lang
- Einfach formuliert (keine Schachtelsätze, kein „Bullshit-Bingo", keine komplizierten Fachbegriffe etc.)
- Er ist ergebnisorientiert („was ist der konkrete Wert, den andere bekommen" anstatt „was mache ich")

Das Wichtigste beim Pitch ist es, die Perspektive Deiner (primären) Zielgruppe einzunehmen. Was hat diese davon, dass es Dich gibt? Menschen merken sich Informationen eher, wenn sie etwas mit ihnen zu tun haben oder an andere gespeicherte Informationen im Gehirn andocken.

Der Pitch eines meiner Kunden lautet

„Ich sorge dafür, dass Unternehmer und Unternehmen nur so viel Steuern zahlen, wie unbedingt notwendig. Darüber hinaus stehe ich meinen Mandanten bei allen Fragen zu Vermögen & Finanzen zur Verfügung – ohne Fachchinesisch.“

Demgegenüber steht auf seiner Businesskarte: „Senior Consultant“ bei einer großen Wirtschaftsprüfungsgesellschaft.

Mein eigener Pitch lautet

„Ich helfe Unternehmen und Führungskräften dabei, ihren Wert überzeugend zu verpacken und wirksam an die richtigen Zielgruppen zu transportieren. Das erreiche ich, indem ich die dafür relevanten Inhalte, Kommunikationskanäle und Beziehungen aufbaue und stärke.“

Demgegenüber steht auf meiner Businesskarte: Consultant Corporate Communication & Digital Personal Branding.

Wie starte ich nun mit dem Aufbau meines Pitches?

Eins vorweg: Der Pitch ist nicht in Stein gemeißelt! Er befindet sich genau wie Du in einem stetigen Entwicklungsprozess. Versuche also nicht etwas zu kreieren, dass auch noch in fünf Jahren passt. Fokussiere Dich auf das Jetzt und die absehbare Zukunft.

Zunächst kümmern wir uns um den Inhalt.

Die Schritte zu einem wirkungsvollen Pitch

Schritt 1:

Wie hast Du Dich bisher vorgestellt, wenn jemand nach Deiner Tätigkeit gefragt hat? Nehme das als Sprachnachricht auf und schreibe sie nieder (spontan ohne Übung). Wird deutlich, welchen Wert Du schaffst und für wen? Verstehen Menschen direkt (ohne Umwege, denn dafür ist das Gehirn zu faul), warum du prädestiniert dafür bist, diesen Wert zu schaffen? Sollte Die Antwort hier schon „Ja“ lauten, dann wäre die nächste Frage: Kommst Du innerhalb von wenigen Sätzen auf den Punkt? Deine Vorstellung so kompakt zu machen, dass alles Wesentliche in nur wenigen Worten gesagt ist, hilft Dir dabei, Deinen wahren Wert noch besser zu greifen!

Schritt 2:

Zeige den ersten Entwurf Menschen, die genau wissen, was du machst, und Menschen, die keine Ahnung haben von Deinem Job, und bitte sie um Feedback. Die verschiedenen Perspektiven helfen Dir beim weiteren Schleifen. Nehme die Entwürfe zudem auf und spiele sie ab. Wie fühlt es sich an, diese Sätze zu sagen? Klingen sie überzeugend?

Schritt 3:

Es gibt keinen perfekten Personal Branding Pitch. Sobald Du zu 80 % zufrieden bist, kann er verwendet werden. Ideen, wie Du den Pitch noch passender gestalten kannst, kommen mit der Zeit und je mehr Du Dich mit Deiner Brand auseinandersetzt. Bevor Dein Pitch in der realen Welt verprobt wird, sollte er aber noch durch einen Formfilter, damit er auch sprachlich ansprechend ist.

Der Formfilter oder: Wie klingt ein Pitch einfach besser?
Schritt 1:

Im Zweifel alle Sätze halbieren. Meist sind sie viel zu lang und zu verschachtelt. Du bist in Versuchung, solche Monstersätze zu bauen, weil oben 2–3 Sätze als Richtlinie steht? Verständlich, aber sei Dir bewusst, dass das Lesen oder Hören solcher Sätze von Deiner Zielgruppe enorme Energie erfordert. Energie, die Du Deiner Zielgruppe lieber nicht rauben solltest. Fokussiere Dich.

Schritt 2:

Bullshit-Filter ein: Habe ich die richtigen Begriffe gewählt? Wähle Worte, die zu Dir passen, anstatt Dich an vergänglichen Trends auszurichten.

Schritt 3:

Alle nominalisierten Verben in „echte" Verben zurückverwandeln, also „ich unterstütze", statt „Unterstützung". Das macht die Sprache lebendiger.

Schritt 4:

Alle passiven Formulierungen in aktive umwandeln, also „ich erreiche" statt „wird erreicht".

Schritt 5:

Alle logischen Bezüge prüfen: Ist „weil" hier sinnvoller oder wäre „deshalb" besser?

Schritt 6:

Ein Bild sagt mehr als tausend Worte. Kann ich meine Botschaft vielleicht mit einer treffenden Metapher noch besser auf den Punkt bringen? Dadurch erhöhe ich – nebenbei bemerkt – auch die Merkbarkeit meines Pitches.

Was, wenn ich mehrere Jobs gleichzeitig habe?
Hier gibt es mehrere Möglichkeiten. Wenn beide Jobs voneinander profitieren (was sie oft tun), dann würde ich Gemeinsamkeiten suchen, um beide Karrieren in einem Pitch zu vereinen. Insbesondere im UVP (also Satz 2. und eventuell 3.) kannst Du damit punkten. Mein eigenes Beispiel weiter oben zeigt, wie ich zwei Zielgruppen und zwei Tätigkeiten (Unternehmenskommunikation & Digital Personal Branding) in einem Pitch vereine, indem ich die Gemeinsamkeiten hervorhebe.

Wenn beide Jobs komplett unterschiedlich sind, bzw. Du sie nicht „mischen" möchtest, kannst Du zwei erstellen. Eventuell ist ein Pitch für LinkedIn geeignet (Job als Unternehmensberater) und der zweite eher für Instagram (Schmuck-Designer).

Wohin nun mit dem Pitch, wenn er (für den jetzigen Moment) fertig ist?

- Business Social Media Profile, z. B. die Linkedin Info Box unter Deinem Titel oder im XING Portfolio
- Vorstellung face-to-face, z. B. auf Events
- Deine Website
- Im Grunde überall, wo es darum geht anderen Menschen schnell zu vermitteln, was Dein Wert für andere ist

Ein guter Pitch muss übrigens nicht angepasst werden von Zielgruppe zu Zielgruppe. Die Kunst besteht gerade darin, jedem zu vermitteln, wer deine Zielgruppe ist und was Dein Wert für diese ist. Wenn Menschen wissen, wem Du Wert vermittelst, können sie Dich mit dieser Zielgruppe bekannt machen.

Ein Freund erzählte mir einmal von seinem Traum, den Bestseller-Autor Keith Ferrazzi zu treffen (Autor des sehr empfehlenswerten Buches „Never eat alone"). Also erzählte er möglichst vielen Menschen von seinem Traum und warum er das Buch so wunderbar fand. Diese erzählten das weiter an ihre Freunde und Bekannte und irgendwann war es soweit: Der Freund erhielt einen Anruf von seinem Vorbild und war darüber sehr glücklich.

In diesem Beispiel geht es zwar nicht um einen Personal Branding Pitch, es zeigt aber eindrucksvoll was möglich ist, wenn wir unsere Ziele klar mit anderen teilen können. Menschen helfen gerne Menschen. Vor allem dann, wenn wir genau wissen, wie wir helfen können. Mache es anderen also leicht, Dir zu helfen.

3.9   Best Practice

Das Herausarbeiten der eigenen Personal Brand ist ein Prozess. Neben den aufgeführten Tipps in diesem Kapitel, ist darüber hinaus zweierlei hilfreich:

1. Ausprobieren. Fange an mit dem Aufschreiben Deiner Ziele, Zielgruppen und Superkräfte. Baue Deinen Pitch und hole Dir Feedback ein. Passe den Pitch wieder an. Und dann noch einmal.
2. Schaue Dir Beispiele an von Menschen, die eine klare Personal Brand aufgebaut haben.

Einer dieser Beispiele ist Dr. Nico Rose. Sein Fall ist nicht nur interessant, weil er mittlerweile eine große Sichtbarkeit aufgebaut hat mit einer klaren Positionierung im gewählten Schwerpunkt der positiven Psychologie, sondern weil die Arbeit an seiner Personal Brand seine weiteren Karrierewege unterstützt hat. Ich habe Nico gebeten, seine Erfahrungen aufzuschreiben (s. Abschn. 3.9.1). Anknüpfend daran, habe ich ihm noch weitere Fragen stellen dürfen (s. Abschn. 3.9.2).

3.9.1   Wie baut man seine Marke auf als Mensch mit einer Portfoliokarriere?

Gastbeitrag von Dr. Nico Rose

Über den Autor

Nico Rose hat an der WWU Münster Psychologie studiert und wurde an der EBS Business School in BWL promoviert. Als einer von wenigen Deutschen studierte er zudem direkt bei Martin Seligman, dem Begründer Positiven Psychologie, an der University of Pennsylvania. Von 2010 bis 2018 hat er für Bertelsmann gearbeitet, zuletzt als Vice President Employer Branding & Talent Acquisition. Zudem arbeitet Rose seit 2008 als Speaker und Coach. Seit April 2019 ist er Hochschullehrer an der International School of Management (ISM) in Dortmund. Regelmäßig schreibt er für Medien wie WirtschaftsWoche, Handelsblatt oder Harvard Business Manager. Er lebt mit seiner Frau, zwei Kindern und zwei Katzen in Hamm/Westfalen.

Nebenbei zur Marke werden

Wer sich den deutschen Coachingmarkt genau anschaut, wird unweigerlich erkennen: Die meisten Anbieter sind „Auch-Coaches". Das heißt, sie bieten auch Coaching an und erwirtschaften das Gros ihres Umsatzes mit anderen Dienstleistungen. Die nüchterne Wahrheit lautet: Coaching ist kein Hauptberuf, sondern für die meisten Anbieter maximal ein Zubrot. Jene Menschen, die in Deutschland ausschließlich vom Coaching leben könn(t)en, passen nach meiner Einschätzung alle zusammen in einen kleinen Kinosaal. Ungleich größer ist die Gruppe der Allrounder („Trainer/Berater/Coach"), deren Haupteinkommen meist aus dem Trainingssektor stammt.

Schließlich gibt es dann noch die Gruppe von Personen, die, so wie ich, zunächst einmal Angestellte sind, nebenbei jedoch einem „bezahlten Hobby" nachgehen. Meine Situation: Ich eröffnete kurz vor dem 30. Geburtstag eine Coachingpraxis in Wiesbaden und bestritt 2010 erstmals vollständig meinen Lebensunterhalt damit (zusammen mit etwas Freelancer-Arbeit für eine Beratungsfirma). Parallel schloss ich meine Doktorarbeit ab. Dennoch entschied ich mich dafür, meine Zelte dort abzubrechen, um wieder in meine Heimatstadt Hamm/Westfalen zu ziehen, wo meine Frau ein Familienunternehmen leitet.

Im Unterschied zum wirtschaftsstarken Rhein-Main-Raum ist Hamm, freundlich ausgedrückt, kein El Dorado für Coachingdienstleistungen. Es hat etwa 180.000 Einwohner, doch kaum nennenswerte Großunternehmen, und die Akademikerquote an der Workforce liegt 50 Prozent unter dem Bundesdurchschnitt. Von daher war mir bewusst, dass ich im Hinblick auf die anstehende Familiengründung in ein Angestelltenverhältnis wechseln würde. Somit arbeitete ich rund acht Jahre in der Zentrale von Europas führendem Medienkonzern, Bertelsmann, in Gütersloh, 55 Kilometer entfernt. Gleichzeitig coachte ich jeden Monat eine Handvoll Klienten und hielt rund 30 Vorträge pro Jahr. Wie ließ sich dies störungsfrei und sogar mit wechselseitigem Gewinn unter einen Hut bringen?

Vertrag kommt von vertragen

Zunächst: Es bedarf besonderer Gründe (z. B. Bedenken in puncto Wettbewerbsrecht), wenn ein Arbeitgeber eine Nebentätigkeit verbieten will; grundsätzlich ist es Arbeitnehmern freigestellt, einen Nebenerwerb aufzunehmen. Gleichzeitig enthalten gängige Arbeitsverträge einen Passus, der den Arbeitnehmer verpflichtet, etwaige Nebentätigkeiten anzuzeigen, z. B. um potenzielle Interessenkonflikte offenzulegen. In meinem Fall hatte ich schon in der Bewerbungsphase dargelegt, dass ich das Coaching unbedingt „auf kleiner Flamme" weiterführen wollte.

Es wurde dann ein Side Letter zu meinem Arbeitsvertrag aufgesetzt, der eine Höchstdauer pro Woche für die Nebentätigkeit festlegte und weiterhin regelte, dass ich weder organisationsinterne Klienten annehmen durfte noch direkten Wettbewerbern des Arbeitgebers meine Dienste anbot. Dieses Konstrukt bestand über die Jahre völlig störungsfrei.

Kniffliger ist die Frage der Positionierung. Um mit meinen Dienstleistungen sichtbar zu sein, betreibe ich eine Homepage und bin auf einer Vielzahl von Plattformen aktiv, von XING und LinkedIn über Twitter und Instagram bis hin zu YouTube. Weiterhin betreibe ich seit Mitte 2013 einen englischen Blog, welcher wiederum ein deutsches Pendant ablöste, das zwischen 2009 und 2013 Bestand hatte. Darüber hinaus schreibe ich Gastbeiträge für eine Vielzahl von Publikationen, meist im Umfeld von HR/Leadership.

Rate mal, wer da spricht

Klar ist es da nützlich, den Namen eines bekannten Unternehmens im Profil zu tragen. Dieser Umstand verschafft eine Grundaufmerksamkeit, die dem ausschließlich Selbstständigen größtenteils verwehrt bleibt. Es stellte sich bei meinen unterschiedlichen Rollen jedoch stets die Frage, wer genau da spricht, wenn er gefragt wird. Ich war zum Schluss in der komfortablen Situation, dass ich aus beiden Rollen heraus – Konzern-Manager und Experte – regelmäßig Anfragen erhielt. Das betraf naturgemäß nicht so sehr das Thema Coaching, sondern eher Einladungen für Interviews und Vorträge.

Ich hatte mir in solchen Fällen eine gründliche Auftragsklärung angewöhnt, um zu verstehen, welcher von den verschiedenen Hüten, die ich aufhatte, jeweils im Vordergrund stehen sollte. Beispielsweise hielt ich Vorträge über Employer Branding. Die Inhalte stammten mehrheitlich aus meinem Hauptjob. Hier war der „BertelsMann" gefragt – ich verwendete meinen beruflichen Titel, das entsprechende Corporate Design und die zugehörigen Kontaktdaten. In solchen Momenten war ich eindeutig der hauptberufliche Manager, welcher zu einem Fachvortrag eingeladen wurde. Im Übrigen bedeutete das auch: Solche Engagements erfolgten honorarfrei, der Veranstalter trug maximal die Fahrtkosten.

Auf der anderen Seite stehen Engagements, in denen zweifelsfrei Expertise zu jenen Aspekten gewünscht wird, die meinen Hauptberuf maximal am Rande berührten. Hier positionierte ich mich entsprechend als freiberuflicher Experte mit eigener CI – und auf eigene Rechnung. Selbstverständlich erwähnte ich an passender Stelle meinen Hauptjob (meist gleich in der Vorstellung), um einen Haken an die Sache zu machen. Im Netz kann sowieso jedermann die Tatsachen erkennen, ich wollte einfach etwaige Verwirrung vermeiden. Im Übrigen profitierte mittelbar auch mein Arbeitgeber von gelungenen Auftritten.

Weiterhin gab es Grenzfälle, bei denen nicht eindeutig feststand, in welcher Rolle ich gefragt war. Auftragsklärung hieß dann auch: Klare Ansage gegenüber Veranstaltern. Dann sagte ich beispielsweise: „Ich spreche gern für Sie zum Thema X, aber nur in der Rolle des Freiberuflers." Bislang ist das ohne Wenn und Aber akzeptiert worden. Warum tat ich das? In meiner Rolle als „Nico Rose, der Experte" konnte ich ein Stück pointierter argumentieren, eben weil ich nur für mich selbst verantwortlich zeichnete. Als Mitarbeiter von Bertelsmann trug ich auch Verantwortung für die Marke und die Integrität des Unternehmens. Manchmal ergab sich auch ein Mittelweg. Unter meinen Blogartikeln für www.lead-digital.de steht beispielsweise, dass ich (auch) für ein führendes Medienunternehmen arbeitete, ohne direkt den Arbeitgeber zu nennen, was einerseits den Tatsachen entspricht und andererseits gewährleistet, dass der Name Bertelsmann nicht direkt mit Aussagen in Verbindung gebracht wird, die unter Umständen nicht zur Markentonalität passen.

Darstellung auf XING & Co.

Wer heutzutage im Management arbeitet oder als Freiberufler Kunden akquirieren möchte, kommt meines Erachtens nicht um ein Profil auf XING (und LinkedIn) herum. Wer beides gleichzeitig ist, steht vor der Herausforderung, beide Rollen innerhalb eines Profils angemessen abzubilden. Von zwei Profilen für unterschiedliche Rollen rate ich übrigens dezidiert ab. Mittlerweile bieten fast alle Plattformen die Möglichkeit, mehrere berufliche Rollen anzugeben und mit Links und Informationen zu versehen.

Trotzdem stellt sich die Frage: Welche „Headline" steht denn darüber? Hier hatte ich für mich eine Entscheidung getroffen: Bei XING stand zum Beispiel mein Job bei Bertelsmann im Titel, denn dort entstand auch das Gros meines Einkommens. Man kann natürlich ohne Probleme noch weitere Angaben in die entsprechenden Zeilen quetschen. Nach einer Testphase hatte ich mich aus ästhetischen Gründen dagegen entschieden – mittlerweile haben außerdem beide Plattformen die Darstellungsmöglichkeiten flexibilisiert, so dass es wesentlichen einfach geworden ist, mehrere berufliche Rollen attraktiv darzustellen.

Fazit: für Transparenz sorgen

Die beiden entscheidenden Erfolgskriterien für ein „berufliches Doppelleben" sind meines Erachtens ein hohes Maß an Bewusstheit für die potenziellen Fallstricke einer solchen Situation – und als Folge größtmögliche Transparenz in alle Richtungen, vor allem natürlich für den Arbeitgeber und die Kunden. Dazu gehören nach meiner Erfahrung auch ein stückweit das Ausloten von Spielfeldern und deren Grenzen sowie das Finden von guten Kompromissen. Und dies wiederum erfordert Zeit; es ist ein System, was sich einschwingt und nicht einfach vom einen auf den anderen Tag existiert.

Ich vermute einmal, dass dieser Artikel vielen in zehn Jahren wie ein Relikt aus alten Zeiten vorkommen wird. Ich gehe davon aus, dass „Proteische Karrieren", also entgrenzte Lebensläufe, in denen sich Phasen der Festanstellung und der Selbstständigkeit bzw. des

Unternehmertums regelmäßig abwechseln (oder eben überlappen), in Zukunft eher die Regel, denn die Ausnahme sein werden (Nico Rose 2015). Arbeitgeber werden sich flexibel zeigen müssen, um gerade die Besten längerfristig an Bord zu halten. Von daher schätze ich mich glücklich, bereits seit einigen Jahren ein stückweit in dieser Zukunft leben zu können.

3.9.2   Marina Zayats im Gespräch mit Dr. Nico Rose

▶   **Nico, in Deinem Gastbeitrag schreibst Du, dass Du sowohl als Freiberufler als auch als Manager bei Bertelsmann gefragt warst. Wie profitierten beide Seiten, die Marke Bertelsmann und Deine Tätigkeit als freiberuflicher Experte jeweils voneinander?**

Ich gehe davon aus, dass die Zugehörigkeit zum Unternehmen bereits in der Suchphase von Vorteil ist. Wenn ein Experte zum Thema xy gesucht wird, liegt es nah, sich bei den großen bzw. bekannten Unternehmen umzusehen. Anders gesagt: Es ist schwieriger, jemanden in einem Unternehmen zu finden, das man nicht kennt – auch wenn in KMUs sicherlich hervorragende Arbeit geleistet wird. Des Weiteren profitierte ich davon, einen Arbeitgeber im Rücken zu haben, der für seine gute Personalarbeit und Führungskräfteausbildung bekannt ist, denn das sind Themen, mit denen ich auch freiberuflich hausieren gehe. Es gibt hier also eine Kompetenzzuschreibung, die ohne Bertelsmann in der Form nicht gegeben wäre.

Mein Arbeitgeber auf der anderen Seite profitierte von der Aufmerksamkeit und Reichweite, die ich bei bestimmten Zielgruppen erziele. Bertelsmann ist ein großes und diversifiziertes Unternehmen. Es fällt vielen Leuten ein wenig schwer, hier einen guten Zugang zu finden. Influencer (in Ermangelung eines besseren Wortes), die für ein solches Unternehmen arbeiten, können dann eine wertvolle Brücke darstellen. Man entdeckt und interessiert sich möglicherweise erst für eine Person bzw. den Content, welche diese generiert – und entdeckt im zweiten Schritt das Unternehmen dahinter und darüber dann im besten Fall Angebote oder auch Jobs, welche das Unternehmen bereitstellt.

▶   **Hast Du bewusst von Anfang an über Deine Marke nachgedacht, als Du Dich selbstständig gemacht hast oder war es etwas, das Du nach und nach aufgebaut hast im Zuge Deiner Tätigkeit?**

Durchaus. Ich habe Anfang 2008 im Rhein-Main begonnen, Einzel- und Team-Coaching anzubieten. Das ist nun ein Markt, in dem es leider kaum Eintrittsbarrieren und auch kaum transparente Kompetenzkriterien gibt. Außerdem war ich zu diesem Zeitpunkt noch keine 30 Jahre alt und steckte mitten in der Promotion. Das sind sicherlich keine idealen Startbedingungen. Das Nachdenken über den Wettbewerb und meine Positionierung auf diesem Spielfeld hat mich daher von Anfang an umgetrieben. Noch bevor meine erste Homepage online ging, habe ich folglich einige Bücher zu diesem Thema durchgearbeitet. Besonders geholfen hat mir damals ein Buch von Giso Weyand „Allein erfolgreich – Die Einzelkämpfermarke: Erfolgreiches Marketing für beratende Berufe" (2009), der sich auf die Positionierung von Beratern spezialisiert hat. Sein Dreiklang Positionierung (anders sein), Inszenierung (spannend sein), Profilierung (bekannt werden/sein) ist bis heute ein Rahmen, der mir hilft, über meine Wirkung und Außenwirkung nachzudenken.

▶ **Wie hast Du die Reichweite erzielt, die Du heute hast?**
Im Grunde habe ich nie bewusst über die Vergrößerung meiner Reichweite nachgedacht. Mein Bestreben war es immer, hochqualitativen Content zu generieren. Mich bewegen fachliche und zunehmend auch menschlich Tiefe. Beides hilft durchaus, um sich im Berater- und Speaker-Markt positiv abzuheben, wo ja doch oftmals eher dünne Bretter gebohrt werden und voneinander abgekupfert wird. Anders gesagt: Ich vertraue darauf, dass sich Relevanz und guter Content mit der Zeit durchsetzen, auch wenn andere zwischendurch lauter oder mit mehr Druck unterwegs sind. In diesem Sinne freut es mich besonders, dass ich mittlerweile regelmäßig für Qualitätsmedien wie den Harvard Business Manager oder die WirtschaftsWoche schreiben darf. Ich habe zunächst viele Jahre ausschließlich gebloggt oder Beiträge in sozialen Medien geschrieben, bevor es zu diesen Engagements kam. Das Bloggen betrachte ich heute ein Stück weit als Lehrphase. Glücklicherweise ist Schreiben für mich intrinsisch hoch motivierend. Ich würde das vermutlich auch tun, wenn ich gar kein „Publikum" hätte.

▶ **Vielen Dank für das Teilen Deiner Erfahrungen, lieber Nico.**

Literatur

ChannelPartner (2012) Besser überzeugen mit Authentizität. https://www.channelpartner.de/a/besser-ueberzeugen-mit-authentizitaet,2579965,2. Zugegriffen am 07.08.2019

Entwicklung der Persönlichkeit (2019) Johari-Fenster. https://entwicklung-der-persoenlichkeit.de/johari-fenster. Zugegriffen am 08.06.2019

FAZ (2007) Geistesvortrag. https://www.faz.net/aktuell/feuilleton/glosse-feuilleton-geistervortrag-1406593.html. Zugegriffen am 08.05.2019

Forbes (2019) Forbes quotes. George Matthew Adams. https://www.forbes.com/quotes/3539/. Zugegriffen am 25.06.2019

Rilke RM (1899) Der panther. http://rainer-maria-rilke.de/080027panther.html

Rose N (2015) Die Proteische Karriere als Berufsweg der Zukunft. In: Hesse G, Mattmüller R (Hrsg) Perspektivenwechsel im Employer Branding: Neue Ansätze für die Generation Y und Z. Gabler, Wiesbaden, S 97–100

Rozin P, Royzman EB (2001) Negativity bias, negativity dominance, and contagion. Personal Soc Psychol Rev 5:296–320. (Stangl, 2019)

Scheelen Institut (2019) Insights-MDI. https://www.scheelen-institut.com/profiling-tools/insights-mdi. Zugegriffen am 07.08.2019

The Journal of behavioral Science (2011) Jaruwan Sakulku: the impostor phenomenon. https://www.tci-thaijo.org/index.php/IJBS/article/view/521. Zugegriffen am 04.05.2019

ToolsHero (2018) Zeeman, A.: Robert Dilts. https://www.toolshero.com/toolsheroes/robert-dilts/. Zugegriffen am 06.05.2019

Weyand G (2009) Allein erfolgreich – Die Einzelkämpfermarke: Erfolgreiches Marketing für beratende Berufe, 2. Aufl. Business Village, Göttingen

Richtig verpackt und transportiert: Die Personal Brand sichtbar machen

4

Die Essenz der eigenen Superkräfte ist herausgearbeitet und gebündelt im Personal Branding Pitch. Das heißt, der erste Teil der Personal Brand, Deine Positionierung, steht.

Nun geht es an den zweiten Teil: Den Aufbau der Sichtbarkeit Deiner Brand, sowohl online als auch offline. Die Disziplin der Sichtbarkeit unterteilt sich dabei hauptsächlich in drei Teile:

1. Womit möchte ich sichtbar sein? Die Auswahl und das Schärfen der relevanten Themen und Botschaften, die auf Deine Positionierung einzahlen.
2. Wie sollen diese Themen und Botschaften verpackt sein? Das Kreieren von konkretem Content. Das können z. B. Social-Media-Beiträge, Blogartikel, Podcasts oder Videos sein.
3. Wo möchte ich sichtbar sein? Die Auswahl und das Bespielen von geeigneten Kanälen mit Deinem Content. Zu Deinen Kanälen können z. B. LinkedIn, Twitter, Youtube, Bühnen auf Konferenzen oder auch Gespräche auf Networking-Events zählen.

Schritt zwei und drei sind dabei nicht aufeinander aufbauend, sondern bedingen sich gegenseitig.

Die Essenz Deiner Sichtbarkeit sind somit Deine Themen und Botschaften. Diese gilt es nun herauszuarbeiten. Dabei hilft folgende Struktur (Abb. 4.1):

Je genauer Du Deine Themen und Botschaften absteckst (also z. B. „Personal Branding für deutsche Vorstände über LinkedIn" anstatt „Personal Branding"), umso leichter wird es Dir fallen neue Content-Ideen zu finden und zu formulieren, die in Deine Themengebiete fallen. Zudem wirst Du dadurch leichter von Deiner Zielgruppe abgespeichert und unterscheidest Dich auch besser von Deinen Mitstreitern.

© Springer Fachmedien Wiesbaden GmbH, ein Teil von Springer Nature 2020
M. Zayats, *Digital Personal Branding*,
https://doi.org/10.1007/978-3-658-30174-3_4

Thema	Botschaft	Ein Content Beispiel, das dieses Thema aufgreift	Zielgruppe
Corporate Influencer	Corporate Influencer sind die effektivste Investition in die Marke eines Unternehmens!	Artikel xyz (kann Dein eigener Artikel sein, aber auch ein Beispiel von jemand anderem)	Marketing Entscheider HR Entscheider
Digitales Netzwerken und Personal Branding in LinkedIn	Netzwerken aus dem Golfplatz allein reicht nicht mehr aus!	Podcast xyz	Interim Manager

Abb. 4.1 Themenplan

Abb. 4.2 Personal Branding Roadmap: Themen & Botschaften

Die Arbeit an Deiner Positionierung aus Kap. 3. dient als Ausgangslage. Hier hast Du Deinen Mehrwert samt UVP (Unique Value Proposition) formuliert und Deine Zielgruppe definiert unter Berücksichtigung Deiner Ziele. Diese Elemente hast Du in Deinem Personal Branding Pitch zusammengefasst. Dieser Pitch bestimmt Deine Themen und Botschaften (Abb. 4.2).

Schauen wir uns ein Beispiel an: Du bist Selbstständig als Berater für Verhandlungsführung. Dein Mehrwert: Du hilfst Deinen Kunden dabei schwierige Verhandlungsfälle so zu gestalten, dass sie ihre Ziele erreichen. Zu Deinen Kunden gehören Führungskräfte in mittelständischen Unternehmen und Konzernen. Welche Interessen haben sie? Welche Fragen begegnen Dir oft im Gespräch mit (potenziellen) Kunden? Welche Falschannahmen haben diese Menschen eventuell wenn es um Verhandlungsführung geht, die Du adressieren kannst in Social-Media-Beiträgen, Videos, Podcasts etc.?

Überlege Dir zwei bis drei Themen und die entsprechenden Botschaften dazu. Welchen Content gibt es schon, entweder von Dir oder anderen verfasst, der diese Themen und Botschaften adressiert? Je mehr Du Dir anschaust, was es schon gibt, umso leichter wird es Dir fallen, Deinen eigenen Stil zu finden.

4.1   Content erstellen: Deine Themen und Botschaften richtig verpackt

Als Content werden ursprünglich alle Formen von Informationen im Internet bezeichnet. Dazu gehören Texte, Bilder, Videos, Podcasts, GIFs und mehr (Onlinemarketing 2019) (s. Abb. 4.3). Im Folgenden erweitere ich diesen Begriff und zähle auch den Inhalt von Vorträgen und Workshops vor Live-Publikum dazu.

Dein Content baut die Brücke zwischen Deiner Positionierung (Personal Branding Pitch), Deinen gewählten Themen und Botschaften und Deiner Sichtbarkeit. Neben Deinen Taten und Deiner direkten Interaktion mit Menschen, ist Dein Content das, was andere von Dir wahrnehmen.

Die wichtigste Regel bei der Erstellung von Content lautet: Preise nicht Dich und Dein Produkt oder Deine Dienstleistung an, sondern stifte Mehrwert für Deine Zielgruppe! Natürlich kannst Du auch einmal über Deine Erfolge berichten, aber das sollte maximal 10 % Deines Contents ausmachen. Nichts verärgert Leser so sehr, wie Content, der den Lesern

Abb. 4.3 Personal Branding
Roadmap: Content

einen Nutzen in Form von Wissen oder Handlungsanweisungen verspricht und dann nicht hält, weil der Verfasser eigentlich nur seine Produkte anpreist. Solche „Trojanischen Pferde" kosten Dich Deine gute Reputation.

Was Du machen kannst, ist natürlich am Ende eines Vortrags oder eines Artikels auf Deine Dienste hinzuweisen. Aber Mehrwert kommt immer zuerst.

Wie fängst Du nun an?

1. Recherche

Welche Artikel oder Videos begegnen Dir zu Deinen gewählten Themen und Botschaften? Welche Aspekte werden besonders häufig beleuchtet und welche erhalten dabei die höchste Resonanz (von Deiner Zielgruppe)? Wie werden diese aufbereitet, sowohl visuell als auch textlich? Weitere Tools, die dabei helfen können sind z. B. Answer the public, buzzsumo oder Quora. Letzteres ist eine Plattform, auf der Menschen Fragen zu den verschiedensten Themen stellen. Wenn Du nach Deinen Themen suchst, erhältst Du relativ schnell einen Überblick, welche Fragen in dem Zusammenhang besonders häufig auftauchen. Diese kannst Du dann in Deinem Content adressieren.

Höre zudem in Gesprächen mit Deiner Zielgruppe genau hin und frage nach, was sie beschäftigt. Je besser Du Deine Zielgruppe kennst, umso leichter fällt es Dir, Content für sie zu kreieren.

2. Content konsumieren

Wer selbst nicht regelmäßig (relevanten) Content konsumiert, kann auch keinen guten Content produzieren. Neben den eigenen Erfahrungen ist es unabdingbar, informiert zu bleiben über seine Themenschwerpunkte, sich Inspiration zu holen und verschiedene Perspektiven einzubeziehen. Je mehr Du z. B. in LinkedIn mit dem für dich relevanten Content und dessen Verfassern interagierst, umso mehr verwandelt sich Dein Newsfeed (Deine Startseite) zu einer personalisierten Zeitung. Einige wenige ausgewählte Newsletter und das Tool Feedly, helfen des Weiteren dabei, seinen Fokus auf die relevanten Themen zu richten.

3. Kuratieren und Dokumentieren

Mache es Dir zur Gewohnheit, die vielen guten Inhalte, die Du konsumierst, auch zu sammeln. Tools wie Evernote helfen Dir dabei, relevante Links zu speichern, zu sortieren und mit Deinen Notizen zu versehen. Darauf kannst Du später zurückgreifen, wenn Du Inspiration suchst für neuen Content oder den kuratierten Content (mit Deiner Perspektive versehen) teilen willst.

Wenn Du Vorträge und Workshops hältst oder Dein Wissen in einem Gespräch teilst, dann überlege Dir, wie Du diesen Inhalt dokumentieren und festhalten kannst. Vielleicht kann Dich jemand filmen und fotografieren bei den Vorträgen? Gespräche können (mit beidseitigem Einverständnis natürlich) aufgezeichnet werden für einen Podcast oder Blogartikel.

Zudem kommen gute Ideen für Content oft dann, wenn wir gar nicht darüber nachdenken, z. B in Gesprächen mit anderen oder beim Sport. Deswegen schreibe ich Ideen immer direkt irgendwo auf. Sei es auf einer Serviette oder in meinem Handy.

4. Eine Botschaft pro Content

Jeder Content konkurriert mit vielen anderen Inhalten um die Aufmerksamkeit seiner Zielgruppe. Überlege Dir genau, welche Botschaft Menschen nach dem Konsumieren Deines Contents mitnehmen sollen. Wenn Du pro Content viele Botschaften vermitteln willst, läufst Du Gefahr, dass am Ende nichts davon in Erinnerung bleibt.

In Abb. 4.4 siehst Du ein eigenes Beispiel von mir. Dieser LinkedIn Artikel hat nur eine, sehr klare Botschaft. Alle Beispiele und Empfehlungen im Text stützen diese Botschaft.

5. Testen & Anpassen

Mit jedem Vortrag, jedem Social Media Post und jedem Blogartikel trainierst Du Deinen „Content-Muskel". Insbesondere Social Media eignet sich dafür hervorragend, da Du sehr schnell ein Feedback erhältst, ob der Content relevant ist. In das Thema Posting steigen wir in Abschn. 4.3.1 tiefer ein. Wichtig bei der Erstellung sind insbesondere folgende Fragen:

- Will der Leser sich damit identifizieren? Wir liken das, womit wir in Verbindung gebracht werden wollen.

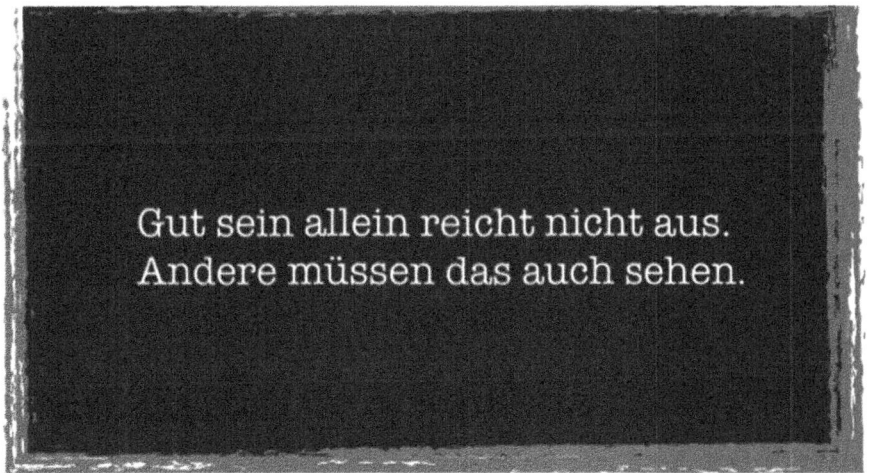

Über den Mut, sichtbar zu sein.

Abb. 4.4 LinkedIn-Artikel

- Ist der Content leicht verständlich aufbereitet? Viele Experten tendieren dazu, ihre The-
  men so kompliziert zu verpacken, dass es interessant für andere Experten aus ihrem
  Bereich ist, aber nicht für ihre eigentliche Zielgruppe! Wähle einen sehr klaren Titel,
  damit Deine Zielgruppe versteht, welcher Mehrwert sie in Deinem Vortrag, Social Me-
  dia Beitrag oder Artikel erwartet.
- Ist der Content nachempfindbar? Kann sich Deine Zielgruppe hineinversetzen in das
  Problem oder die Kernaussage Deines Contents? Diese Frage hilft dabei, abstrakten
  Content einfacher und praktischer aufzubereiten.
- Vermittelt der Content einen tatsächlichen Mehrwert? Was lernt der Leser dabei? Bietet
  Dein Content dem Leser eine neue Perspektive oder inspiriert ihn?

4.2   Auswahl der Kanäle: Wissen, wo das eigene Spielfeld ist

Auch dabei geht es wieder um Passgenauigkeit. Du benötigst Sichtbarkeit dort, wo sich
Deine Zielgruppe (und die Menschen, die Deine Zielgruppe beeinflussen) aufhält und auf-
nahmefähig ist (s. Abb. 4.5). Zudem brauchst Du eine Form der Sichtbarkeit, die zu Dir passt
und wirksam ist. Jemand der ungern vor vielen Menschen spricht (und auch nicht vorhat, das
zu ändern), wird sich mit dem Personal Branding Kanal „Reden halten als Experte auf
Events" schwertun. Zumal es so viele andere Möglichkeiten und Wege gibt, Deine Brand
dort sichtbar zu machen, wo Chancen entstehen für Dich und Deine Zielgruppe. Nutze Kanäle, die effizient sind, die Dir Spaß machen und nicht Unmengen an Überwindung kosten.

Abb. 4.5 Personal Branding
Roadmap: Kanäle

Ein gewisses Maß an Überwindung kann jedoch neue Türen öffnen. Meine ersten Vorträge ließen meinen Puls auf ein Level steigen, das ich sonst nur vom Ausdauertraining kenne. Obwohl ich den Austausch mit Menschen sehr genieße und oft auf Events bin, ändert sich das, sobald eine Bühne winkt. Gleichzeitig sind Workshops und Vorträge eine tolle Möglichkeit, um viele Menschen gleichzeitig mit meinem Herzensthema anzustecken. Also setzte ich mich der Möglichkeit, Vorträge zu halten immer öfter aus. Zunächst nur vor kleinem Publikum. Kein einziger meiner Vorträge war perfekt – aber alle erfüllten ihr Ziel: Menschen lernten etwas über Digital Personal Branding, einige erzählten es weiter und wieder andere setzten das Erlernte im Anschluss um und zogen dabei mein Wissen zu Rate. Bei der Sichtbarkeit geht es nicht um Perfektion, sondern um die Resonanz bei Deiner Zielgruppe. Es geht um das überzeugende und wirksame Transportieren Deiner Themen und Botschaften.

In diesem Kapitel werde ich Dir einige sehr wirkungsvolle Kanäle vorstellen. Wir gehen Schritt für Schritt durch, wie Du diese Kanäle nutzen kannst, und ich gebe Dir eine Entscheidungshilfe, ob der eine oder der andere Kanal für Dich relevanter ist. Das ist natürlich keine komplette Liste. Je nach Branche, Beruf und Ziel wirst Du eine ganz individuelle Mischung an Kanälen zusammenstellen. Die hier vorgestellten Möglichkeiten gelten jedoch aktuell als Universalwerkzeug für jeden, der in der Wirtschaft eine starke Personal Brand aufbauen möchte. Wichtig ist dabei der Fokus: Du musst nicht überall mitspielen, sondern einige wenige Kanäle finden, die für Dich den entscheidenden Unterschied machen.

4.3   Online-Kanäle: Das Digital in Digital Personal Branding

Viele Kontakte werden heute zuerst online geknüpft, bevor sie vielleicht irgendwann analog weiter vertieft werden. Wir alle haben eine digitale Identität, denn Menschen googeln und finden uns. Wer nicht gefunden wird, verpasst nicht nur Chancen, sondern wird von vielen Menschen auch mit Misstrauen begegnet. Es gilt in der digitalen Welt seine Digital Personal Brand möglichst nah an die analoge Personal Brand anzugleichen.

Die mit Abstand wichtigsten Online Kanäle für Deine Digital Personal Brand sind Deine Social Media Kanäle. Selbst wenn du selbstständig bist, ist ein gutes LinkedIn-Profil mindestens genauso wichtig wie Deine eigene Webseite (vielleicht mit Ausnahme von Menschen in sehr kreativen Berufen).

Deine drei wichtigsten Aufgaben in fast jedem Social Media Kanal sind:

- Content Creation: Eigenen Content erstellen.
- Content Curation: Passenden Content zu Deinen Themen und Botschaften finden und mit eigener Meinung versehen. Denn Du wirst natürlich nicht immer die Zeit haben, eigenen Content zu erstellen. Um trotzdem eine gewisse Regelmäßigkeit zu gewährleisten, ist es wichtig zu wissen, wo man guten Content findet und wie man diesen nutzt.
- Engagement: Mit relevanten Menschen in den gewählten Social Media Plattformen interagieren. So steigerst Du nicht nur Deine Reichweite, sondern baust auch Dein Netzwerk aus.

Regel #1: Bewusste Auswahl der Kanäle

Die Kanäle und Werkzeuge, um unseren digitalen Fußabdruck zu hinterlassen, sind so vielfältig wie noch nie zuvor. Social Media, Experten-Foren, (Video-)Blogs, Podcasts, Online-Magazine und mehr ringen um Aufmerksamkeit. Oft werde ich gefragt, wo man denn nun überall mitspielen müsse, um seine Digital Personal Brand sichtbar zu machen. Die kurze Antwort: Qualität geht vor Quantität. Man muss nicht überall mitspielen, bzw. kann es auch gar nicht. Was jedoch nicht fehlen darf, ist ein professioneller Auftritt in ausgewählten Sozialen Medien. Wenn man Deinen Namen googelt, erscheinen Deine Social Media Profile in der Regel ganz weit oben. Wer einen sehr verbreiteten Namen hat, kann mit dem ersten Buchstaben seines Zweitnamens für leichtere Auffindbarkeit sorgen.

Da dieses Buch insbesondere an Menschen in der Wirtschaft gerichtet ist, sollte niemand LinkedIn vernachlässigen. LinkedIn hat sich über die letzten Jahre zu einer starken Business Social Media-Plattform entwickelt. Das heißt, Menschen legen hier nicht nur Online CVs an und führen ein digitales Kontaktbuch, sondern konsumieren auch Content und netzwerken. Mehr dazu später in Abschn. 4.3.1 zu LinkedIn. Nicht umsonst erwähnt einer der bekanntesten Social Media Experten, Gary Vaynerchuck, immer wieder die enorme Power von LinkedIn mit den Worten:

> „LinkedIn is one of the platforms I'm most excited about for all of you to start producing content for!". (LinkedIn 2019)

Überlege Dir genau, wo sich Deine Zielgruppe aufhält und wo sie bereit ist, die Themen, die Du adressierst, auch zu konsumieren. In Facebook oder Instagram gehe ich z. B. mit einer anderen Erwartungshaltung rein als in LinkedIn.

Regel #2: Dein XING- und LinkedIn-Profil ist kein Online-CV – sondern Dein Image!

Natürlich schauen sich Recruiter, potenzielle Chefs, Kunden und Mitarbeiter Deine Profile an, um herauszufinden, welche Erfahrungen Du bisher gesammelt hast. Das ist jedoch nur ein Aspekt, der den Gesamteindruck Deiner Digital Personal Brand bildet. Nicht umsonst werden nach dem Screenen eines CVs Gespräche geführt, um zu verstehen, welcher Mensch hinter den Berufsstationen steckt. Diesen Menschen hinter dem CV gilt es in LinkedIn und XING bereits viel deutlicher zu umreißen. Wie präsentierst Du Dich online, für welche Themen und Menschen interessierst Du Dich (weil Du ihnen z. B. folgst), wie groß ist Dein Netzwerk und welche Menschen gehören dazu, welche Inhalte teilst Du und wie interagierst Du mit anderen Kontakten? All das und mehr kann ich potenziell über einen Menschen herausfinden, wenn ich mir seine Profile anschaue. In Abschn. 3.7 zum Thema Zielgruppe, haben wir bereits gesehen, welche Möglichkeiten Social Listening bietet. Jetzt gilt es die andere Perspektive einzunehmen und zu überlegen: Wie möchte *ich* online wahrgenommen werden? Wie stelle ich sicher, dass meine Digital Personal Brand in der analogen und digitalen Welt (die Grenzen verschwimmen zunehmend) kohärent ist? Wie schaffe ich es, meine erarbeitete Positionierung nun in die digitale Welt zu übertragen? Darum geht es in diesem Kapitel.

Regel #3: Botschaften ohne den eigenen Senf schmecken nicht!

Ich sehe viele Posts, die nur Links zu einem Artikel, einer Stellenanzeige, einem Event, einer Unternehmenswebseite etc. enthalten. Dein Netzwerk kann diese Informationen auch woanders holen. Gib ihnen einen Grund, Dir zu folgen, indem Du die Links mit einer persönlichen Botschaft, Meinung, Idee etc. versiehst. Starke Personal Brands sind keine Informationsschleudern, sondern Wertstifter. Sie setzen Informationen in den Kontext ihrer Erfahrung und geben Lesern somit eine neue Perspektive.

Regel #4: LinkedIn, Twitter, Facebook und co. sind SOCIAL Media Netzwerke: Beschränke Dich nicht auf das reine Senden von Botschaften!

Es gibt viele Menschen, die Social Media mit einem Radiosender verwechseln und nur eigene Botschaften senden. Diese einseitige Kommunikation führt dazu, dass Du keine Community aufbaust.

Zu Social Media gehört auch das Lesen, Teilen, Kommentieren und „liken" der Beiträge von anderen. Die Motivation dahinter sollte aber nicht sein, dass ein anderer Nutzer Deine Beiträge im Gegenzug auch sofort teilt, sondern ehrliches Interesse. Die Social-Media-Welt beruht auf menschlicher Interaktion. Deswegen sind auch die sozialen Regeln sehr ähnlich zu der in der „realen Welt". Mit einer Ausnahme: Du steigst gerade in den Business-Netzwerken Linkedin und XING ohne Umschweife direkt in eine fachliche Diskussion ein. Zeige ernsthaftes Interesse an Deiner relevanten Zielgruppe und trage etwas Wertvolles zur Diskussion bei.

Regel #5:Qualität statt Quantität beim Netzwerkbaufbau

Dein Netzwerk ist mit der wichtigste Karrierehelfer. Während die meisten Menschen sehr bewusst entscheiden, mit welchen Menschen sie zum Mittagessen gehen, ihr Wissen teilen, wem sie einen Gefallen tun oder wen sie um Rat fragen, vernachlässigen sie diesen Aspekt in LinkedIn und XING und denken: Je mehr, umso besser. Weit gefehlt!

Prüfe also, wer in Dein Netzwerk will:

- Habt ihr gemeinsame Interessensgebiete?
- Wer sind die gemeinsamen Kontakte?
- Kannst Du die Person anhand ihres Titels, Profilbildes zuordnen?

Idealerweise schreibt die Person eine kurze Nachricht, warum sie sich mit Dir vernetzen möchte (tun leider zu wenige). In LinkedIn hat man immer 300 Zeichen, die man zur Kontaktanfrage dazu schreiben kann (in XING leider nur in der Premium-Version). Ich empfehle es jedem, dieses Feld auszufüllen mit einer kurzen Message:

- Wer bin ich?
- Warum möchte ich mich vernetzen (gemeinsame Themen, gemeinsames Event besucht etc.)?

Wenn Du jemanden „anfragst", den Du schon besser kennst, ist das nicht unbedingt notwendig.

Regel #6 Kontinuität

Wenn Du einen Monat lang aktiv bist in Social Media, indem Du Beiträge postest, mit Beiträgen von anderen interagierst und den nächsten Monat dann nichts machst, ist es so, als hättest Du nie angefangen. Social Media erfordert vor allem Kontinuität, damit sich die Aktivität dort lohnt.

Eine häufige Frage meiner Kunden lautet: Wie oft soll ich denn aktiv sein und eigene Beiträge teilen oder andere Beiträge kommentieren? Das hängt von Deinem Ziel ab. Wenn Du als Experte wahrgenommen werden möchtest und Dein Netzwerk pflegen und erweitern willst, reicht ein Besuch auf LinkedIn einmal pro Woche nicht aus. Das Ziel sollte es sein, LinkedIn zu einem Teil Deines beruflichen Alltags zu machen. Dafür ist es hilfreich, sich die LinkedIn App herunterzuladen, um auch mobil kurz den eigenen Newsfeed zu checken oder auf einen Kommentar unter seinem Post zu antworten. Einen eigenen Beitrag einmal pro Woche einzustellen und drei Beiträge von anderen zu kommentieren, sollte der Richtwert für Anfänger sein. Mehr als drei Beiträge pro Wochen posten würde ich nicht. Gerade in Deutschland, wo Menschen doch noch etwas konservativer dem „Zeitfresser" Social Media gegenüber stehen, könnte das schnell als zu viel wahrgenommen werden, was Deiner Brand schnell schaden kann.

Richte Dir eine Routine ein, bei der Du jeden Tag 15 Minuten auf LinkedIn verbringst. Wer diese Zeit zielführend investiert, verschwendet sie nicht.

4.3.1 LinkedIn

Bevor wir in die Magie von LinkedIn einsteigen, möchte ich zunächst eine Frage beantworten, die sich an dieser Stelle dem ein oder anderen Leser sicher stellen wird:

„Warum sollte ich LinkedIn nutzen? Ich habe doch XING!" Die Antwort ist sehr einfach: LinkedIn hat sich über die letzten Jahre auch in Deutschland zu einer beliebten Social-Media-Plattform entwickelt im Business Umfeld. Hier finden fachliche Diskussionen statt, Kontakte werden geknüpft, Digital Personal Brands aufgebaut, Beziehungen gestärkt und letztlich auch Social Selling betrieben (mehr dazu in Abschn. 5.4). Viele deutsche Vorstände verleihen auf dieser Plattform ihrem Unternehmen ein Gesicht und positionieren sich zu gesellschaftsrelevanten Themen und Botschaften. Der Trend ist stark steigend. Wer seine Personal Brand im Wirtschaftsumfeld sichtbar machen möchte, kommt um LinkedIn nicht herum.

XING geht einen anderen Weg. Die öffentlichen Interaktionen zwischen den Nutzern sind gering, die Möglichkeiten, eigenen Content zu teilen für die meisten Nutzer (außer z. B. XING Insider) sehr limitiert. Der Fokus liegt stärker auf den Business Lösungen wie dem XING Talent Manager für das Recruiting oder ProBusiness für Sales. Deswegen gehe ich hier nur auf LinkedIn ein.

Falls Du bisher nur auf XING unterwegs warst, würde ich anfangen relevante Kontakte nach und nach in LinkedIn zu vernetzen. Viele Menschen nutzen beide Plattformen, wobei sie eine aktiver nutzen als die andere. Wenn viele relevante Kontakte nur XING nutzen, kannst Du Content, den Du in Linkedin teilst, auch parallel in XING posten. Manchmal wird es etwas „Umbauen" erfordern, da Du nicht die identischen Möglichkeiten hast.

Basics first: Das LinkedIn-Profil zielführend aufbauen

Egal, ob Du gerade erst Deinen LinkedIn-Account startest oder schon einen hast: Dein Profil in LinkedIn ist eines der zentralen Elemente Deiner Digital Personal Brand. Dieses richtig und zielführend aufzubauen, ist somit der Start Deiner Reise.

Regel #2 beachten „Dein LinkedIn-Profil ist nicht Dein Online CV, sondern Dein Image!"

Dementsprechend reicht es nicht, sich einfach sein CV vorzunehmen und alle Felder eins zu eins zu übernehmen. LinkedIn, genauso wie XING, ersetzt Deinen CV nicht, weil diese Netzwerke nicht dafür da sind, Deinen Profilbesuchern alles im Detail über Deinen Werdegang zu vermitteln. Sie dienen primär dazu, sich zu vernetzen. Egal ob das Ziel der Vernetzung ein neuer Job, ein neuer Kundenauftrag, eine Einladung als Speaker ist oder Du einfach das Gespräch mit interessanten Experten suchst und selbst als Experte wahrgenommen werden möchtest: Menschen brauchen dreierlei, um sich mit Dir im ersten Schritt überhaupt vernetzen zu wollen:

• Orientierung (Wer ist das?)
• „Reason Why" to connect (welchen Mehrwert vermittelt sie/er?)
• Trust (Ist sie/er vertrauenswürdig, ist das ein echtes Profil?)

Profil-Slogan vs. aktuelle Position

Die wichtigsten Aspekte Deines Profils, die Orientierung schaffen, sind Dein Profilbild und Deine aktuelle Position oder Dein Profil-Slogan. Diese werden angezeigt, bevor man überhaupt auf Dein volles Profil klickt. Wenn Du auf Deinem Profil bist und dann unter Deinem Headerbild rechts auf den Bleistift klickst, öffnet sich ein Fenster, in dem Du beides bearbeiten kannst. Ob Du Deine aktuelle Position anzeigen lassen willst oder lieber einen aussagekräftigen Profil-Slogan, hängt ganz davon ab, was mehr Orientierung schafft und was Dein Ziel ist. In Abb. 4.6 siehst Du mein eigenes Beispiel. Mein Profil-Slogan und meine Position sind identisch, weil sie erfahrungsgemäß die nötige Orientierung geben. Mein Ziel ist es, mit spannenden Menschen in Kontakt zu treten, um u. a. über meine Herzensthemen Digital Personal Branding und Unternehmenskommunikation zu sprechen. Gleichzeitig werde ich mit diesen Schlagworten von potenziellen Kunden gefunden und angefragt.

Wenn Deine offizielle Position jedoch wenig aussagekräftig ist, wie z. B „Junior Analyst", „Associate" etc., dann empfehle ich einen Slogan zu verwenden, der entweder Schlagworte enthält, die Deinen Mehrwert besser widerspiegeln oder deine Mission transportieren. Beispiel: Bei vielen Beratungen erhalten die Mitarbeiter wenig aussagekräftige Titel, die lediglich der Hierarchieorientierung innerhalb des Unternehmens/der Branche dienen (was in vielen Berufen der Fall ist, die sehr vielfältige Projekte umfassen). Die Kunst liegt hier darin zu verstehen, was der übergeordnete Mehrwert ist, der sich durch alle Deine Projekte durchzieht. Ein Slogan könnte hier lauten: Helping clients to achieve their goals with the help of skillful communication (anstatt „Associate" bei einer Kommunikationsberatung).

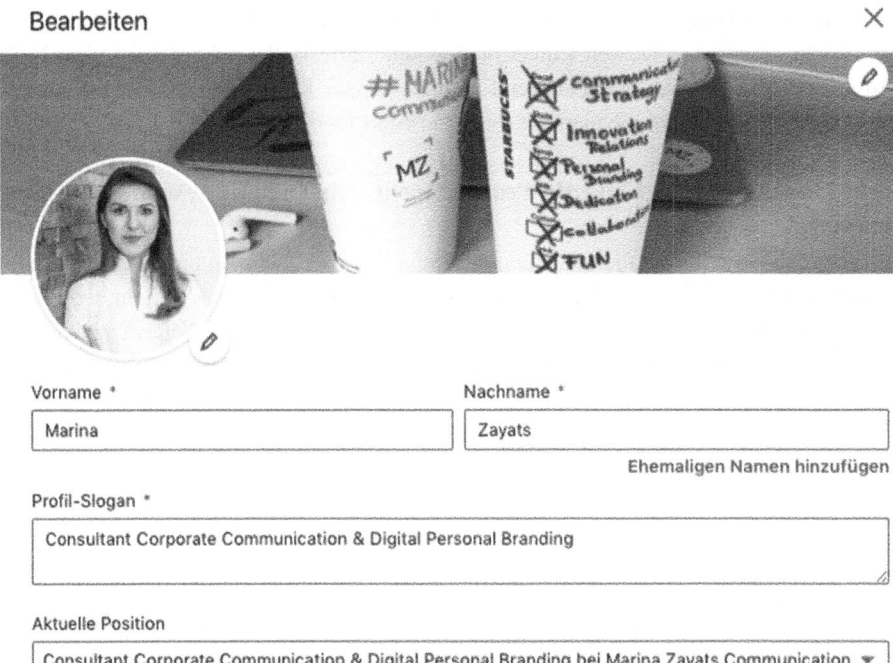

Abb. 4.6 LinkedIn Profil

Ein anderer Aspekt, der den Profil-Slogan so wichtig macht: Portfoliokarrieren. Viele Menschen haben mittlerweile nicht nur einen Hut auf in ihrem Berufsleben. Die aktuelle Position in LinkedIn erlaubt immer nur einen Titel aus den angegebenen Berufsstationen weiter unten im CV auszuwählen, selbst dann, wenn mehrere Tätigkeiten noch aktuell, also mit „bis heute", versehen sind. Im Slogan kannst Du alle Deine relevanten Tätigkeiten, die nebeneinander existieren, stichwortartig aufführen.

Profilfoto

Was Business-Fotos angeht, gibt es bereits eine Reihe von guten Tipps. Trotzdem stoße ich oft auf Profilbilder, die den Menschen keine Hilfe sind bei den drei oben genannten Kriterien zum Vernetzen (Vertrauen, Orientierung, „Reason Why"). Insbesondere die ersten zwei Kriterien können durch ein passendes Profilbild transportiert werden. Der größte Fehler ist es, gar kein Bild zu haben. Gefolgt von unscharfen Bildern oder Bildern, die nicht das ausstrahlen, was Du eigentlich transportieren möchtest mit Deiner Digital Personal Brand. Wenn Du Deine Fotowahl überdenkst, dann mache Dir zunächst bewusst, welcher Gesichtsausdruck, welche Kleidung, welche Farben und welche Körperhaltung am besten zu Deiner Position und zum Profil-Slogan passen. Auch das Thema Wiedererkennungswert kann dabei eine wichtige Rolle spielen. Manche Menschen arbeiten dazu mit auffälligen Accessoires, wie etwa Brillen mit dickeren bunten Rahmen. Allerdings sollte man dazu nur greifen, wenn man sich auch im Arbeitsalltag so zeigt. Die Investition in einen guten Fotografen spielt hierbei eine wichtige Rolle. Wähle jemanden aus, der tatsächlich berät und nicht nur technisch umsetzt.

Ich rate dazu, ein Foto für alle Netzwerke zu verwenden, die Du im beruflichen Kontext verwendest. Auch das sorgt für Wiedererkennung, ein entscheidender Aspekt Deiner Digital Personal Brand.

Hintergrundbilder

In LinkedIn kannst Du ein Hintergrundbild einfügen, das Profilbesuchern auf den ersten Blick ein weiteres Indiz zu Deiner Personal Brand liefert. Menschen, die bei einer Airline arbeiten, können beispielsweise Flugzeuge der entsprechenden Flotte nehmen. Naturwissenschaftler fügen das Bild einer Helix ein. Vorstände können das Foto des letzten Auftritts auf einer Konferenz oder jährlichen Kick-offs mit den Mitarbeitern wählen. Auch hier wieder die wichtigste Frage: Was soll das Bild vermitteln? Passt es zu mir und zu dem, was ich ausstrahlen will? Wenn die Antwort nein lautet, dann schafft das einen Bruch zwischen Bild und den restlichen Informationen im Profil und irritiert die Profilbesucher.

Einige Unternehmen stellen ihren Mitarbeitern vorgefertigte Bilder zur Verfügung mit einem Corporate Slogan und Logo. Es ist Dein LinkedIn-Profil, entscheide also völlig frei, ob Du das verwenden möchtest oder nicht. Wenn es Dir nicht gefällt, dann verwende es nicht.

Info

Unter Deinem Titel ist Platz für eine Profil-Summary (von LinkedIn schlicht „Info" genannt), bzw. Deinen Personal Branding Pitch, der bereits in Abschn. 3.8 beschrieben wurde. Dieser Abschnitt ist mit das Erste, was Menschen sehen, wenn sie Dein Profil besuchen. Diese Summary ist wichtig, weil sie im Gegensatz zu Deinen angegebenen beruflichen Stationen darunter nicht zeigt, was Du bisher gemacht hast oder machst, sondern welchen konkreten WERT Du WEM vermittelst. Und das ist es, was Menschen wirklich interessiert. Das schafft die nötige Orientierung beim Profilbesucher und setzt alle weiteren Informationen in einen Kontext. Diesen Profilbereich fügst Du hinzu, indem Du auf Deinem Profil oben auf den Button „Profil bearbeiten" gehst und dann auf „Info" klickst. (s. Abb. 4.7)

Vorgestellt

Unter der Info-Box ist Platz für Deine besten Artikel, Beiträge und andere Links. Ob Präsentationen, Whitepaper, Videos, Bilder oder Links zu relevanten Webseiten – alles ist möglich, was Deine Digital Personal Brand unterstreicht. Wenn Du auf LinkedIn Artikel oder Posts veröffentlichst oder Artikel in Fachzeitschriften, dann ist das ein guter Weg, um sie sichtbar zu machen. Einige Angestellte führen Unternehmenspräsentationen oder Image-Videos von ihrem Arbeitgeber auf. Hier würde ich genau überlegen, ob die Inhalte auch zu Deiner eigenen Brand passen. Darauf gehe ich genauer ab Kap. 5 ein.

Info

My daily business is to help companies, from start-ups to multinational corporates, realize their goals with the help of strategic communication (Including the initiation and execution of Social Selling & Corporate Influencer programs). As a consultant for Digital Personal Branding, I enable corporate leaders (#SocialCEO) to build and strengthen their Digital Personal Brand.

My tools: Building & strengthening the clients most important channels & relationships I Bringing my passion & knowledge for new technologies & start-ups in to the game as well as my favorite weapon: a network of smart people!

www.marina-communications.de

Abb. 4.7 Die Infobox Deines LinkedIn-Profils

Artikel & Aktivitäten

Dieser Bereich zeigt auf einen Blick, wie aktiv Du auf LinkedIn bist und wie groß Dein Netzwerk ist. Hier sehen Profilbesucher drei interessante Informationen:

1. Die Größe Deines Netzwerks (Anzahl Deiner Follower): Oben in der Übersicht Deines Profils, neben Deinem Titel, werden Deine Kontakte angezeigt. Das sind Menschen, mit denen Du vernetzt bist, weil sie Deine Kontaktanfrage angenommen haben oder Du ihre. Sobald Du mehr als 500 Kontakte hast, erscheint nur noch ein 500+. Im Abschnitt „Artikel & Aktivitäten" sieht man die Anzahl Deiner Follower. Das sind Menschen, die Dir folgen, um Deine Beiträge zu lesen, ohne aber mit Dir vernetzt zu sein. Deine Kontakte sind automatisch auch Deine Follower (außer, sie entfolgen Dir, ohne Dich als Kontakt zu entfernen).
2. Artikel: In LinkedIn kannst Du eigene Blogartikel veröffentlichen mithilfe von LinkedIn Publishing.
3. Beiträge & Aktivitäten: Hier können Profilbesucher sehen, welche Beiträge Du selbst teilst (ein Beitrag ist i. d. R. kürzer als ein Artikel und wird direkt über die Startseite geteilt) und welche Beiträge und Artikel Du von anderen LinkedIn-Nutzern kommentierst, teilst und mit „gefällt mir" markierst.

In diesem Bereich sehen Profilbesucher also, wie „sozial" du bist in Social Media, welche Themen Dich interessieren und wie gut Du vernetzt bist. Für Sales-Leute bietet dieser Bereich eine wertvolle Schatztruhe auf der Suche nach Anknüpfungspunkten zum potenziellen Kunden.

Berufserfahrung

In diesem Abschnitt kannst Du Deinen beruflichen Werdegang skizzieren. Dazu gehst Du auf den Bleistift neben das Feld. Es öffnet sich das in Abb. 4.8 dargestellte Fenster, in das Du Deinen aktuellen Titel, das Unternehmen, den Standort usw. eintragen kannst. Für je-

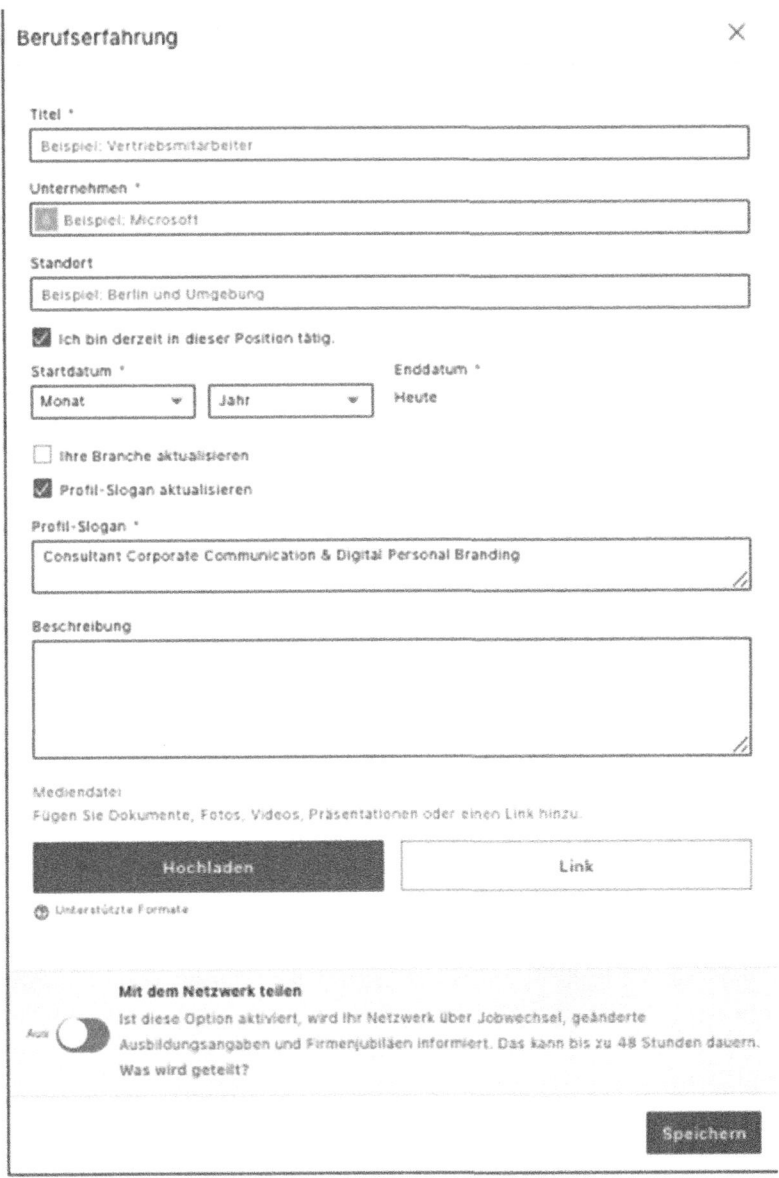

Abb. 4.8 LinkedIn Berufserfahrung

des weitere Element musst Du diesen Vorgang wiederholen. Dazu gehst Du auf das Plus im gleichen Abschnitt. Wenn Du bei einem Arbeitgeber mehrere Rollen hinzufügen möchtest, musst Du jedes Mal auf das Plus gehen und wieder den gleichen Arbeitgeber auswählen. LinkedIn sortiert das automatisch.

Anbei noch einige Tipps für das Vervollständigen:

- Titel: Wähle den offiziellen Titel Deiner Tätigkeit aus (der Dir vom Arbeitgeber verliehen wurde oder den Du offiziell als Gründer/Selbstständiger an Kunden kommunizierst). Dieser darf, wie oben beschrieben, anders sein als Dein Profil-Slogan weiter oben.
- Unternehmen: Sehr viele Unternehmen, gerade die größeren, haben eine Unternehmensseite auf LinkedIn. In diesem Feld kannst Du anfangen den Namen des Unternehmens, bei dem Du angestellt bist, zu schreiben und anschließend aus dem Drop-down-Menü das Richtige auszuwählen.
- Standort: Auch hier kannst Du anhand eines Drop-down-Menüs den Standort Deiner jetzigen und vorherigen Tätigkeiten auswählen. Anhand dessen wirst Du von anderen Nutzern auch leichter gefunden, die eventuell einen Interim Marketing Manager im Raum Frankfurt suchen. Das ist also besonders für Selbstständige und Unternehmer wichtig. Bei den vergangenen Tätigkeiten ist das nicht mehr so relevant.
- Beschreibung: Hier empfehle ich einige (kurze) Bullet-Points zu schreiben zu jeder Tätigkeit. Schreibe nicht einfach nur, was Du gemacht hast, sondern was Du bewegt hast. Was waren Meilensteine? Vermeide zu viele Fachbegriffe.
- Mediendatei: Gibt es eine ansprechende, interessante Präsentation, die Du teilen darfst, eine Veröffentlichung von Dir in einem Online-Magazin oder sogar ein Video mit Deinem Fachvortrag? Die Sachen, die am besten Deine Personal Brand repräsentieren gehören weiter oben in den Bereich „Vorgestellt". Content, der eher spezifisch für diese Rolle ist/war, kann hier rein. Maximal drei Anhänge reichen.

Ausbildung

Hier gehören Universitäten, Fachhochschulen und Berufsschulen rein, die nach Deiner Schulausbildung kamen. Diese kannst Du ähnlich wie im Abschnitt „Erfahrung" hinzufügen. Die Angaben über das Fach, den Abschluss und den Zeitraum sind wichtig. Wenn Deine Ausbildung maßgeblich zu der Rolle beiträgt, die Du heute erfüllst, würde ich sie zudem im Kasten „Beschreibung" etwas genauer in kurzen Sätzen oder in Bullet points erläutern.

Ehrenamt

Auch hier ist die wichtigste Frage: Zahlen meine Ehrenämter auf meine Digital Personal Brand ein und ist es etwas, das ich preisgeben möchte mit meinem professionellen Netzwerk? Wenn die Antwort ja lautet, kannst Du eine kurze Angabe machen über den Zweck der Organisation und Deinen Beitrag.

Kenntnisse & Fähigkeiten

In diesem Bereich kannst Du bis zu 50 Kenntnisse und Fähigkeiten angeben. Ich würde mich jedoch auf maximal 15 konzentrieren, da die meisten Angaben sich dann anfangen zu wiederholen und immer unwichtiger werden. Oder sind „Excel"-Kenntnisse wirklich so wichtig für Deine jetzige/zukünftige Rolle? Hier lohnt es sich, sich das erarbeitete „Superkräfte-Portfolio" aus Kap. 3 vorzunehmen und auszuwählen, was davon in diesen Abschnitt gehört. Ansonsten würde ich nicht zu viel Fokus auf diesen Bereich legen. Viele Menschen wissen, das hier oft einfach wahllos einzelne Fähigkeiten bestätigt werden. Die Aussagekraft ist also gering. Fokussiere Dich lieber auf den nächsten Bereich: Empfehlungen.

Empfehlungen

Empfehlungen von Kollegen, Kunden, Vorgesetzten, Mitarbeitern, Business-Partnern und weiteren Personen sind sehr wertvolle Elemente für Deine Digital Personal Brand. In der analogen Welt gleicht es z. B. dem Flurfunk im Unternehmen, wenn jemand positiv über Dich und Deine Arbeit spricht. Die meisten Selbstständigen akquirieren den Großteil ihrer neuen Kunden durch die Weiterempfehlung von bisherigen Kunden.

Du kannst in LinkedIn direkt um eine Empfehlung bitten. Dafür gehst Du oben auf „Profilbereich hinzufügen" oder „Profil bearbeiten" und dann auf „Weitere Informationen". Es erscheint ein Fenster, in dem Du die Person, die Beziehung (Kollegen, Vorgesetzte etc.) und die relevante Position auswählen kannst (Du kannst also auch um Empfehlungen für vergangene Positionen bitten).

Vor dem Absenden, kannst Du den Standard-Text der Anfrage bearbeiten. Diesen würde ich unbedingt personalisieren. Schreibe kurz, warum die Empfehlung für Dich wichtig ist („Ich möchte meinen Online-Auftritt professioneller gestalten" reicht aus, wenn Du nicht zu sehr ins Detail gehen möchtest). Gib der Person zudem einige Stichpunkte, vor allem dann, wenn die Zusammenarbeit schon länger her ist. Welche relevanten Projekte hast Du erfolgreich vorangebracht, welche Herausforderungen gemeistert? So steuerst Du die Empfehlung in die Richtung, die auf Deine Digital Personal Brand einzahlt. Gleichzeitig fällt es der angefragten Person leichter, Dir eine Empfehlung zu geben. Sobald Du die Empfehlung erhältst, kannst Du sie vor dem Veröffentlichen prüfen und ggf. um Anpassung bitten. Zudem würde ich der Person anbieten, auch ihr eine Empfehlung dazulassen.

Qualifikationen & Auszeichnungen

In diesem Bereich hast Du weitere Möglichkeiten, Dein Superkräfte-Portfolio sichtbar zu machen. Du kannst folgende Qualifikationen und Auszeichnungen hinzufügen: Veröffentlichungen, Zertifizierungen, Patente, Kurse, Projekte, Auszeichnungen/Preise, Prüfungsergebnisse, Sprache, Organisationen. In diesem Abschnitt würde ich nur das erwähnen, was auch weiterhin für Deine Personal Brand relevant ist. Alte Auszeichnungen, die nichts mehr mit Deiner Rolle oder Tätigkeit zu tun haben oder die wenig Aussagekraft haben, würde ich weglassen. Die Ausnahme bilden Zertifizierungen und Ähnliches, die selbst eine starke Marke haben. Beispiel: Du hast vor zehn Jahren Deinen CFA gemacht (Chartered Financial Analyst).

Interessen

Dieser Bereich umfasst die Unternehmen, Gruppen und Hochschulen, denen Du folgst. Auch hier kann ein Profilbesucher einiges über Dich herausfinden. Deswegen empfehle ich regelmäßig zu prüfen, ob Du mit den (Personal) Brands, denen Du folgst auch assoziiert werden möchtest.

Wichtige Aufgaben über das eigene Profil hinaus

Wie eingangs erwähnt, ist es nicht nur wichtig einen guten (ersten) Eindruck zu hinterlassen durch sein Profil, sondern auch mit anderen zu interagieren. Dafür ist es wichtig, die richtigen Beiträge weit oben eingespielt zu bekommen. Denn wer scrollt schon gerne zehn Minuten, bevor er relevante Inhalte sieht?

Newsfeed aufbauen

Den eigenen Newsfeed richtig aufzubauen ist entscheidend, damit Du mit relevanten Kontakten in LinkedIn interagieren kannst und Deine Digital Personal Brand auch von den richtigen Menschen gesehen wird.

Der Newsfeed erscheint direkt auf der Startseite, wenn Du LinkedIn öffnest. Wenn du runter scrollst, siehst Du u. a. Informationen über Dein Netzwerk, die Unternehmen, denen Du folgst und auch „sponsored Posts" (Post von Unternehmen, die Werbung schalten auf LinkedIn). Zum Netzwerk gehören sowohl Deine direkten Kontakte, als auch Kontakte 2. Grades (also Kontakte Deiner direkten Kontakte). Dein Newsfeed ist individuell, weil der LinkedIn Algorithmus anhand Deines Nutzungsverhaltens lernt, welche Inhalte und von wem Dich besonders ansprechen.

Um LinkedIn dabei zu unterstützen, lohnt es sich folgende Schritte zu befolgen:

- Auf der Startseite siehst Du rechts den Kasten „Zum Feed hinzufügen" und unter den drei ersten Empfehlungen „Alle Empfehlungen anzeigen". Gehe die Liste regelmäßig durch, um relevanten Unternehmen, Personen und # zu folgen. Natürlich kannst Du im Suchfeld oben auch direkt nach Themen suchen. Wenn du z. B. #personalbranding eingibst, siehst Du, dass über zehn Millionen Menschen diesem Thema folgen und kannst selbst auf „folgen" klicken. Im nächsten Themenabsatz „Der perfekte Post" erfährst Du, warum Du # auch in Deine Posts integrieren solltest (s. Abb. 4.9).
- Entfolge Kontakten, die oft in Deinem Newsfeed erscheinen mit Themen, die Dich nicht interessieren. Diese Personen bekommen keine Benachrichtigung darüber, dass Du Ihnen nicht mehr folgst (Ihr seid immer noch Kontakte 1. Grades).
- Nimm nur Kontaktanfragen von Menschen an, die Dich interessieren oder die Du kennst. Alle anderen können Dir immer noch folgen. In den Einstellungen kannst Du festlegen, ob die Option „Vernetzen" oder „Folgen" als erstes auf Deinem Profil zu

Abb. 4.9 LinkedIn Hashtag-Suche

sehen ist. Dafür gehst Du auf „Einstellungen & Datenschutz" und dann ganz unten unter dem Reiter „Blockieren & Ausblenden" auf „Follower". Hier kannst Du nun „Folgen" als Primäraktion festlegen. Dadurch werden Menschen, die keine Anknüpfungspunkte zu Dir haben, Dir eher folgen, anstatt sich mit Dir zu vernetzen. Das bedeutet mehr Reichweite für Deinen Content und einen saubereren Newsfeed. Wer Dir dennoch eine Vernetzungsanfrage schicken möchte, kann das tun, es erfordert aber zwei Klicks mehr und ist nicht sofort so sichtbar wie die Option „Folgen".

- Falls Du neu auf LinkedIn bist und erst mal alle relevanten Kontakte finden möchtest, kannst Du Kontakte aus Deinen Adressbüchern und anderen Quellen synchronisieren. Dafür gehst Du in Deiner Startseite auf das Symbol „Ihr Netzwerk".
  1. Klicke dann auf der linken Seite unter „Ihr Netzwerk verwalten" auf „Kontakte".
  2. Klicke in der rechten oberen Ecke der Seite auf „Synchronisierte Kontakte verwalten".
  3. Klicke im Bereich Kontakte neben einer beliebigen Quelle auf Synchronisieren.
- Alterativ kannst Du hier Deine Kontaktliste hochladen als Datei und LinkedIn findet automatisch die passenden Profile: https://www.linkedin.com/mynetwork/import-contacts/upload/?transactionId=uCu%2F3vxyRp2JktmaoCHbiw%3D%3D
- Interagiere regelmäßig mit den Beiträgen von anderen. Insbesondere Kommentare zu Deinem gewählten Themenfeld sind sehr gut geeignet, um relevante Beziehungen zu knüpfen und Deine Sichtbarkeit aufzubauen. Behalte dabei im Hinterkopf, dass Du immer einen Mehrwert bieten möchtest. Anstatt also einfach zu kommentieren „Interessant", schreibe lieber einige Worte, warum Du den Beitrag wertvoll findest und was Deine Perspektive ist.

So baust Du Dir nach und nach einen Newsfeed auf, der Deiner persönlichen Zeitung am Morgen gleicht, samt den wichtigen Informationen über Deine Kontakte, wie deren Beförderungen, Geburtstage, Jobwechsel etc.

Der perfekte Beitrag in LinkedIn – Botschaften ohne den eigenen Senf schmecken nicht!
Die DNA eines erfolgreichen Beitrags erfordert zu einem großen Teil eine gesunde Portion Empathie für Deine Zielgruppe. Zudem sind Erfahrungswerte durch Beobachtungen der Beiträge von anderen sehr hilfreich.

Oben auf der Startseite siehst Du das kleine Fenster mit „Beitrag beginnen". Hier klickst Du einmal rein und kannst Fotos, Videos, Dokumente, Links Umfragen und sogar Lob für KollegInnen teilen (siehe Optionen ganz unten im Beitrags-Fenster „Loben Sie einen Teamkollegen").

Wenn Du einen Artikel von einer anderen Seite teilen möchtest, kopierst Du die URL der Seite und fügst sie in das geöffnete Feld in LinkedIn ein. Nachdem Du einen Link in das Textfeld kopiert hast, erscheint eine Bildvorschau. Danach kannst Du den Link wieder löschen und stattdessen einen Text zum Inhalt schreiben. Darüber hinaus kannst Du auch eigene Fotos oder Videos teilen oder auch nur einen Text. Das nennt sich dann „native content", weil Du ihn selbst erstellt hast, ohne Verlinkung zum Content aus einer anderen Quelle.

Diese Art von Content ist besonders hilfreich für die eigene Positionierung und Sichtbarkeit, da LinkedIn ein Interesse daran hat (genauso wie jede Social Media Plattform), dass die Nutzer auf der Plattform bleiben. Deswegen erzielen Beiträge, die auf eine externe Seite führen, tendenziell eher weniger Reichweite. Ebenso schlecht „performen" Beiträge von anderen Nutzern, die Du wiederum teilst. Am „native content" führt kein Weg vorbei, wenn Du Deine Brand sichtbar machen möchtest.

Als nächstes hast Du die Möglichkeit, Personen in Deinem Beitrag zu verlinken, indem Du vor ihren Namen ein @ setzt ohne Leerzeichen. Beim Verlinken erscheint ein Fenster aus dem Du den passenden Namen nur noch auswählen musst (die verlinkte Person wird darüber benachrichtigt, dass sie in Deinem Beitrag erwähnt wurde). Das ist sinnvoll, wenn sie z. B. der Autor des Artikels ist, den Du teilst, die Person auf dem Foto abgebildet ist oder wenn Du weißt, dass der Artikel für sie interessant sein könnte. Einige wenige Personen kannst Du nicht verlinken, weil sie diese Einstellung in ihrem Profil deaktiviert haben. Ebenso kannst Du auch Unternehmen oder Gruppen verlinken, sofern sie ein Profil in LinkedIn haben (Abb. 4.10).

Abb. 4.10 LinkedIn Post – Verlinken von Unternehmen und Menschen

Zudem kannst Du passende Hashtags # (sparsam) nutzen , um Deine Reichweite zu steigern. Fünf reichen. Hierfür tippst du einfach ein # in das Beitragsfenster unter Deinen Text und schreibst dann ohne Leerzeichen den entsprechenden Begriff rein, also z. B. #personalbranding.

Und ja, auch eigene Erfolge gehören auf LinkedIn, sparsam dosiert natürlich und richtig verpackt. Nachfolgend ein eigenes Beispiel:

- Eigene Positionierung mit der Verbindung eines Mehrwerts für die Zielgruppe: Bericht vom eigenen Vortrag auf einem Event mit einigen Key-learnings, die ich dem Publikum mitgegeben habe (Abb. 4.11).

Oft werde ich auch gefragt, ob persönliche Informationen auf LinkedIn gehören. Hier gilt es eine Unterscheidung zu berücksichtigen: Persönlichkeit zeigen, ist sehr wichtig. Genau das ist der große Vorteil von Personal Brands und einer der Hauptgründe, warum einige Unternehmen ihre Mitarbeiter zu Corporate Influencern machen wollen. Mehr dazu in Kap. 5.

Anders sieht es aus mit persönlichen/privaten Themen. Hier sollte gut dosiert werden und der Business-Bezug immer gegeben sein. Ebenso sollten Beiträge mit persönlicheren Themen auch zu Deiner Brand passen. Ein Head of HR, der als eines seiner Themenschwerpunkte Diversity wählt, kann z. B. über das Gespräch mit seiner achtjährigen Tochter schreiben und was er daraus gelernt hat. Wichtig ist, dass dabei immer der Mehrwert für den Leser bzw. Deine Zielgruppe im Vordergrund steht.

Weitere Tipps
- Binde Fragen ein in Deine Posts. Social Media ist für Interaktion gedacht. Je mehr Nutzer Du animieren kannst, Deine Beiträge zu kommentieren, umso besser (auch für Deine Reichweite).
- Schreibe über Deine Themen so, dass Menschen mitreden können. Das erfordert komplizierte Themen möglichst einfach zu vermitteln. Falls Du z. B. über die Chemie-Branche schreibst, dann verknüpfe Deine Themen und Botschaften mit Beispielen, die Menschen nachvollziehen können. Dabei kannst Du z. B. als Übersetzer fungieren und aktuelle Gesetzesentwürfe so erklären, dass Menschen mitreden können.
- Je mehr Persönlichkeit, umso besser. Gerade kurze Videos sind sehr beliebt auf LinkedIn (und vielen anderen Social Media Plattformen). Natürlich kostet es Überwindung, sein Gesicht in die Handykamera zu halten. Deswegen empfehle ich es zunächst als eine Art Kurzinterview zu machen, bei dem Du interviewt wirst.
- Bleibt noch die Frage nach dem Zeitpunkt: Wann soll ich eigentlich posten in LinkedIn? Die Erfahrung meiner Kunden und auch meine eigene zeigt immer wieder: Dienstag-, Montag- bis Freitagvormittag funktioniert am besten. Es ist ein Business-Netzwerk, deswegen würde ich nicht am Wochenende posten (außer Artikel, die wegen

Abb. 4.11 LinkedIn Post
Beispiel

Marina Zayats
Consultant Corporate Communication & Digital Personal Branding
5 Monate · Bearbeitet · 🌐

Welche Rolle spielt #digitalpersonalbranding und insbesondere #LinkedIn
für Interim Manager?

Dieser Frage bin ich gemeinsam mit #Hays in meinem Workshop auf dem
DDIM e.V. - Dachgesellschaft Deutsches Interim Management
nachgegangen.

Key-takeaways:
>> Viele Kontakte werden heute zuerst digital geknüpft. Der richtige "erste
Eindruck" ist in der digitalen Welt genauso wichtig wie in der realen. Welchen
Eindruck hinterlässt du aktuell?

>> Wer als Experte wahrgenommen werden möchte, braucht einen klaren
Fokus auf maximal 3 Themen und Botschaften, um sich im Kopf des Kunden
verankern zu können in der vollen digitalen Welt. Wer Wert stiftet mit seinem
Wissen, schafft die Basis für eine starke Digital Personal Brand.

>> Kontinuität beim Posten und Netzwerken in LinkedIn ist entscheidend für
den Erfolg.

Tolles Event Martin Scherf Pascal Naumann Stephan Rathgeber

167 · 38 Kommentare

der Länge auch eher mal am Wochenende in Ruhe gelesen werden). Hintergrund: Der LinkedIn-Algorithmus zählt insbesondere die Reaktionen und die Verweildauer der Nutzer innerhalb der ersten Stunde nach dem Posten. Je mehr Interaktionen, umso mehr Menschen wird der Post anschließend ausgespielt. Die meisten Menschen schauen Morgens in LinkedIn rein beim Pendeln oder während des ersten Kaffees.

4.3.2   Facebook

„Ist Facebook denn noch wirklich relevant? Muss ich da aktiv sein?", höre ich immer wieder von Menschen, wenn ich mit ihnen über Digital Personal Branding spreche. Ich gebe zu, dass auch ich mich immer weniger auf dieser Plattform aufhalte, da ich über diesen Kanal immer seltener meine Zielgruppe antreffe. Doch je nachdem in welchem Bereich Du Dich bewegst und welche Zielgruppe Du hast, kann Facebook für Dich viele Türen öffnen. Deswegen habe ich mit einem absoluten Profi über das Thema gesprochen, der seine konkreten Tipps mit Dir in Abschn. 4.3.3 teilt.

4.3.3   Digital Personal Branding mit Facebook

Gastbeitrag von Tomas Herzberger

Über den Autor
Tomas Herzberger ist Digital Marketing-Profi mit über 13 Jahren Erfahrung bei jungen Startups und etablierten Konzernen. Sein Kernthema ist Growth Hacking, also Prozesse und Maßnahmen für mehr Unternehmenswachstum.

Spätestens seit seinem Buch „Growth Hacking", das zum Amazon-Bestseller wurde, ist er einer der wichtigsten Experten zu diesem Thema in Deutschland.

Als Berater und Interim-Manager hat er u. a. bei paydirekt, der Deutschen Bahn und VTB Bank gearbeitet. Zuvor war er bei Mindshare, Brainpool und der Messe Frankfurt tätig.

Er ist Mentor beim Unibator der Goethe Universität in Frankfurt und Initiator der Growth Hacking Meetups in Frankfurt, München und Wien.

4.3.3.1 Für wen lohnt es sich auf Facebook aktiv zu sein?

Facebook steht für Katzenbilder, Kleinanzeigen und Kettenbriefe und eignet sich nicht als Plattform für Unternehmer, oder? Wer sich professionell präsentieren und sein Netzwerk pflegen will, der muss auf LinkedIn und Xing präsent sein. Hört man immer wieder, ist aber nur bedingt richtig.

Wie bei jedem anderen Kanal auch, kommt es darauf an, ob die Zielgruppe diesen Kanal nutzt. Auch der Einkäufer eines deutschen Weltmarktführers aus Schwaben liegt vielleicht abends mit dem Tablet auf der Couch und surft auf Facebook. Ist die mentale Nutzungssituation viel anders als beim Warten in der Lufthansa-Lounge? Wohl kaum. Die Chancen, dass zumindest ein Teil Deines Netzwerkes Facebook regelmäßig nutzt (und wenn auch nur als „lesende Mehrheit") ist groß.

4.3.3.2 Mythen & Vorurteile

Facebook verbinden viele von uns mit nervigen Einladungen für Farmville, den Datenskandal um Cambridge Analytica oder den Problemen rund um Hate Speech. Viele junge Menschen sind längst zu Snapchat und Instagram migriert und viele ältere zu LinkedIn. Ist Facebook tot?

Mitnichten. Facebook ist nach wie vor das größte Social Media-Netzwerk der Welt und auch in Deutschland nach wie vor unangefochtener Spitzenreiter (32 Millionen Nutzer in Deutschland loggen sich mindestens einmal im Monat ein und 23 Millionen loggen sich täglich ein), (Allfacebook 2019). Würde man Facebooks Geschichte nicht kennen, sondern sich im Jahr 2020 erstmalig mit der Plattform auseinandersetzen, würde man ob der vielen Funktionen und Möglichkeiten aus dem Staunen gar nicht mehr heraus kommen.

4.3.3.3 Reale Nachteile

Vorsicht: Dein persönliches Facebook-Profil solltest Du nicht verwenden. Erstelle besser Deine eigene Business-Seite, die Dir deutlich mehr Möglichkeiten bietet, Deine Marke aufzubauen. Du kannst natürlich Deine persönlichen Freunde auch zu Deiner Seite einladen (besonders am Anfang ratsam, um ein wenig „Social Proof" aufzubauen), aber die meisten Deiner Follower sollten Interessierte, Kunden, Partner und Mitarbeiter sein.

Die Gefahr von Trollen und Hatern ist real. Unter dem Schutz eines anonymen Nutzerprofils fällt es den Menschen auf Facebook deutlich leichter, provozierende und negative Kommentare zu verfassen als auf LinkedIn, wo sie meistens mit ihrem Klarnamen präsent sind.

Facebook-Seiten sind auch nicht mehr das, was sie mal waren: Von einigen Unternehmen bereits als Ersatz für teure Webseiten gefeiert, hat sich die organische Reichweite (also der Anteil der Follower, die einen Seitenbeitrag sehen) von beinahe 100 % auf mittlerweile unter 10 % reduziert. Von Facebook ein finanziell kluger Schachzug, denn so werden die Seitenbetreiber dazu genötigt, ihre Beiträge zu „boosten", damit sie von möglichst vielen Fans gesehen werden können.

4.3.3.4 Reale Vorteile

Facebook bietet mehr Funktionen als alle anderen Plattformen an, wenn es um den Aufbau einer Personal Brand und den Austausch mit anderen Menschen geht (auch wenn LinkedIn aufholt). Welche Funktionen Du nutzt, hängt von Deinem Ziel ab:

1. Gruppen sind die neuen Seiten: Es gibt kein anderes Social Media Tool, das sich für den Aufbau einer Personal Brand UND den Austausch mit Gleichgesinnten besser eignet als eine geschlossene Facebook-Gruppe. Die Interaktion zwischen den Mitgliedern

ist in der Regel deutlich größer als auf Xing oder LinkedIn-Gruppen. Ebenso wie Events baut Facebook die Gruppen-Funktion immer weiter auf, so dass sie mittlerweile Seiten als präferiertes Werkzeug beinahe abgelöst haben. Gruppen können sowohl für Solopreneure, Startups als auch größeren Unternehmen genutzt werden, um Menschen mit einem gemeinsamen Interesse um sich zu versammeln und sich miteinander auszutauschen. Hier werden Fragen beantwortet, Tipps gegeben, Empfehlungen ausgesprochen – über quasi jedes Thema.

Als Administrator Deiner Gruppe bestimmst Du die Spielregeln und hast eine fantastische Möglichkeit, Deinen Content zu teilen, bist aber auch für die Netiquette und die Interaktion verantwortlich. Du schlüpfst automatisch in die Rolle des „Thought Leaders", der den Austausch initiiert, die Themen bestimmt und neue Thesen zur Diskussion in den Raum stellt. Der richtige Gruppenname kann Dir dabei helfen, die für Dich „richtigen" Mitglieder zu finden. Beispiel: „Strategien für erfolgreiches Social Selling" oder „New Work Profis Deutschland". Außerdem kannst Du bei geschlossenen Gruppen als Türsteher agieren und den Interessenten zunächst einige Fragen stellen, um sich für die Gruppe zu qualifizieren, z. B. nach der eigenen Expertise, Veröffentlichungen oder auch (um zwei Fliegen mit einer Klappe zu schlagen) der URL des LinkedIn-Profils.

2. Persönliche 1:1 Nachrichten? Der Messenger von Facebook ist mittlerweile nicht nur ein Werkzeug, mit dem man sich Textnachrichten schickt (oder im Fall von einigen Unbelehrbaren Sprachnachrichten), sondern auch (Video-)Anrufe tätigen kann. Bald wird er mit WhatsApp und dem Instagram Messenger (beide Unternehmen gehören zum Facebook-Konzern) verschmelzen.

   Spätestens dann vereint der Messenger die Rollen einer Landingpage samt Formular und eines Email-Providers. Denn Du kannst allen Menschen, die sich für deinen Messenger angemeldet haben, jederzeit Push-Nachrichten schicken. Größter Unterschied zur Email? Die Öffnungs- und Klickraten sind hier deutlich höher als per Email-Newsletter und durch den Opt-In innerhalb des Messengers brauchst du nicht mal ein Formular und musst dir über die DSGVO keine Sorgen machen.

3. Die Präsentation meiner Personal Brand oder einem Unternehmen? Bilder, Videos, Abstimmungen und sogar Live-Videos (auch Webinare) sind auf Facebook auch mit einem Unternehmensprofil kein Problem. Verabrede Dich mit anderen Experten in Deinem Gebiet zu einem gemeinsamen Live-Interview oder einer Podcast-Aufnahme. So produzierst Du mit einmaligem Aufwand Content für mehrere Plattformen. Es gibt sogar eine (beinahe unbekannte) Funktion namens Notes, mit der man Blogbeiträge erstellen und auf Facebook veröffentlichen kann.

4. Steigerung der Bekanntheit? Über das Werbesystem von Facebook („Business Manager") kann ich meine Beiträge problemlos mit den Menschen auf der ganzen Welt teilen und profitiere von dem fortschrittlichsten Targetingsystem, das es gibt. So kann ich beispielsweise nur Frauen erreichen, die Geschäftsführerinnen sind, in Bayern wohnen und sich für Immobilien interessieren. Werbung auf Facebook ist zwar nicht mehr so günstig wie noch vor zwei oder drei Jahren, aber oft immer noch lohnenswert mit einer Vielzahl an Möglichkeiten.

5. Der Gewinn von Leads? Man kann nicht nur eigene Lead-Formulare erstellen und schalten (die oft eine Landingpage mit Formular überflüssig machen), man kann neue Leads auch per Event gewinnen. Das kann entweder ein physischer Event sein oder ein Live-Webinar. Beides kann als Qualifizierung für neue Leads funktionieren.

6. Auch der Facebook-Messenger lässt sich für 1:n-Unterhaltungen nutzen. Denn Du kannst allen Messenger-Kontakten (die weder mit Deinen Facebook-Freunden noch mit Seiten-Followern identisch sind) die gleiche Nachricht schicken. Neue Mitarbeiter? Mittlerweile kann man auf Facebook auch Stellenangebote posten.

7. Produktverkauf? Auch das ist über das Unternehmensprofil möglich – sogar inklusive Anbindung eines Bezahldienstleisters. So kann man sich mitunter den eigenen E-Commerce-Shop sparen.

Ein hervorragendes Beispiel für erfolgreiches Personal Branding auf Facebook ist „Madame Moneypenny": Die Plattform für Personal Finance Management für Frauen von Natascha Wegelin. Auf ihrem Blog gab sie Finanztipps für Frauen und fand in Facebook eine hervorragende Plattform, um ihren Content zu promoten und ihre Brand aufzubauen. Mittlerweile folgen ihrer Facebook-Seite über 20.000 Menschen, in ihrer Gruppe haben sich über 44.000 Frauen versammelt, um Strategien rund ums Geldsparen, -verdienen und -verwalten auszutauschen. Wegelin betreibt außerdem einen Podcast und hat ein Buch geschrieben, das es auf die deutschen Bestsellerlisten geschafft hat.

Wie Du siehst, gibt es auf Facebook mehr Möglichkeiten, Deine Ziele zu erreichen als auf jeder anderen Plattform – es stellt sich eben nur die Frage, ob Du Dein Netzwerk dort findest (wahrscheinlich) und ob sie bereit sind, mit Dir zu interagieren (fraglich), weil viele Menschen keinen Mehrwert darin sehen, auf Facebook aktiv zu sein und stattdessen einfach nur konsumieren. Das größte Problem von Facebook (besonders in Deutschland) ist auch der Grund, warum Du diesen Beitrag gelesen hast: Es ist nicht mehr cool. Das sind Stammtische aber auch nicht – und trotzdem funktionieren sie nach wie vor als ein Platz zum Austausch hervorragend.

▶   **Anmerkung Marina Zayats**   An dieser Stelle fragt sich der ein oder andere sicher: Was ist mit Instagram? Was ist mit Twitter? Was ist mit Snapchat, Tik Tok oder der nächsten großen Social-Media-Plattform, von der wir heute noch nicht mal wissen? Je nach Branche, in der Du Dich aufhältst, je Zielgruppe und Ziel wirst Du weitere Kanäle bespielen wollen, doch das würde dieses Buch sprengen. Jede Plattform hat andere Formen der Content Präsentation, doch die Regeln dahinter für den Ausbau der Sichtbarkeit Deine Personal Brand sind nahezu gleich:

- Werde Dir bewusst, welche Themen und Botschaften auf Deine Personal Brand einzahlen (maximal drei Themen für die Wiedererkennung und klare Positionierung)
- Sei Dir bewusst, wer Deine Zielgruppe ist
- Kreiere Content, der für die jeweilige Plattform passend ist (kurze Texte mit klarer Botschaft für Twitter, bild- und videolastiger Content für Instagram mit Text usw.)

- Kreiere einen Mehrwert für Deine Zielgruppe durch das Teilen Deines Contents und die Interaktion mit Deiner Zielgruppe

Das gilt für Twitter genauso wie für Instagram und Co.

4.3.4   Online Kanäle, die nicht von Dir gesteuert werden

Alle bisher aufgeführten Online Kanäle sind von Dir selbst steuerbar. Du entscheidest, welchen Content Du wann auf diesen Kanälen teilst. Was Du in Social Media jedoch nicht steuerst, sind natürlich die Kommentare und weitere Interaktionen der Leser mit Deinem Content.

Jetzt schauen wir uns noch an, wie Du auch andere Online Kanäle für Dich nutzen kannst, die Du nicht spontan selbst bespielen kannst. Dieser Punkt ist übrigens bewusst als letzter hier aufgeführt. Wer zunächst seine eigenen Kanäle bespielt und dort schon eine gewisse Sichtbarkeit aufbaut, wird es leichter haben, damit bei anderen Kanälen zu pitchen.

1. Welche Kanäle sind relevant?
Die Auswahl ist groß. Am Anfang steht natürlich die Frage, welche Podcasts, Online-Magazine, Blogs und weitere Formate relevant sind für Deine Zielgruppe und welche in Dein Themenfeld passen. Dir werden sicherlich einige Formate spontan einfallen, die Du sowieso regelmäßig konsumierst. Wenn es sich dabei vor allem um sehr reichweitenstarke Medien wie Handelsblatt handelt, Du aber gerade noch am Anfang Deiner Personal Branding Reise stehst, dann lohnt es sich tiefer zu graben. Fange mit kleineren Medien an. Wenn das Unternehmen, in dem Du arbeitest, einen Corporate Blog hat, dann biete an, dafür einen Beitrag zu verfassen oder ein Interview zu geben zu Deinem Thema. Auch das eigene Netzwerk kann hier sehr hilfreich sein. Wissen deine Kontakte, dass Du Dein Wissen teilen möchtest?

2. Nicht warten!
Eine Halbwahrheit, die mir oft begegnet, wenn es um das Thema Sichtbarkeit geht: „Wenn ich nur eine gewisse Sichtbarkeit mit meiner Personal Brand erreicht habe, kommen die Anfragen zu Gastbeiträgen und Interviews schon von selbst." Diese Annahme ist nicht ganz falsch, jedoch vergessen viele Menschen dabei, dass wir im Zeitalter der Informationsflut leben. Wer nicht selbst anfängt auf Redakteure, Eventveranstalter oder Blogger zuzugehen, lässt viele Chancen einfach liegen. Auch sehr bekannte Persönlichkeiten haben irgendwann einmal damit angefangen. Die Frage ist nicht, ob Du es tun solltest, sondern wie.

3. Passgenauigkeit
Gute PR-Experten senden nicht nur Pressemitteilungen ihres Unternehmens an einen endlosen Verteiler und hoffen darauf, dass der gute Content schon gesehen wird von den

Journalisten, für die es interessant ist. Sie bauen Beziehungen zu Journalisten auf, indem sie ihnen sehr passgenaue Informationen zuspielen und das oftmals exklusiv, bevor es an einen großen Verteiler verschickt wird. Sie beschäftigen sich mit den Themen und Interessen der einzelnen Journalisten und können ihren Pitch somit genau anpassen und auswählen, welches Thema für welche Person relevant ist. Neben der Recherche der einzelnen Medien ist also auch eine Recherche über die Person, die Du anschreiben willst, ratsam. Füge diese Person z. B. in LinkedIn hinzu und interagiere mit ihrem Content, bevor Du auf sie zugehst. Das ist Dir viel zu aufwendig? Ja, es erfordert Arbeit, doch es ist viel erfolgsversprechender, als 100 unüberlegte Pitches rauszusenden. Erstelle Dir eine Zielliste mit 50 Medien und den dazugehörenden Personen. Diese Anfangsrecherche ist eine gute Aufgabe, die Du auslagern kannst an einen persönlichen Assistenten.

4. Der Pitch
Ein guter Pitch enthält folgende Elemente:

- Deinen Personal Branding Pitch und eine kurze Biographie. Der Leser sollte schnell verstehen, welche Expertise Du konkret hast und womit sich das belegen lässt.
- Er ist kurz. Nimm Dir die Zeit, auf den Punkt zu kommen und das Unwesentliche zu kürzen. Dein Pitch soll nicht alle Fragen des Lesers klären, sondern genug Interesse schüren für weitere Fragen.
- Sei so konkret wie möglich: Welches Wissen möchtest Du vermitteln? Was nehmen die Leser mit nach Deinem Gastbeitrag oder Interview?
- Klarer Bezug: Wie passt Dein Thema in das Medium, für das Du pitchst? Warum sollte sich die Zielgruppe des Mediums für Dein Thema interessieren, warum ist es relevant für sie?

Wer Inspiration sucht, kann sich bei den entsprechenden Medien umschauen. Wie sieht die Biographie der anderen Gastautoren aus? Die meisten Events haben eine Rednerliste. Wie werden die Redner dort vorgestellt? Es spricht nichts dagegen, sich einzelne Elemente herauszugreifen und anzupassen. Copy & adapt with pride!

Selbstverständlich wirst Du nicht überall mit Deinem Pitch Erfolg haben. Wenn doch, hast Du Dir eventuell zu kleine Online-Bühnen ausgesucht. Nimm es sportlich und bleibe mit den Menschen in Kontakt über Social Media.

4.4   Offline Kanäle

Von den Offline Kanälen, geht es nun zu den Kanälen, in denen wir direkt und unmittelbar auf unsere Zielgruppe(n) treffen. Ob im direkten Eins-zu-eins-Kontakt oder auf einer Bühne: Hier werden wir als „Gesamtpaket" wahrgenommen und sorgen für viele Sinneseindrücke gleichzeitig. In diesem Abschnitt beschäftigen wir uns also damit, die Sinneseindrücke, die wir aussenden, zu verstehen und bewusst einzusetzen. Dazu zählen Körpersprache, Kleidung, die Stimme und weitere Aspekte.

Christine Heilmaier, Trainerin und Coach für Führungsverhalten und Führungsmethoden, geht in Abschn. 4.4.1 dabei der Frage auf den Grund, wie diese Aspekte auf unsere Personal Brand einzahlen am Beispiel von (zukünftigen) Führungskräften in Unternehmen. Die Erkenntnisse lassen sich auch auf Selbstständige oder Gründer übertragen.

4.4.1 Positionierung in Unternehmen für (zukünftige) Führungskräfte

Gastbeitrag von Christine Heilmaier

Über die Autorin

Christine Heilmaier ist seit 20 Jahren eine erfolgreiche Trainerin und Coach für Führungsverhalten und Führungsmethoden. Seit 2010 ist sie Inhaberin von TAI-FUN® Beratung, Coaching und Training.

Sie bringt nicht nur ein umfangreiches theoretisches Wissen mit, sondern auch langjährige Erfahrungen aus der Personalentwicklung eines großen deutschen Kreditinstituts.

Den ganz normalen Stürmen des Führungsalltags hat sie selbst viele Jahre als Filialleiterin und später als Leiterin Privatkunden in der Bankenlandschaft Stand gehalten. Diese Kenntnisse fließen wesentlich in ihre Beratung ein.

Sie hat bereits über 1000 Führungs- und Führungsnachwuchskräfte in Führungssimulationen trainiert und gecoacht. Ihre Analysen sind fundiert, genau und scharf. Dabei vergisst sie nicht den Humor, den der Führungsalltag so mit sich bringt.

Christine Heilmaier ist Wirtschaftspsychologin (Master S.c.) und Diplom-Kauffrau (FH) sowie gelernte Bankkauffrau. Ihre mehrjährige Tätigkeit als Dozentin für methodische und soziale Kompetenzen an der Frankfurt School of Finance and Management rundet ihr Profil als Beraterin und Coach für Führungskräfte ab.

Unsere Wirkung auf andere

Wie wirken immer, ob wir möchten oder nicht. Kennst Du das auch, dass eine Person einen Raum betritt und wir in Bruchteilen von Sekunden entscheiden, ob diese sympathisch ist oder nicht? Dies ist insbesondere wichtig in Bewerbungsgesprächen. Immer wieder höre ich von Recruitern, dass sie nach kürzester Zeit entscheiden, ob eine Person für eine Anstellung in Frage kommt. Wenn die Person nicht in Frage kommt, halten sie das Bewerbungsgespräch im Fluss, obwohl sie schon die innere Absage formuliert haben. Dieses schnelle Entscheiden ist uns angeboren. Es dient zu unserer Sicherheit. Wir müssen Personen und Situationen schnell bewerten können und dies geschieht immer nach dem Schema gefährlich/nicht gefährlich, Freund/Feind. Wobei wir uns Unbekanntes eher als gefährlich einschätzen oder Personen, die nicht so aussehen, wie man selbst, kritisch betrachten. Das ist auch ein Grund, warum wir uns anpassen. Wie sind ein Teil der Gruppe und somit keine Gefahr. Stelle Dir eine Situation vor, in der eine Gruppe businessmäßig gekleidet ist und jemand kommt im Gothiclook dazu. Die Gruppe geht automatisch auf Abstand. Unsere emotionalen Reaktionen sind schneller als unsere verstandesmäßigen. Daher kommt auch der Spruch „Der erste Eindruck bekommt keine zweite Chance".

Ein starkes Signal ist die Kleidung. Sie sollte stimmig zu Deinem Gesamtauftritt und Deiner Rolle sein. Überlege Dir genau, welche Botschaften Du senden möchtest. Die Kleidung ist ein Unterscheidungsmerkmal bei der Einordnung des Gegenübers. Du hast die Möglichkeit, Einfluss auf Dein Selbstbild zu nehmen und bewusst zu steuern. Schon Goethe sagte: „Wie du kommst gegangen, so Du wirst empfangen". Kleidung dient der eigenen Inszenierung. Sie ist wie eine Sprache, die von uns unbewusst wahrgenommen wird. Die Farbe hat die stärkste Wirkung. Grau strahlt Neutralität und Zurückhaltung aus. Blau steht für Vertrauen, Glaubwürdigkeit und Autorität. Schwarz, insbesondere in Kombination mit weiß und rot steht für Macht, Präsenz und Dominanz. Braun sollte man eher im Business meiden. Zwar wird der/die Träger/in als lässig und zugänglich eingeschätzt, aber nicht ernst genommen. Je klarer die Farben und Farbkontraste sind, desto deutlicher wirst Du wahrgenommen. Ich stand mal mit einigen hochrangigen Führungskräften in einem Flur, als ein Trainee im grauen Anzug vorbei ging Die eine Führungskraft dreht sich zu mir und meinte „der dunkelt auch noch nach".

Die Form der Kleidung trägt ebenfalls Botschaften. Runde Formen wie Rundhalsausschnitte oder runde Kragen werden als weich und harmonisch, eher feminin wahrgenommen, eckige Formen eher als hart und kantig, wie V-Ausschnitte und spitze Revers. Frauen können z. B. mit einem dunklen Hosenanzug oder Kostüm Zuverlässigkeit und Kompetenz ausstrahlen und ihre feminine Note mit einem Rundhalsausschnitt oder einem Tuch betonen.

Achte auf den Sitz Deiner Kleidung. Zu weite oder lange Kleidung wird schnell als nachlässig und schlampig interpretiert und zu lange, kurze oder kleine Kleidung wirkt lächerlich. Gut sitzende Kleidung ist eine Grundvoraussetzung für einen professionellen Auftritt, egal, welche Figur Du hast. Auch das Schuhwerk sollte immer sauber und gepflegt sein. Es gibt Menschen, die ihr Gegenüber im Wesentlichen über das Schuhwerk bewerten. Insbesondere Männer achten darauf. Nicht nur die Pflege ist dabei ausschlaggebend, sondern auch die Marke, das Modell und wie viele Löcher der Schuh für die Schnürsenkel hat. Ich habe mal einer Gruppe männlicher Führungskräfte ein Interview zum Thema charismatisches Führen mit einem männlichen Interviewpartner vorgespielt, als ein Raunen durch den Raum ging: „Hast Du das gesehen? Ja, sechs! Bestimmt maßgefertigt." Gemeint war die Anzahl der Lochreihen für die Schnürsenkel. Der Inhalt des Interviews wurde nur am Rande wahrgenommen. Wieder ein gutes Beispiel dafür, dass der Inhalt nicht das alleinige Kriterium ist, wie wir unser Gegenüber wahrnehmen.

Warum tragen Männer eigentlich einen Anzug im Business? Vom Körper sichtbar sind nur die Hände und der Kopf. Der V-Ausschnitt des Revers lenkt den Blick zum Gesicht.

Wir checken Menschen immer nach dem gleichen Muster ab, wie ein Scanner vom Gesicht zu den Füßen und wieder zurück. Wir sollten vermeiden, dass bei diesem Scan der Blick „hängen bleibt". Insbesondere Frauen sollten darauf achten. Je öfter der Scan an lackierten Fußnägeln, kurzem Rock oder weitem Ausschnitt stoppt, desto schwerer wird es für Dich, als professionelle Ansprechpartnerin in Fachthemen wahrgenommen zu werden. Ein Personalchef hat mal zu mir gesagt, dass er immer irritiert sei, wenn Frauen mit Peeptoe sich vorstellen. Sein Blickt bleibt regelmäßig dort hängen, weil er sich versichern muss, dass die Schuhe nicht kaputt sind. Noch ein kleiner Tipp für Frauen: Betone eher Deine Augen, statt den Mund und bedenke, dass der zurzeit beliebte Pferdeschwanz Dich eher mädchenhaft statt damenhaft wirken lässt.

Grundsätzlich gilt: Übertreibe es nicht, weniger ist mehr. Es gilt die richtige Balance zu finden, um nicht steif und altmodische zu wirken, sondern interessant, modisch und professionell. Wenn Du Dir unsicher bist, solltest Du eine gute Stilberatung zu Rate ziehen.

Sprache

Ich möchte hier nicht auf Selbstverständlichkeiten eingehen wie „Deine Sprache sollte klar, kräftig und wohlklingend sein", sondern jedem nahelegen, sich zum/zur Nachrichtenmoderator/in zu entwickeln. Was ist damit gemeint? Viele Menschen neigen dazu, insbesondere Frauen, ihre Stimme am Ende eines Satzes zu erheben. Sie betonen das letzte Wort mit erhöhter Stimme, insbesondere bei Fragen und erzeugen damit beim Gegenüber eine Abwehrhaltung. Besser ist es, die Stimme zum Schluss abzusenken.

„Herr Staatsekretär, Sie beabsichtigen die Mehrwertsteuer zu erhöhen. Was sagen Sie dazu?"

Merkst Du den Unterschied? Wenn die Stimme erhoben wird, wirkt die Frage eher provozierend und man ist geneigt, sich zu rechtfertigen, während mit dem Senken der Stimme eher Interesse ausgedrückt wird. Gewöhne es Dir an, Deine Sätze mit gesenkter Stimme zu beenden. Du erhältst dadurch mehr Gehör und wirkst kompetenter.

Macht und Status

Du bewegst Dich immer in sozialen Strukturen. Je nach Struktur hat Macht, Rolle, Rang und Status eine besondere Bedeutung. Macht wird vergeben, z. B. in Form einer Position in einem Unternehmen. Möchte man mit Macht Einfluss nehmen, so bedeutet das immer, Gewalt anzuwenden. Hier ist nicht nur die physische Gewalt gemeint, sondern alle Formen, insbesondere die emotionale Gewalt, wie Drohung und Bestrafung. Schon aus dieser Beschreibung ist zu erkennen, dass eine Führung durch Macht nicht das Ideal einer Führungskraft sein kann. Besser ist es, wenn die Akteure freiwillig und gerne einer Führungskraft folgen. Dies erzeugt man durch Akzeptanz. Diese erreichst Du, indem Du Deine Rolle kennst und ausfüllst, einen entsprechend hohen Rang in der Gruppe erhältst und einem den Rang entsprechende Statussignale sendest.

Unsere Rollen sind je nach sozialer Struktur unterschiedlich. So sind wir z. B. Kind, Mutter, Vater, Freund/in, Nachbar/in, Kolleg/in, Chef/in, Berater/in … Diese Aufzählung könnte weitergehen und ist sinnvoll. Schreibe Dir einmal auf, welche Rollen Du einnimmst. Im Folgenden beziehe ich mich auf die soziale Struktur eines Unternehmens. In einem Unternehmen hast Du viele Rollen, nicht nur Chef oder Kolleg/in, sondern auch Berater/in, Entscheider/in, Umsetzer/in. Je klarer Du Deine Rolle selbst definierst, desto sicherer bist Du auf dem Parkett. Dein Handeln und Deine Wirkung sollten eindeutig sein. Dein Einfluss wird mit steigendem Rang größer. Mit dem Rang ist die soziale Position in einer Gruppe gemeint. Rang kann nicht eingefordert werden, sondern wird von der Gruppe vergeben. Er ist von vielen Faktoren abhängig, wie dem Alter, der Dauer der Gruppenzugehörigkeit, Fachwissen und leider auch noch vom Geschlecht.

Um einen hohen Rang in der Gruppe zu erhalten, muss man sich dementsprechend verhalten. Hier kommt Dein Statusverhalten ins Spiel. Dein Verhalten muss authentisch für den Rang sein. In meiner Ausbildung zur Bankkauffrau sind die Auszubildenden einer großen deutschen Bank mit Nadelstreifenanzug, Krawatte und Lederaktenkoffer zur Berufsschule gekommen. Sie sahen aus wie die pickelige Kopie ihres Vorstands, also nicht passend zu ihrer Rolle. Rate mal, welchen Rang diese Schüler in der Gruppe hatten!

Es gilt eine Balance zu finden, damit man Dir aufgrund Deines Verhaltens, Deines Erscheinungsbildes und Deiner Statussignale, wie z. B. Auto, Kleidung, Schmuck, einen Rang zutraut und einräumt. Zu viel wirkt lächerlich und zu wenig verhilft Dir zu einem entsprechend niedrigen Rang. Möchtest Du weiterkommen, sendest Du immer einen Tick mehr aus. Eine Coachee ist nach ihrem Führungskräfteentwicklungsprogramm in ein Rangspiel geraten. Ihr Förderer ging im Unguten aus ihrem Unternehmen und sein Nachfolger ließ sie das auch spüren. Er machte ihr klar, dass er sie nicht benötigt und solange er nicht wüsste, was er mit ihr anfangen soll, verlängerte er ihr Weiterbildungsprogramm und sie sollte sich eine Abteilung suchen, in der sie noch arbeiten möchte.

Völlig aufgelöst kam sie zu mir und überlegte, zu kündigen. Ich sagte ihr, dass ein „weg von" nicht sinnvoll sei, solange sie nicht das „hin zu was?" definiert hat. Es stellte sich heraus, dass sie gerne in dem Unternehmen arbeitet und eine Führungsrolle übernehmen möchte. Daraufhin haben wir eine Strategie entwickelt. Zunächst hat sie für die Verlängerung ihres Programms die Personalabteilung gewählt. Dies hatte zwei Gründe. Erstens hatte sie in der Personalabteilung Zugang zu sensiblen Daten und Personalgerüchten, zweitens lag die Personalabteilung auf der Führungsetage. Sie war also jeden Tag im Sichtfeld der Entscheider.

Dann arbeiteten wir an ihrem Erscheinungsbild. Jeden Tag kam sie wie eine Führungskraft gestylt in die Arbeit, blaues Kostüm, helle Bluse, Pumps, gepflegte Frisur und Make up. Ihr Verhalten war allerdings nicht so dominant, wie man es bei einer Führungskraft vermuten könnte. Mit diesem Verhalten hätte sie andere abgeschreckt, weil es nicht zu ihrer Rolle passte oder als Rangangriff interpretiert werden könnte. Sie zeigte aber ein Verhalten, das einen höheren Rang vermuten lässt. So ist sie immer angemessen gegangen, nie gerannt. Führungskräfte rennen nicht oder haben Sie die Queen schon mal rennen gesehen? In Gesprächen nahm sie auf ihrem Stuhl Raum ein, indem Sie z. B. die Arme über die Lehne hinaus ablegte. Frauen sitzen oft innerhalb des Sitzraums, oft auf der Kante und die Hände im Schoß. Das sind keine Hochrangsignale. Schauen Sie sich mal Frau von der Leyen an, wie diese kleine, zierliche Person beim Sitzen Raum einnimmt.

Die Türen öffnete sie immer in aufrechter Haltung und nicht mit dem Kopf zuerst im Zimmer, um zu schauen, ob sie stört. Ihre Sprache war fest, bestimmt und senkte sich am Schluss eines Satzes ab. Zwei Monate später übernahm sie die Führung einer großen Filiale. Sie wurde auf der Führungsetage bemerkt und man traute ihr eine Führung zu.

Dein Verhalten ist für die Wahrnehmung anderer ausschlaggebend. Es darf aber nicht aufgesetzt wirken, sondern muss aus Deiner inneren Haltung kommen. Ich habe einmal ein Seminar „Schauspiel für Führungskräfte" besucht. Meine Vorstellung war, dass man lernt, wie man auftritt, wenn man Menschen gewinnen oder sich in kritischen Situationen behaupten möchte. Ich wurde überrascht. Zwei Tage haben wir uns mit uns selbst beschäftigt, insbesondere mit unserer Achtsamkeit anderen gegenüber und unserer Rolle als Führungskraft. Mir wurde klar, dass man in die Rolle schlüpfen muss. Jeder Schauspieler füllt die Rolle, die er spielen soll. Er versenkt sich gedanklich in die Person, ihr Umfeld, ihre Gedanken und in ihr Verhalten. Er beobachtet sein Umfeld und bewegt sich darin. Das bedeutet, dass man in seinem Umfeld achtsam ist.

Nach einem halben Tag des Seminars, wir hatte uns vormittags kennengelernt, sollten wir die Augen schließen und der Trainer fragte uns, wie unsere Nachbarn heißen, welche Kleidung sie tragen und welche Augenfarbe sie hätten. Wie waren erschrocken, wie wenig wir über unser Gegenüber sagen konnten. Unsere Wahrnehmung war auf uns konzentriert und nicht auf die anderen. Diese Übung wiederholten wir mehrmals in den Tagen. Zum Schluss hatten wir offene Augen für unser Gegenüber. Gelernt haben wir, dass man selbst besser wahrgenommen wird, wenn man sein Gegenüber wahrnimmt. Dies ist z. B. wichtig, wenn Du vor einer Gruppe redest.

Nimm Deine Rolle ein und ändere Deine Sichtweise. Nicht Du stehst auf der Bühne und alle schauen Dich an, sondern Du bist Zuschauer und betrachtest die Darsteller (Zuhörer) auf der Bühne. Das hilft, weil man sich nicht angestarrt fühlt. Wenn Du den Raum ruhig betreten hast, dann rede nicht gleich los. Lass einige Zeit verstreichen und nimm mit jeder einzelnen Person kurzen Blickkontakt auf. Dabei betrachtest Du die Person und denkst an etwas Positives, z. B. schönes Kleid, nettes Lächeln oder offener Blick. Die Person spürt, dass sie wahrgenommen wird und schenkt Dir mehr Aufmerksamkeit. Diese kleine Übung kannst Du immer machen, egal ob bei einer Person oder einer Gruppe. Personal Branding beinhaltet auch die Achtsamkeit anderen gegenüber.

▶ **Anmerkung Marina Zayats** Die vielen Tipps von Christine Heilmaier sind aus meiner Sicht Gold wert. Nicht nur weil sie funktionieren, sondern weil man sie auch recht schnell ausprobieren kann. Am Anfang wird sich das ein oder andere vielleicht ungewohnt anfühlen, aber so ist das mit jeder neuen Veränderung. Es hilft, sich am Anfang dabei auf nur eine Gewohnheit zu konzentrieren, bis diese adaptiert ist. Danach nimmt man sich die nächste vor. Wer damit anfängt, entwickelt schnell eine Freude am Spielen und an den Reaktionen seiner Mitmenschen. Ich wünsche Dir viel Spaß dabei!

4.4.2   Sprechen, um gehört zu werden

Wir sprechen jeden Tag und wie mit so vielen Fähigkeiten, die wir ganz natürlich einsetzen, machen wir uns zu selten darüber Gedanken. Dabei ist die Redekunst ebenfalls einer unserer wichtigsten Kanäle im Personal Branding. Egal, ob live auf einer Bühne, in einem Podcast, im Video oder in einem Gespräch auf einem Networking-Event: Was wir sagen und wie wir es sagen, beeinflusst die Art und Weise, wie wir wahrgenommen werden.

Ich habe mit Deutschlands bekanntestem Kommunikationstrainer, René Borbonus, über die Rolle von Rhetorik im Personal Branding gesprochen.

4.4.3   Die Rolle der Rhetorik im Personal Branding

Marina Zayats im Gespräch mit René Borbonus

Über den Gesprächspartner

„Ich habe 10 Gebote. Die ersten neun lauten: Du sollst nicht langweilen!"

René Borbonus hat dieses Zitat von Billy Wilder schon früh verinnerlicht und seine Leidenschaft zur Sprache entdeckt:

Seit seiner Lehre zum Bankkaufmann beschäftigt er sich in Theorie und Praxis mit überzeugender Kommunikation. Er unternimmt erste rhetorische Schritte als Hochzeitsredner, Moderator und Redenschreiber. Nach einer Tätigkeit im Bereich Werbung und Öffentlichkeit bei einem großen Kreditinstitut entschließt er sich für ein Studium der Germanistik, Politik und Psychologie.

Heute gehört er zum renommierten Kreis der Top 100 Excellence Speakers & Trainers und bewegt sich – als Buchautor, Vortragsredner und einer der führenden Kommunikationstrainer im deutschsprachigen Raum – bewusst an der Schnittstelle zwischen Theorie und Praxis. So geleitet er Führungskräfte, Unternehmer und andere Persönlichkeiten des öffentlichen Lebens auf dem Weg zu einer gewinnenden Rhetorik. Er bereitet seine Kunden Schritt für Schritt auf die freie Präsentation und das überzeugende Gespräch vor und stärkt ihre Authentizität.

▶   **Lieber René, Du hast in einer Deiner Reden ein sehr schönes Zitat erwähnt: „Das Passwort zum Leben ist Kommunikation." Welche Rolle nimmt Kommunikation im Personal Branding ein aus Deiner Sicht?**
      Die Art und Weise, was und wie wir kommunizieren, hat auch einen großen Einfluss darauf, wie wir wahrgenommen werden. Es ist also auch eine wichtige Komponente unserer Personal Brand. Kommunikation entscheidet darüber, wie unsere Beziehungen ausgestaltet sind. Sie sind die Grundlage für das Herstellen, das Erhalten und das Festigen von Beziehungen. Diese Beziehungen machen am Ende die Attraktivität einer Marke aus. Sie entscheiden darüber, ob wir uns mit einer Marke verbunden fühlen oder nicht.

▶ **Wir kommunizieren jeden Tag. Mal mehr, mal weniger bewusst. Wie können wir
anfangen, die eigene Kommunikation zu verbessern und damit auch unsere
Personal Brand zu stärken?**
Sensibilisierung ist hier das Stichwort. Viele ahnen zwar, dass Kommunikation
eine entscheidende Rolle dabei spielt, wie wir wahrgenommen werden und
wie unsere Beziehungen funktionieren, dennoch ist es frappierend zu sehen,
wie wenige Unternehmen und Menschen in Kommunikation investieren.

Demgegenüber stehen hohe Ausgaben in die Sichtbarkeit einer Marke.
Doch wenn die Wahrnehmung erst einmal da ist, dann wird das Geld schnell
knapp, um in die rhetorischen Fertigkeiten zu investieren. Das ergibt keinen
Sinn.

Egal wo ich hinkomme, wenn ich frage „wie bedeutsam ist Kommunikation
für Sie auf einer Skala von 1 bis 10?" sagen die Menschen gerne zehn. Wenn ich
dann frage, wieviel Zeit sie investieren in ihre rhetorischen Fähigkeiten, sieht
die Welt schon ganz anders aus. Da wird dann meistens sogar verschämt ge-
lacht.

Ich glaube also, dass wir erst einmal Zeit und Entschleunigung bräuchten,
um Kommunikation anzuschauen, denn es gibt vieles in der Kommunikation,
das nicht intuitiv ist. Deswegen ist es wichtig, sich damit auseinanderzusetzen,
die eigene Stärken zu finden, auszubauen und zu entwickeln.

Natürlich kann man dafür auch Seminare besuchen oder Peer Groups in
Unternehmen bilden, bei denen man sich gegenseitig Feedback gibt und
coacht. Eine Weisheit aus der Trainingslehre lautet: Es gibt keine Personalentwicklung ohne Organisationsentwicklung. Das heißt, es reicht nicht den Mitarbeiter zu befähigen Neues zu erlernen. Die Organisation muss auch mitziehen
und die notwendigen Rahmen schaffen, damit die Mitarbeiter das Erlernte
auch anwenden können.

Darüber hinaus, kann man auch selbst aktiv werden, indem man Debattier-
clubs oder Toastmasters besucht. Das Entscheidende ist aber, dass man Kommunikation bewusst anwendet und trainiert. Dabei muss es nicht nur Training
zu bestimmten Anlässen, wie eine Präsentation sein. Wir reden ja ständig. Dabei
kann man mal versuchen die Stimme zu senken oder zu heben, einen festen
Stand einzunehmen und so weiter. Wir haben viel mehr Übungswiesen und
Möglichkeiten, als wir manchmal denken. Diese gilt es bewusst zu nutzen.

▶ **Wenn es um Personal Branding geht, fällt oft das Wort „Authentizität". Wir wollen
authentisch wirken. Doch was bedeutet „authentische Kommunikation"?**
Authentizität bedeutet: Das Verhalten entspricht der eigenen Haltung.

Authentisch heißt also erst mal per Definition innen ist gleich außen. Es ist
natürlich schön wenn Menschen authentisch, also stimmig wirken. Das Verwechseln aber viele gerne mit Kongruenz. Kongruenz bedeutet: Ich sage etwas,
und meine Körpersprache passt zum Gesagten. Es entsteht keine Dissonanz,

die negativ auffallen könnte. Beides, Kongruenz und Authentizität, kann man sich erarbeiten.

Leider nehmen viele Menschen Authentizität als Ausrede gegen Veränderungsarbeit, indem sie z. B. sagen: „Wenn ich anders in eine Präsentation einsteige, dann bin das doch nicht ich. Es muss doch authentisch sein". Authentizität dient also gerne mal als Killerphrase gegen Veränderung. Das hilft aber nicht weiter. Denn natürlich muss ich mein Repertoire erweitern, wenn ich mich verbessern und überzeugender auftreten möchte. Schließlich war essen mit Messer und Gabel oder fahrradfahren auch nicht authentisch. Aber wir haben unser Repertoire erweitert, weil es uns nun mal neue Möglichkeiten eröffnet hat und heute sind diese Fähigkeiten authentisch.

Genauso ist es in der Kommunikation auch. Ich finde es wichtig, dass man seine Gesprächsstile erweitert, dass man verschiedene Möglichkeiten hat, wie man z. B. in ein Gespräch einsteigt. Dabei kann man natürlich auch in sich hineinhören: Was gefällt mir besonders gut, womit fühle ich mich authentisch? Wir haben in der Regel einen sehr guten inneren Indikator dafür, ob wir authentisch auftreten oder nicht. Man sollte nichts anwenden, nur weil es in einem Rhetorikbuch steht. Wenn man Zweifel hat, dann sollte man diese beobachten und gewisse Kommunikationsstile, die vielleicht bei anderen prima funktionieren, auch weglassen.

Zudem finde ich, dass Zielgruppenanalyse überschätzt und Redneranalyse unterschätzt wird. Wir müssen uns mit den eigenen Botschaften und rhetorischen Mitteln wohl fühlen. Nur dann können wir sie auch authentisch rüberbringen. Also: Lerne neue Stilmittel, experimentiere und wähle das aus, womit Du sowohl überzeugend als auch authentisch auftrittst.

▶ **Was rätst Du Menschen, die ihre Brand aufbauen wollen, rhetorisch zu beachten?**
Mich überrascht es immer wieder, wie wenig überzeugend Menschen sind, wenn man sie fragt: „Was machst Du beruflich?" Da könnten Menschen sich viel besser vorbereiten, um eine kleine Struktur im Kopf zu haben. Da investieren wir so viel Geld und Zeit in eine vorzeigbare Webseite oder ansprechende Visitenkarten, holen uns dafür Rat ein und überdenken jede Zeile. Wenn es aber um den weitaus wichtigeren persönlichen Kontakt geht und das Gespräch, erzählen die meisten irgendwas und unterschätzen dieses wichtige Medium. Häufig mit der Annahme: Was mich überzeugt, überzeugt auch andere. Doch dem ist oft nicht so. Gerade wenn es um die eigene Marke geht, lohnt es sich wirklich Zeit zu investieren und sich zu überlegen, was man zu bieten hat und wie man das erzählt. Dafür kann man sich sprachliche Bilder und Zitate überlegen oder Vergleiche. Zudem ist es wichtig die rhetorische Vorstellung, einmal mit Kollegen oder Freunden zu testen.

Was ich zudem jedem Menschen rate, der seine Marke aufbauen und stärken will: Reden halten. Auch das wird aus meiner Sicht als Marketinginstrument

stark unterschätzt. Eine gute Rede bringt massiv Kunden. Die besten Steuer-
berater, die ich kenne, sind so erfolgreich, weil sie fesselnde Fachvorträge halten. Ihre zukünftigen Kunden sitzen im Publikum und denken sich „ja, von dem
würde ich mich auch gerne mal beraten lassen" oder zumindest ins Gespräch
kommen. Auch sehr erfolgreiche Rechtsanwälte akquirieren Kunden über gute
Fachvorträge.

Wenn ich eine Marke aufbauen will und gute Vorträge halte, werden Menschen auf mich aufmerksam. Gute Reden kreieren und gute Reden halten ist
mein Tipp für jeden, der eine starke Marke aufbauen möchte.

▶   **Vielen Dank für Deine wertvollen Tipps, lieber René.**

4.5   Das eigene Netzwerk off- und online aufbauen und pflegen

Der Grund, warum Menschen die Erde beherrschen, liegt nicht darin begründet, dass jeder
einzelne von uns schlauer oder überlebensfähiger ist als alle anderen Lebewesen. Yuval
Noah Harari, Autor des Bestsellers „Homo Deus: Eine Geschichte von morgen", sieht den
Grund für unsere Überlegenheit auf einer kollektiven Ebene begründet und nicht auf einer
individuellen. Menschen sind die einzigen Lebewesen, die flexibel und in großer Anzahl
kooperieren können. Wenn eine neue Gefahr droht, können wir als Gemeinschaft schnell
reagieren. Kooperation ist die größe Superkraft von uns Menschen (TED 2015). Netzwerke zu bilden, zu kommunizieren und zusammenzuarbeiten ist also tief in unser System
einprogrammiert. Auch wenn unsere Gesellschaft individuelle Leistung hervorhebt und es
manchmal den Anschein macht, als gäbe es „Wunderkinder", die völlig alleine Großes
geschaffen haben: Die Realität sieht anders aus:

> „There is no such thing as a ‚self-made' man. We are made up of thousands of others. Ever-
> yone who has ever done a kind deed for us, or spoken one word of encouragement to us, has
> entered into the make-up of our character and of our thoughts, as well as our success."
> (George Burton Adams, Forbes Quotes 2019)

Gerade in unserer hypervernetzten Welt sind wir heute noch stärker auf Kooperation
angewiesen als je zuvor. Netzwerken ist somit eine Tätigkeit, die sich niemand leisten
kann zu vernachlässigen. Sie gehört zum Business-Alltag genauso wie die Mittagspause
(die Du hoffentlich nur selten alleine verbringst).

Heute findet Netzwerken rund um die Uhr statt und oft parallel in der Off- und Online-
Welt. Während Du auf einer Konferenz dem Speaker lauschst, twittert Dein Sitznachbar
ein Zitat des Speakers samt Bild. Menschen, die nicht anwesend sind, beteiligen sich an
der Diskussion durch Retweets und Kommentare. Wie baust Du Dein Netzwerk strategisch auf, um Deine Personal Brand zu stärken? Wie kannst Du die sozialen Kanäle nutzen, um auch dort Beziehungen zu relevanten Menschen aufzubauen und bestehende Beziehungen zu pflegen? Darum geht es in diesem Kapitel. Dabei werde ich mich nicht nur

auf ein soziales Netzwerk fokussieren, sondern vielmehr Tipps geben, die netzwerküber-greifend off- und online funktionieren.

Zunächst ist es aber wichtig zu verstehen, welche Arten von Netzwerken Du aufbauen solltest für Deine Ziele und wie Du sie bespielst und pflegst.

Definition „Netzwerken"

Die einprägsamste Definition von Networking habe ich in einer Präsentation von Markus Härlin, Head of Strategic Customer Management bei Hays, gehört. Er beschreibt Networking wie folgt:

> „Networking ist die Fähigkeit, gute Beziehungen zu Schlüsselpersonen der Gegenwart und Zukunft aufzubauen, auszubauen und zu halten. Networking hilft mir heute erfolgreich zu performen und Wachstumschancen für morgen wahrzunehmen."

Wenn diese Definition für Dich sehr strategisch und zielorientiert klingt, dann ist das gut so! Netzwerken hebt sich damit bewusst ab von dem gemütlichen Smalltalk mit immer den gleichen Menschen und immer den gleichen Themen. Netzwerken soll Wert stiften für alle Beteiligten. Ein Mehrwert, der über den emotionalen Aspekt, wie wir ihn oft aus der Interaktion mit Freunden ziehen, hinausgeht. Dabei kann der Wert sehr vielfältig sein: ein fundierter Ratschlag, die Vernetzung mit einem potenziellen Kunden oder das Aufmerk-sammachen auf ein interessantes Event.

Die Betonung liegt hierbei auf *beiden* Seiten. Ich empfehle immer zunächst zu verste-hen, wie Du Deinem Gegenüber einen Mehrwert liefern kannst. Wir leben in einer Wis-sensgesellschaft, also kann der Mehrwert sehr oft im Austausch von neuen Ideen oder In-formationen liegen. Ich speichere meine wichtigsten Kontakte mental oder auch mal digital mit einigen Stichworten ab. Welche Themen interessieren sie und welche Ziele verfolgen sie? Wenn ich dann etwas Wertvolles zu dem Bereich lese, leite ich den Artikel an die Person weiter mit einigen Sätzen dazu. Oder aber ich treffe jemanden und weiß sofort, dass er oder sie sich mit meinem Kontakt xy unterhalten sollte, weil sie vom Wissen des jeweils anderen profitieren können. So habe ich mir über die Zeit ein starkes Netzwerk aufgebaut. Das erfordert natürlich auch eine gewisse Zeit, die man mit Weiterbildung, Lesen und neue Menschen kennenlernen verbringt! Aus meiner Sicht die beste Investition in die eigene Zukunft und Personal Brand.

Wer nur auf den eigenen Vorteil aus ist, ohne zu geben, betreibt kein Netzwerken son-dern eine (erfolglose) Egoshow.

Viele Menschen denken leider immer noch, dass Netzwerke sich spontan bilden müs-sen: „Entweder man trifft sich zufällig und mag sich, oder eben nicht". Diese Einstellung führt zu bequemen Netzwerken, den sogenannten „just-like-me-Netzwerken" (YouTube 2016). Die Vielfalt an Möglichkeiten, die aus diesen Netzwerken kommt ist recht be-grenzt, da man eben ähnliche Interessen hat und in ähnlichen Kreisen unterwegs ist.

Eine weitere gängige Annahme: „Nur tiefe Beziehungen helfen etwas, also sollte ich lieber mehr Zeit in weniger Beziehungen investieren" Während der Aufbau von tiefen

Beziehungen sicherlich sinnvoll ist, sollte man die „weak ties" nicht unterschätzen (HBR 2015). Gerade über Menschen, die wir seltener sprechen, haben wir oft Zugang zu neuen Ideen, Netzwerken und Perspektiven, da sie meistens in anderen Kreisen unterwegs sind.

4.5.1 Die drei Arten von Netzwerken, die jeder Mensch aufbauen, ausbauen und pflegen sollte. Dabei können einzelne Kontakte zu mehreren oder allen Netzwerken dazugehören.

1. Das operative Netzwerk

Dieses Netzwerk umfasst Menschen, „die einander kennen und vertrauen müssen, um ihre unmittelbaren Aufgaben zu erledigen" (Manager Magazin 2009). Dazu gehören Kollegen, mit denen Du zusammenarbeitest, Deine direkten Vorgesetzten, Deine Mitarbeiter sowie Berater, Zulieferer, Kunden etc. Ob jemand zu diesem Netzwerk gehört, lässt sich anhand einer Frage beantworten: Ist er/sie notwendig für die erfolgreiche Umsetzung Deines derzeitigen Jobs oder nicht?

Dieses Netzwerk wird in der Regel am häufigsten gepflegt, weil viele Abhängigkeiten bestehen und somit viel Kommunikation notwendig ist. Die Kanäle der Zusammenarbeit umfassen vor allem Meetings, Kaffeepausen, Telefonate, E-Mails und auch die Interaktion in den (internen) Sozialen Netzwerken.

Empfehlungen:

- Erstelle eine Liste mit den ca. 25 Personen, die essentiell sind, um heute einen guten Job zu machen. Dazu kann der Vorgesetzte genauso gehören wie der Partner oder die Nanny, die einem den Rücken freihalten, wenn es auf der Arbeit einmal später wird.
- Überlege Dir mit Hilfe der erstellten Liste, wo Lücken in Deinem operativen Netzwerk bestehen. Wenn Konflikte entstehen, kann das häufig daran liegen, dass der persönliche Draht fehlt.
- In diesem Netzwerk wird das Bild Deiner Personal Brand vor allem durch Deine Tätigkeiten geformt (weil die Menschen in diesem Netzwerk am ehesten Deinen „Mehrwert" beurteilen und sehen können). Diese Menschen können zudem sehr gut als Kontrollinstanz dienen für Deine Personal Brand. Ihr Feedback kann dabei helfen, Deine Personal Brand besser zu greifen und zu schärfen.
- Vernetze Dich in LinkedIn und XING (oder anderen branchenspezifischen Business-Netzwerken). Viele Menschen vergessen, wie wichtig das Netzwerken mit dem operativen Netzwerk auch in der digitalen Welt ist. So werden aus Projektmanagern gefragte Go-to-Experten im Bereich Digitales Marketing, weil man sieht, dass er oder sie regelmäßig Beiträge mit fundierten Einschätzungen dazu teilt! Dadurch kannst Du zuerst Deine Brand und nachher Deine Aufgaben nach und nach in die gewünschte berufliche Richtung lenken.

2. Das persönliche Netzwerk

Diese Netzwerke bilden sich aufgrund von persönlichen Interessen. Dazu gehören Menschen, denen Du z. B. im Sportverein, bei Sommerpartys, auf (interessen basierten) Business-Events oder Alumni-Treffen begegnest und dann den Kontakt hältst. Dazu gehören auch Lebenspartner, Deine Freunde, Familie, Menschen aus Deiner Nachbarschaft, aus Deinem Fitnessstudio usw. Es ist ein Netzwerk, das sich jeder Mensch mehr oder weniger bewusst aufbaut von klein auf. Diese Netzwerke scheinen auf den ersten Blick weniger wichtig für die Karriere, doch auch sie haben einen großen Stellenwert. Sie dienen oft als Normierung für die eigene Filterblase im Beruf. Sie eröffnen neue Perspektiven und oft kommen aus diesen Netzwerken die besten Empfehlungen, Aufträge etc. (weil eben nicht alle im gleichen Saft baden, wie es bei operativen Netzwerken oft der Fall ist und die Vertrauensbasis auch oft größer ist).

Empfehlungen:

- Netzwerken geht überall! Mit dieser Einstellung laufe ich durch das Leben, bzw. in jede Sommerparty, Hochzeit etc. Das Wichtigste dabei ist Zuhören. Für was begeistert sich Dein Gesprächspartner? Wo sind Anknüpfungspunkte zu Deinen Zielen? Womit kannst Du ihm/ihr helfen und mit wem bekannt machen? Das bedeutet nicht, dass jedes Gespräch „anstrengend" und „zielorientiert" sein muss. Es bedeutet viel mehr offen zu sein für neue Möglichkeiten.
- Überlege Dir, wie Du mit den vielen Menschen aus verschiedenen Freundes- und Bekanntenkreisen regelmäßig und mühelos in Kontakt bleibst. Das können zum einen Vereine oder Netzwerkevents sein, bei denen man sich kennengelernt hat und regelmäßig wiedersieht. Zum anderen sind auch hier soziale Netzwerke wichtig. Idealerweise LinkedIn und XING, denn dadurch erfährst du von Jobwechseln, Positionswechseln, beruflichen Interessen und dadurch wichtigen Anknüpfungspunkten. Sie können für einen längeren Zeitraum auch mal die physischen Treffen ersetzen, bis es wieder einen neuen Anknüpfungspunkt gibt.
- Gastgeber sein. Ein eigenes Event auszurichten oder Netzwerk zu starten ist ideal um möglichst schnell, viele Menschen kennenzulernen, die man im eigenen Netzwerk haben möchte. Als Gastgeber spricht Dich jeder an, Du bist der Vernetzer und Deine Kontakte ermöglichen weitere interessante Kontakte. Dabei ist der Aufwand in der Regel überschaubar. 2017 habe ich die #SkillUpNight gestartet zusammen mit Nina Rümmele, einer selbstständigen Beraterin, die ebenfalls gerne netzwerkt. Etwa alle sechs bis acht Wochen laden Nina und ich eine/n Speaker*in zu einem spannenden Thema ein (von Verhandlungsführung über Innovationsmanagement bis hin zu Design Thinking) und trommeln unser Netzwerk von Frauen aus unterschiedlichen Branchen, Berufen und Senioritäten zusammen über die gemeinsame LinkedIn-Gruppe. Neben bekannten Gesichtern kommen jedes Mal auch neue Frauen dazu. Dadurch, dass es immer geschätzte Kolleginnen oder Freundinnen von bestehenden Mitgliedern sind, ist das Vertrauen schnell hergestellt und der Austausch offen, ehrlich und hilfreich.

3. Das strategische Netzwerk

Während das operative Netzwerke unverzichtbar ist für den heutigen Erfolg, ist der Aufbau eines strategisches Netzwerks entscheidend für die Karriere morgen. Dieses Netzwerk umfasst Menschen, die Du in Deiner täglichen Arbeit kaum antriffst. Meistens sind es Menschen, die dort sind, wo Du hinwillst oder das haben, was Du haben willst. Es können aber auch Menschen sein, die guten Zugang zu eben diesen Personen haben.

Leider sind genau deswegen viele von uns zurückhaltend, was den Aufbau dieses Netzwerks angeht. Es kostet etwas Überwindung, mit Entscheidern in Kontakt zu treten und oft fehlt auch einfach das Wissen darüber, mit welchem Grund man den Kontakt herstellen soll. Wenn man ihnen nicht sofort einen konkreten Mehrwert liefern kann, womit soll man sie dann ansprechen? Viele Menschen bleiben somit in den anderen beiden (bequemeren) Netzwerken und verpassen dadurch wichtige Chancen.

Die drei Kriterien eines guten strategischen Netzwerks fasst die Professorin und Autorin Herminia Ibarra, wie folgt zusammen (Youtube 2016):

1. **Broad:** Ein Netzwerk, das über die eigene Abteilung, das eigene Unternehmen, eigene Interessensfelder und die eigene Seniorität hinausgeht.
2. **Connective:** Die Menschen in diesem Netzwerk öffnen Dir Türen zu anderen Menschen, zu denen Du bisher keinen Zugang gehabt hast. Übrigens solltest auch Du ein Connector sein. Anstatt jetzt eine Liste anzulegen mit „Wen kann ich nun alles miteinander bekannt machen", ist es einfacher den Gedanken einfach zu verinnerlichen. Wenn ich mit jemandem spreche und er/sie mir etwas von einem neuen Projekt oder einer neuen Leidenschaft erzählt, denke ich automatisch an die Menschen in meinen Netzwerken, die sich ebenfalls damit beschäftigen. Falls ich denke, das könnte für beide ein wertvoller Austausch sein, dann vernetze ich sie einfach in einer kurzen E-Mail (oder noch besser: LinkedIn-/XING-Nachricht). In die Nachricht schreibe ich dann einige Zeilen zu den zwei Personen und warum ich denke, dass sie sich unterhalten sollten. Vorher frage ich beide Personen kurz, ob sie vernetzt werden möchten.
3. **Dynamic:** Das Netzwerk wächst mit Dir. Während persönliche und operative Netzwerke oft über Jahre nahezu gleich bleiben, wächst ein strategisches Netzwerk mit Deiner Karriere mit. In fünf Jahren wirst Du somit mit anderen Menschen Mittagessen gehen, um Dein strategisches Netzwerk weiter auszubauen.

Empfehlungen:

- Gerade bei strategischen Netzwerken ist das Sich-bewusst-sein über die eigene Personal Brand und der Personal Branding Pitch aus Abschn. 3.8 entscheidend. Welchen Mehrwert biete ich wem? Wer das konkret für sich beantworten kann, geht selbstbewusster auf andere (insbesondere seniorere) Menschen zu. Ich habe im Laufe meiner bisherigen Selbstständigkeit oft Menschen angeschrieben über LinkedIn mit der Bitte um ein kurzes Telefonat zu einem konkreten Thema, in dem sie Experte sind. Menschen teilen in der Regel sehr gerne ihr Wissen, wenn sie wissen wofür. Deswegen ist Social Media so erfolgreich! Wichtig dabei ist die Erklärung, warum man dieses Wissen anzapfen möchte und was die andere Personen davon hat. Es muss nicht sofort ein Gegenwert für die andere Person herausspringen. Wenn Netzwerken immer auf einer sofortigen gegenseitigen Transaktion beruhen würde, hätten wir als Menschheit ein Problem. Oft genug reicht es schon im ersten Schritt dankbar zu sein und aufzuzeigen, welchen Mehrwert die Person für Dich stiftet und wo es in Zukunft eventuell einen Mehrwert für sie geben könnte. Sei zudem sehr konkret, wie viel Zeit Du von der Person in Anspruch nehmen möchtest. Für einen ersten Call idealerweise nur 15 Minuten.

- Mache Dir bewusst, wo Du Dein strategisches Netzwerk sonst noch auf- und ausbauen kannst. Das können relevante Events sein oder Netzwerke, die themenbezogen sind und Menschen aus unterschiedlichen Unternehmen und Senioritäten zusammenbringen. In Abschn. 4.5.2 schreibe ich über „Social listening" in Social Media. Damit kannst Du manchmal herausfinden, auf welchen Events sich Deine „Zielgruppe" aufhält.
- Keine Angst vor dem Nein: Je konsequenter Du Dein strategisches Netzwerk aufbaust, umso häufiger wirst Du ein Nein hören. Betrachte es als statistische Wahrscheinlichkeit und scheue Dich nicht davor. Antworte immer auf das Nein mit einem höflichen Text, um den Boden zu bereiten für potenzielle Zusammenarbeit in der Zukunft.

4.5.2   Vom analogen Netzwerken zum digitalen Netzwerken

Eine klare Trennung zwischen analogen und digitalen Netzwerken gibt es nicht mehr. Kontakt xy trifft man nicht nur auf der Arbeit oder auf Branchenevents, sondern auch in LinkedIn, XING und Co. Gleichzeitig entstehen Kontakte mittlerweile nicht mehr zwangsläufig zuerst in der analogen Welt und werden dann in die digitale übertragen, sondern auch umgekehrt. Mona Szyperski, die Gastautorin in diesem Kapitel, habe ich vor drei jahren zuerst in LinkedIn entdeckt. In der rechten Spalte (Desktop-Ansicht) werden Menschen vorgeschlagen, die für einen interessant sein könnten. Ihr Titel hatte mich neugierig gemacht, somit klickte ich auf ihr Profil. Dort sah ich, dass sie viele Events organisiert in Frankfurt und einer ähnlichen Tätigkeit nachgeht. Also schrieb ich sie an mit einer kurzen Begründung, warum ein Austausch unter „Kolleginnen" vielleicht spannend sein könnte. Zwei Wochen später trafen wir uns zum Kaffee und sind seit dem nicht nur geschätzte Business-Sparrings-Partner und haben gemeinsame Events organisiert, sondern sind auch befreundet.

1. Präsenz

Wie Du eine solide Präsenz aufbaust in den Business-Netzwerken, habe ich in Abschn. 4.3 beschrieben. Entscheidend für das aktive Netzwerken in Social Media sind:

a. Wiedererkennung. Vorrangig zu erzielen durch das Profilfoto und den Titel/Slogan.
b. Vertrauen und Orientierung. Insbesondere wichtig für die Menschen, die Dich in der analogen Welt noch nicht kennen. Vorrangig zu erzielen über einen aussagekräftigen

Personal Branding Pitch, ein sympathisches Profilfoto und eine kurze Übersicht über die eigene berufliche Vita.

c. Kompetenz. Vorrangig zu erzielen über den Personal Branding Pitch und eine kurze Vita samt Beschreibung, welchen Mehrwert Du bei welcher Station erbracht hast. Das Profilfoto spielt natürlich auch hierbei eine wichtige Rolle.

Insbesondere die letzten zwei Punkte entscheiden darüber, ob sich das Knüpfen neuer Kontakte über Social Media für Dich einfacher oder schwieriger gestaltet.

2. Interaktion in LinkedIn und XING

Neben einem gepflegtem Profil gehört hierzu auch die Interaktion mit Deiner relevanten Zielgruppe. Stelle LinkedIn und XING so ein, dass Dir Geburtstage, Jobwechsel, Beförderungen und mehr angezeigt werden (werden sie in der Regel automatisch, wenn Du es nicht ausgestellt hast). Beteilige Dich an den Beiträgen von anderen Menschen durch Kommentare oder „Reactions". Gerade durch Kommentare kannst Du einfach Mehrwert stiften durch das Aufzeigen einer neuen Perspektive oder das Einbringen Deiner Expertise. Im Gegensatz zu eigenen Beiträgen, sind Kommentare stärker an eine Person gerichtet (an den Verfasser des Beitrags) und dienen somit der Beziehungspflege. Gleichzeitig sehen aber auch vorrangig die Menschen aus dem Netzwerk des Verfassers (und auch aus Deinem eigenen) Deinen Kommentar. So kannst Du relativ einfach sichtbar werden bei Menschen, die Du in Deinem strategischen Netzwerk haben möchtest.

3. Social Listening

Zu oft werden die sozialen Netzwerke für reines Senden verwendet. Dabei übersehen viele Menschen den wertvollen Schatz an Informationen, den sie über ihre Zielgruppen herausfinden können. Neulich fragte mich eine Workshop-Teilnehmerin: „Wie kommt das eigentlich rüber, wenn ich das Profil von jemandem auf LinkedIn und XING anschaue … ist das nicht ein wenig wie stalken?" Ein ganz klares Nein! Ganz im Gegenteil: genau dafür sind Profile doch da. Gehe auf so viele Profile wie Du willst um notwendige Anknüpfungspunkte zu finden, z. B. vor einem gemeinsamen Gespräch. Ein Manager, der regelmäßig Vorstellungsgespräche führt sagte mal: „Wenn Bewerber sich mein Profil vorher anschauen, dann macht das einen sehr positiven Eindruck – denn sie informieren sich und bereiten sich anscheinend gewissenhaft vor." Einzige Ausnahme wäre: jede Woche auf das gleiche Profil zu gehen. Das könnte tatsächlich irgendwann seltsam wirken. Es gibt in LinkedIn und XING die Möglichkeit in den Einstellungen auszuwählen, dass Du als „LinkedIn- bzw. XING-Mitglied", also anonym angezeigt wirst. Das kann man machen, halte ich aber für nicht notwendig, zumal sich eventuell neue Möglichkeiten ergeben, wenn Du als Profilbesucher angezeigt wirst.

4. Wissensaustausch in privaten Nachrichten und der @-Funktion

Wenn ich einen Beitrag in meinem Newsfeed sehe, der für einen meiner Kontakt interessant sein könnte, schicke ich ihn weiter per private Nachricht in LinkedIn, Facebook, Instagram oder XING (je nachdem, wo ich den Beitrag gesehen habe). Auch auf diese Art und Weise kann man schnell Mehrwert schaffen und den Kontakt pflegen, auch (oder gerade), wenn man sich längere Zeit nicht sieht. Eine weitere gute Möglichkeit Kontakte zu pflegen, aber auch neue aufzubauen, bietet die @-Funktion in LinkedIn. Dadurch kann man einzelne LinkedIn-Mitglieder im eigenen Beitrag verlinken. Und das unabhängig davon, ob man miteinander vernetzt ist oder nicht.

Natürlich gibt es noch eine Reihe weiterer Möglichkeiten, in Social Media zu netzwerken und seine Digital Personal Brand aufzubauen und zu stärken. Dazu zählt auch die Gründung und Moderation von offenen oder geschlossenen Themengruppen. Wenn man eine vernünftige Balance aus Zeitinvest und Output sucht, sind die oben beschriebenen Maßnahmen ausreichend. Entscheidend sind dabei vor allem zwei Aspekte: Regelmäßigkeit (mehrmals die Woche für etwa 15 Minuten) und die Qualität der Kommentare und Beiträge.

Und weil das Thema Netzwerken auch von Erfahrungen und Beispielen lebt, habe ich eine der am besten vernetzten Frauen der Rhein-Main-Region gefragt, was für sie Netzwerken bedeutet und wie man es smart anstellt – natürlich sowohl analog als auch digital.

4.5.3   Smart Netzwerken: Wie aus Small Talk inspirierende und starke Beziehungen entstehen

Gastbeitrag von **Mona Szyperski**

Über die Autorin

Mona Szyperski ist PR- und Marketing-Expertin mit mehr als zehn Jahren Berufserfahrung. Neben Projekten wie TEDxWomen in Frankfurt engagiert sich seit Jahren für die gleichberechtigte Teilhabe von Frauen und für mehr Sichtbarkeit von weiblichen Experten auf Konferenzbühnen. Sie ist Gründungsmitglied der ehrenamtlichen Initiativen Digital Media Women e. V. (Köln) und der Women Techmakers (Frankfurt/Rhein-Main). Ihre Leidenschaft im großen Feld der Kommunikation gilt den Themen Personal Branding, Social Media und Networking. Auf LinkedIn ist sie unter https://www.linkedin.com/in/monasseite/ zu finden.

Wenn Dir Dein guter Ruf vorauseilt und persönliche Empfehlungen bereits für Dich werben, dann hast Du in der Vergangenheit ein überzeugendes Bild von Dir und Deinen Fähigkeiten gezeichnet und dieses Image erfolgreich verbreitet. Deine Personal Brand wirkt. Du hast Dir offensichtlich ein Netzwerk geschaffen, das greift, wenn Du es brauchst: Nämlich genau dann, wenn Du Ideen, Zuspruch, Aufträge, Empfehlungen oder Ähnliches benötigst.

Doch was, falls die Aufträge einmal ausbleiben, die Einladungen oder Anfragen in den sozialen Netzwerken plötzlich abreißen? Dann gilt es, das Netzwerk schnell zu flicken, nachzubessern und weiter auf- und auszubauen. Idealerweise kommst Du aber gar nicht erst in diese Situation, weil Du Netzwerken zu einem festen und regelmäßigen Bestandteil Deiner Arbeit gemacht hast.

Ich möchte Dir ein paar Tipps an die Hand geben – aus meiner persönlichen Erfahrung und den Erfolgserlebnissen, die sich in meinem Netzwerk zugetragen haben – damit Du Deine Kontakte festigen, die Stabilität Deines eigenen Netzwerks überprüfen und schließlich neue Beziehungen aufbauen sowie bestehende Verbindungen aktiver nutzen kannst.

Der Netzwerkgedanke

Für mich persönlich sind die wichtigsten Netzwerke, die ich in den vergangenen zehn Jahren mitgestaltet habe, der Digital Media Women e. V. (#DMW) und die Women Techmakers Frankfurt/Rhein-Main. Beide ehrenamtlichen Initiativen zeichnen sich dadurch aus, dass ihre aktiven Mitglieder und Communities sich für mehr Sichtbarkeit und gleichberechtigte Teilhabe von Expertinnen in der Digital- und Technologiebranche einsetzen. Aber auch darüber hinaus gibt es eine Vielzahl an Personen, die mit der Zeit mein Netzwerk erweitert und dadurch geprägt haben. Sie rekrutieren sich beispielsweise aus Studienfreunden, Kollegen, ehemaligen Kollegen, Lehrern und Professoren ebenso wie Nachbarn, Firmenkontakten und Freunden. Besonders schön zu sehen ist es, wenn sich aus gemeinsamen Interessen oder zufälligen Treffen auf Events im Laufe der Zeit fruchtbare Gespräche, kreative Arbeitsgemeinschaften und oftmals sogar langfristige Freundschaften entwickeln.

Schenkt man Wikipedia Glauben, so bedeutet zu netzwerken den „Aufbau und die Pflege von persönlichen und beruflichen Kontakten. Ziel ist ein Netzwerk aus einer Gruppe von Personen, die zueinander in Beziehungen stehen und sich privat, vor allem aber beruflich unterstützen, helfen oder kooperieren, ohne dass dabei Leistung und Nutzen für Dritte (wie Kunden, Unternehmen, Gesellschaft oder Staat) relevant ist."

Ausschlaggebend ist in dieser Definition, dass es sich nicht nur um Personen handelt, die Du ein paar Mal getroffen hast und deren Kontaktdaten Du gespeichert hast. Ob einzelne Kontakte tatsächlich hilfreich, inspirierend und verbindlich sind (oder welche weitere Eigenschaft Du darüber hinaus vom Gegenüber erwartest), zeigt sich erst mit der Zeit und ist situationsabhängig. Entscheidend sind die Belastbarkeit und der Wert des Netzwerks für Dich, kurz: die Stabilität der Summe Deiner Kontakte.

Kontaktaufbau und -pflege

Ähnlich wie bei Vertriebszyklen lässt sich der Aufbau eines Netzwerks in verschiedene Erfolgsschritte und zeitliche Abläufe unterteilen. Aus meiner Erfahrung heraus sind die folgenden Schritte maßgeblich, wenn es darum geht dauerhafte, gleichberechtigte/respektvolle Netzwerkverbindungen aufzubauen.

- Ansprache mit konkretem Bezug – Ganz gleich ob Du jemanden persönlich ansprichst oder online Kontakt aufnimmst – beispielsweise per E-Mail oder als Nachricht in den sozialen Netzwerken: Das erste Hallo und der Grund der Kontaktaufnahme sollten freundlich und nachvollziehbar sein; die Sprache dem Medium angemessen. Nicht zu unterschätzen ist die Erwähnung einer Begründung oder einer Gemeinsamkeit, warum Dein Gegenüber die Kontaktanfrage beantworten sollte. Formuliere, wann immer es geht, einen Mehrwert für Dein Gegenüber.

Denn so komfortabel es uns Online-Netzwerke wie LinkedIn und Xing mit ihren Ein-Klick-Kontaktanfragen auch machen, viel zu oft laufen diese unpersönlich versendeten Anfragen einfach ins Leere. In XING erfordert das einen Premium-Account. In LinkedIn hast Du auch in der Basis-Version 300 Zeichen, die Du zu der Kontaktanfrage hinzufügen kannst.

- Kennenlernen mit thematischem Bezug. Nach der ersten Kontaktaufnahme gilt es, die vorherigen Versprechen einzulösen, Gemeinsamkeiten zu prüfen, weitere Interessenüberschneidungen zu finden und abzuklopfen, welche Verbindungen wertvoll sein könnten. Ob bei einem After-Work-Drink oder bei Online-Nachrichten – wichtig ist der Austausch und das gegenseitige Verständnis dafür, wie das Gegenüber das eigene Netzwerk bereichern kann.
- Nachfassen oder weitere Anknüpfungspunkt finden: Mit einem Treffen lässt sich keine langfristige Beziehung aufbauen, daher lohnt sich das Festigen der Verbindung. Wenn Du bereits einen Kommunikationskanal für Dich gefunden hast, bringe Dich ab und zu in Erinnerung, stelle Fragen, führe die Unterhaltung weiter, kurz gesagt: bleibe in Kontakt.
- Sei großzügig: Dem Netzwerkgedanken folgend, dass jeder zuerst etwas gibt, bevor er etwas nimmt, bietet es sich an, dass Du Deinem Gegenüber vermittelst: Ich habe Deine Interessen verstanden und kann Dir einen Mehrwert bieten. Vielleicht gibt es Veranstaltungshinweise, Artikel, Empfehlungen oder ähnliches zu einem Eurer gemeinsamen Themen. Gib großzügig und erwarte keinen direkten Gegenwert.
- Netzwerk-Verbindung öffentlich zeigen: Gerade bei Netzwerkkontakten in den sozialen Medien sind Reichweite und damit einhergehende Likes, Tags oder gemeinsame Fotos die Währung der Stunde. Solltest Du Dein Gegenüber zu Deinem Netzwerk zählen und positiv auf ihn aufmerksam machen wollen, dann nutze Likes, Kommentarfunktionen und Erwähnungen auf LinkedIn und Co.
- Verknüpfung mit bestehenden Netzwerkkontakten: Flechte Dein Netzwerk kontinuierlich weiter, indem Du gute Kontakte nicht nur für Dich behältst, sondern diese Personen mit anderen Menschen in Deinem Netzwerk bekannt machst. Du wirst staunen, welche Querverbindungen und spannende Synergien sich manchmal daraus entwickeln.
- Anlassbezogene Kontaktpflege: Ein Netzwerk verhält sich dynamisch; nicht mit allen Personen wirst Du in engem, regelmäßigem Austausch stehen (können). Um jedoch zu gewährleisten, dass das Netzwerk funktioniert und für Dich da ist, wenn Du es brauchst, solltest Du dafür Sorge tragen, dass der Kontakt nicht abebbt. Anlassbezogene Kommunikation, wie beispielsweise ein kurzer Gruß zu Geburtstagen und Jubiläen hat sich als Minimalanforderung bewährt.
- Sei großzügig: Einfach, weil man es nicht oft genug sagen kann: Je großzügiger Du mit Deinem Netzwerk umgehst, je mehr Du an positiven Verbindungen und Empfehlungen hineingibst, desto stärker wird Dein Netzwerk in Deinem Sinne agieren.

Spannend zu sehen ist oftmals, welche vermeintlichen Umwege Erfolge erst gehen, um bei uns anzukommen. Eine Aufgabe, die man alleine vielleicht nicht so schnell hätte lösen können, wird durch ein paar Kommentare in einer Facebook-Gruppe beispielsweise zum Kinderspiel. Nicht unbedingt, weil Du den Lösungsgeber seit Jahren kennst, sondern weil eine Person, die nur über mehrere Ecken flüchtig mit Dir bekannt ist, spontan einen Tipp hat – und ihn ganz im Sinne des Netzwerkgedankens teilt. Ein wunderbares Modell für ein funktionierendes Netzwerk ist beispielsweise die Facebook-Gruppe der Digital Media Women (https://www.facebook.com/groups/DigitalMediaWomen). Mit rund 15.000 Mitgliedern gehört sie zu den aktivsten deutschsprachigen Gruppen auf Facebook. Die Reaktionszeit auf offene Fragen liegt durchschnittlich bei wenigen Minuten und nur in Ausnahmefällen bleibt die Anzahl der Interaktionen mit einem Beitrag im einstelligen Bereich. Gruppen und Themenforen wie dieses sind ebenfalls ein hervorragender Ausgangspunkt, um das eigene Netzwerk zu erweitern.

Von der Pflicht zur Kür

Die Kunst des Netzwerkens besteht darin, es eben nicht bei einem Small Talk am Buffet einer Veranstaltung oder dem Visitenkartenaustausch zu belassen. Das klingt banal, ist in der Umsetzung jedoch oft komplizierter als gedacht. Allzu oft bleibt die Visitenkarte doch in der Schreibtischschublade liegen und erst Monate oder Jahre später, wenn der Kontakt ganz offensichtlich nützlich wäre, nämlich wenn Du beispielsweise auf der Suche nach einem neuen Job, einem Kunden oder Coach bist, hältst Du die Kontaktdaten das erste Mal seit langem wieder in den Händen. Gehört dieser Kontakt jedoch wirklich zu Deinem robusten und nachhaltigen Netzwerk? Wohl kaum. Was es braucht, ist die kontinuierliche Pflege der Beziehungen.

Solltest Du bereits einen Personenkreis benennen können, den Du als Dein Netzwerk bezeichnest und der Dir mit dem Vorstellen neuer Personen, persönlichen Empfehlungen oder Karrieretipps zur Seite steht, dann bist Du weit über den „Pflichtteil" des Kontaktaufbaus hinaus und überzeugst bereits in der „Kür".

Der Wert des Netzwerks

Ob der Wert eines persönlichen Netzwerks tatsächlich beziffert werden kann, wage ich zu bezweifeln. Meiner Erfahrung nach verhält es sich mit dem Wert des erschaffenen Beziehungsgeflechts, das teils locker, teils eng mit der eigenen Person verwoben ist, ähnlich wie mit Versicherungen: Bis der Fall eintritt, dass man sie akut in Anspruch nimmt, basiert der persönliche Invest auf der Annahme, dass ich im Fall der Fälle abgesichert bin. Dass das Netzwerk greift, wenn ich es brauche.

Ein funktionierendes Netzwerk ist jedoch so viel mehr als Visitenkarten auf Deinem Schreibtisch, die Du nach der letzten Veranstaltung zwar fein säuberlich gestapelt und schließlich doch nur digital auf LinkedIn oder Xing zu Deinen Kontakten hinzugefügt hast. Viele Personen aus Deinem Netzwerk hast Du möglicherweise noch nie persönlich getroffen, Ihr kennt euch vielleicht nur per Online-Nachricht – oder Ihr seid tatsächlich nur über Dritte miteinander bekannt. Alle Schattierungen und Intensitäten dazwischen finden sich in Deinem Netzwerk wieder. Die Kunst besteht darin, je nach Situation die richtigen Personen anzusprechen und mit anderen Personen verknüpfen zu können.

Zielgerichtet und strategisch positionieren

Frei nach Paul Watzlawicks Axiom „Man kann nicht nicht kommunizieren", ist es ebenso wenig möglich, nicht mit jeder Aktion die eigene Personal Brand zu formen und zu beeinflussen. Im Umkehrschluss bedeutet das: Alles was Du tust, zahlt auf Deine Personal Brand ein und beeinflusst Dein Werteversprechen für Dein Netzwerk.

Eine Freundin sagt gerne: „Wenn du etwas erreichen willst, teile es dem Universum mit. Aber sprich laut und deutlich". Dahinter steckt im Kern die Macht der Visualisierung: Ziele, die Du klar formulieren kannst, werden konkret und erreichbar. Trends wie das Erstellen von Vision Boards oder die Praxis des Working out Loud (https://workingoutloud.com) zahlen auf das gleiche Ziel ein und lassen sich ebenfalls auf Deine Netzwerkaktivitäten anwenden. Denn nur, wenn Dein Gegenüber weiß, wie Deine Digital Personal Brand – Dein Werteversprechen – aussieht und welche möglichen Anknüpfungspunkte es gibt, kann das Netzwerk für Dich arbeiten.

Dein Netzwerk ist größer als Du denkst – nutze es!

Ebenso wie Freundschaften nicht über Nacht entstehen und regelmäßiger Aufmerksamkeit bedürfen, wollen auch Beziehungsgeflechte gehegt und gepflegt werden. Welchen zeitlichen Aufwand das konkret bedeutet, welche Form der Kommunikation angemessen ist, richtet sich nach verschiedenen Faktoren: den involvierten Personen, dem Anlass, dem Kommunikationskanal sowie der Vertrautheit/Beziehungstiefe der involvierten Personen.

Plane regelmäßige Zeitfenster ein, in denen Du mit Personen in Deinem Netzwerk kommunizierst, Nachfragen stellst oder Dich persönlich triffst. In diesem Sinne: Erfolgreiches Netzwerken.

Fünf Erfolgsfaktoren für den Aufbau Deines nachhaltigen Netzwerks

- Informiere Dich über die Umgangsformen und Gepflogenheiten des jeweiligen Kanals der Ansprache.
- Überlegen Dir ein Ziel. Warum möchtest Du diese Person in Deinem Netzwerk haben?
- Knüpfe keine Bedingungen an den Erstkontakt. Im Netzwerk gilt die Regel: Erst geben, dann nehmen.
- Sei großzügig. Beim Netzwerken geht es nicht darum, besonders schnell viele Kontakte zu sammeln. Viel effektiver sind Kontakte, die von Dir und Deinen Fähigkeiten überzeugt sind und für Dich sprechen bzw. Dich empfehlen können.
- Alles zu seiner Zeit. Ein Netzwerk ist keine einmalige Empfehlung, sondern eine langfristige Investition in Deinen Erfolg.

Literatur

Allfacebook (2019) Offizielle Facebook Nutzerzahlen für Deutschland (Stand: März 2019). https://allfacebook.de/zahlen_fakten/offiziell-facebook-nutzerzahlen-deutschland. Zugegriffen am 01.09.2019

Forbes (2019) Quotes. George Matthew Adams. https://www.forbes.com/quotes/3539/. Zugegriffen am 01.08.2019

HBR (2015) How to revive a network. https://hbr.org/2015/02/how-to-revive-a-tired-network. Zugegriffen am 01.08.2019

LinkedIn (2019) Gary Vaynerchuck – LinkedIn is one of the platforms I'm most excited about for all of you to start producing content for! https://www.linkedin.com/posts/garyvaynerchuk_linkedin-is-one-of-the-platforms-im-most-ugcPost-6592921881987305472-U859. Zugegriffen am 10.09.2019

Manager Magazin (2009) Herminia Ibarra und Mark Hunter: Wie Manager Netzwerke richtig nutzen. https://www.manager-magazin.de/harvard/a-609720-2.html. Zugegriffen am 01.08.2019

Online Marketing (2019) Definition content. https://onlinemarketing.de/lexikon/definition-content. Zugegriffen am 10.09.2019

TED (2015) Yuval Noah Harari: what explains the rise of humans? https://www.ted.com/talks/yuval_noah_harari_what_explains_the_rise_of_humans?language=de. Zugegriffen am 01.08.2019

YouTube (2016) Herminia Ibarra: builiding effective networks. https://www.youtube.com/watch?v=k115ePA_9SU&t=622s. Zugegriffen 02.11.2019

Perspektivwechsel: Wenn Unternehmen in die Personal Brand ihrer Mitarbeiter investieren

5

Die kollektive Wahrnehmung einer Organisation und deren Dienstleistung wird nicht mehr nur über einen bekannten Firmennamen bestimmt. Das Image eines Unternehmens wird vor allem durch die Unternehmenslenker und Mitarbeiter geschmiedet, die in der Öffentlichkeit sichtbar werden. Insbesondere mit der breiten Nutzung von Social Media, verbunden mit der Forderung nach mehr Transparenz durch diverse Stakeholder, müssen Unternehmen heute einen Spagat meistern, der nicht ganz einfach ist.

Auf der einen Seite wollen sie der Forderung nach mehr Transparenz nachkommen, da es ein Vertrauens- und damit ein Wettbewerbsfaktor geworden ist. Andererseits wollen sie den neuen schnellen Kommunikationswegen nicht hilflos ausgeliefert sein.

Um diesen Spagat aufzulösen, brauchen Unternehmen ein klares Leitbild und Mitarbeiter, die sich ihrer Kommunikationsmacht bewusst sind. In diesem Kapitel geht es also um die Digital Personal Brand der Mitarbeiter und wie diese in Bereichen wie Recruiting, Sales, Change Management oder Kommunikation dabei helfen kann, das Unternehmen stärker und zukunftsorientierter aufzustellen.

Das Schöne daran: Zeitgleich investieren Unternehmen so in die eigenen Mitarbeiter. Das sorgt nicht nur für mehr „digitale Fitness" durch das Vermitteln von Wissen über digitale Kommunikation oder digitalen Vertrieb, sondern kann auch die Mitarbeiterbindung verstärken.

In Abschn. 5.7 erhältst Du einen Fahrplan mit Fragestellungen und Tipps, wenn auch Du überlegst, Corporate-Influencer-Programme in Deinem Unternehmen aufzusetzen.

Über die Chancen und Risiken von starken Personal Brands innerhalb des Unternehmens

Eine oft angeführte Anekdote, wenn in Unternehmen darüber diskutiert wird, ob man in die Weiterbildung der eigenen Mitarbeiter investieren soll oder nicht lautet:

© Springer Fachmedien Wiesbaden GmbH, ein Teil von Springer Nature 2020
M. Zayats, *Digital Personal Branding*,
https://doi.org/10.1007/978-3-658-30174-3_5

„Stelle Dir vor, wir bilden unsere Mitarbeiter weiter und sie gehen woanders hin mit dem Wissen."
„Stell dir vor, wir tun es nicht und sie bleiben!"

Eine ähnliche Diskussion und Vorbehalte wie zum Thema Weiterbildung in dieser Zuspitzung erlebe ich in Unternehmen, wenn es um das Thema Sichtbarkeit der Mitarbeiter geht. Was passiert, wenn man den Mitarbeitern die Lizenz und den Werkzeugkasten für Digital Personal Branding gibt? Sie können dann ihren Wert besser greifen und werden sichtbarer für die Konkurrenz.

Die Befürchtung der Unternehmen ist nicht unberechtigt. Personal Branding ist ein Werkzeug, das einem neue Chancen eröffnet. Darunter auch die Chance eines Jobwechsels oder der Selbstständigkeit. Führungskräfte vergessen dabei jedoch häufig, was die wahren Gründe für Jobwechsel sind.

Laut einer Studie von Rundstedt (2018) kündigen die meisten Menschen, wenn die Chemie zu Kollegen und Vorgesetzten nicht stimmt, wenn sie andauernden Stress erfahren, wenn keine konstruktive Feedback-Kultur herrscht und kein ausreichender Handlungsspielraum eingeräumt wird. Dies gilt umso mehr für hoch qualifizierte Mitarbeiter, die gute Alternativen haben. Natürlich gibt es auch viele Mitarbeiter, die neue Herausforderungen suchen und sich bei einem attraktiven Angebot leichter abwerben lassen. Jedoch hat das mehr mit den eigenen Wünschen zu tun und der aktuellen Situation im Unternehmen, als mit reiner Opportunität und Sichtbarkeit.

Führungskräfte und Personalverantwortliche, die diese Bedenken haben und deswegen lieber gleich die Social-Media-Nutzung während der Arbeitszeit verbieten würden, müssen umdenken. Immer mehr Mitarbeiter kommunizieren über LinkedIn, XING, Twitter, WhatsApp, Facebook und Instagram, ob während der Arbeitszeit oder nicht. Und sie haben eine große Reichweite. Wenn man die Reichweite zusammenrechnet, ist diese in der Regel um ein Vielfaches höher als die Reichweite der Social-Media-Kanäle des Unternehmens, für das sie arbeiten.

Die Frage ist also: Wollen Unternehmen mit dieser Naturgewalt arbeiten oder gegen sie? Wenn sie sich dagegen entscheiden, können sie im Grunde nur verlieren. Und mit Verlieren meine ich nicht nur das Vertrauen ihrer (potenziellen) Mitarbeiter, sondern auch die Opportunitätskosten in den Bereichen Recruiting, Sales, Marketing und mehr. Wer als Unternehmen klar aufzeigt, wie Social Media und die eigene Digital Personal Brand genutzt werden kann, stärkt das Handlungsfeld der Mitarbeiter. Ein guter Ansatz, wenn man bedenkt, dass 64 % der Mitarbeiter kündigen, weil ihnen Handlungsspielraum fehlt (Rundstedt 2018).

Welche Möglichkeiten sich durch die Befähigung der eigenen Mitarbeiter in Digital Personal Branding ergeben, beleuchte ich in den nachfolgenden Kapiteln.

Was Du bisher mitnehmen solltest, sind vor allem zwei Punkte:

- Wenn die professionelle Nutzung von Social Media im Business-Kontext seitens der Mitarbeiter unerwünscht ist, verpasst das Unternehmen viele Chancen in den Bereichen Sales, Recruiting, Marketing und mehr.
- Wenn die eigenen Mitarbeiter sehr aktiv sind, ihnen aber Richtlinien und Unterstützung fehlen, dann gleicht es einer riesigen Kommunikationsabteilung, die keine gezielte Mission verfolgt und im schlimmsten Fall sogar einen Image-Schaden anrichtet.

Die Unternehmen, die verstanden haben, dass die Naturgewalt „Mitarbeiter plus Social Media" nicht zu ignorieren und schon gar nicht zu bekämpfen ist, folgen einer der beiden Strategien:

1. Der Großteil stellt konkrete Regeln auf für Mitarbeiter. Sie rufen dazu auf, den Social-Media-Kanälen des Unternehmens zu folgen, den firmeneigenen Content zu teilen und eigene Beiträge zu verfassen. Dazu stellen sie „Social Media Netiquette Guidelines", „Social Media Wikis", „Social Media How to's" etc. zur Verfügung. Diese sind oft sehr lang und langweilig: kleine Schrift, keine Bilder, veraltet, bevor sie überhaupt fertig geschrieben sind und auf den ersten Seiten finden sich mehr Verbote als in den Geheimhaltungsvereinbarungen zwischen Mitarbeiter und Unternehmen. Wer soll das denn lesen? Und wie viele von denen, die sich das aus mir unerklärlichen Gründen doch tapfer durchlesen, haben anschließend noch Lust, aktiv zu werden?
2. Der viel kleinere Teil unterstützt Mitarbeiter gezielt dabei, die eigene Digital Personal Brand aufzubauen. Dabei zeigt das Unternehmen den Menschen nicht nur auf, wie sie das schaffen, sondern auch, wie das auf ihre beruflichen Ziele, ihre derzeitige Rolle und die Ziele des Unternehmens einzahlt. Nur wenn beide Seiten davon profitieren, hat das auch einen langfristigen Erfolg. Unternehmen wie OTTO, Microsoft, AXA, die Deutsche Telekom und Continental sind dabei schon sehr erfolgreich.

Begriffsklärung: Markenbotschafter, Corporate Influencer, Brand Ambassadors
Bevor ich nun beleuchte, wie Mitarbeiter in den unterschiedlichsten Unternehmensbereichen mit ihrer Digital Personal Brand einen entscheidenden Mehrwert stiften können, sollten einige Begriffe geklärt werden.

Der Begriff „Corporate Influencer" entstand als Antwort auf die Erfolge des „Influencer Marketings". Dabei setzen Unternehmen auf die Reichweite von (oftmals selbsternannten) Influencern, Menschen mit einer ordentlichen Reichweite in den sozialen Medien, die ein großes Maß an Vertrauen bei ihren „Followern" genießen. Influencer erreichen Zielgruppen, die z. T. auch für Unternehmen relevant sind. Manche Influencer können eine hohe Interaktion der Zielgruppe mit ihrem Content vorweisen, d. h. sie kommentieren und liken ihre Beiträge und erzählen ihren Freunden und Bekannten davon. Das machen sich Unternehmen seit einigen Jahren zunutze und gehen Partnerschaften mit ausgewählten

Influencern ein, die ihre Produkte und Dienstleistungen ausprobieren und positiv darüber berichten, in den meisten Fällen gegen Bezahlung. Die Grundidee ist, dass Unternehmen von der Glaubwürdigkeit dieser Influencer bei der begehrten Zielgruppe profitieren. Mittlerweile wird dieses Marketing-Instrument von vielen Menschen recht kritisch betrachtet, da sich viele Influencer einfach „kaufen lassen" ohne zu hinterfragen, was tatsächlich zu ihrer eigenen Personal Brand passt und ob die Produkte und Dienstleistungen wirklich einen Mehrwert bieten für ihre Follower (Orange.de 2019). Da sie oftmals eine recht junge Zielgruppe ansprechen, die nicht unterscheiden kann zwischen authentischer Empfehlung seitens des Influencers und gekauften Inhalten, plädieren vielen Experten für mehr Regeln und Verantwortung.

Corporate Influencer, die eigenen Mitarbeiter, sind doch die viel glaubwürdigeren Markenbotschafter eines Unternehmen? So lautet oft der Tenor, wenn das Thema auf Influencer Marketing fällt. Tatsächlich sind das zwei völlig unterschiedliche Paar Schuhe. Mitarbeiter werden als Corporate Influencer nicht gekauft und dürfen natürlich trotz des Arbeitsverhältnisses nicht dazu gezwungen werden, als solche aufzutreten.

Während der Begriff Corporate Influencer also recht neu ist, gibt es Begriffe wie Markenbotschafter oder Brand Ambassador schon seit über 20 Jahren. Oftmals werden diese synonym verwendet, denn auch der Begriff Markenbotschafter hat sich über die Jahre gewandelt. Deswegen an dieser Stelle die Erläuterung, wie sich die Markenbotschafter von damals von den modernen Markenbotschaftern von heute und Corporate Influencern unterscheiden. In den folgenden Kapiteln ist mal von Botschaftern, mal von Corporate Influencern die Rede. Allen gemein ist, dass wir dabei von den „neuen" Markenbotschaftern und Corporate Influencern sprechen. Also Mitarbeitern, die ihre eigene Personal Brand verstärkt in den Vordergrund stellen, im Zusammenspiel mit der Unternehmensmarke.

Klassische Markenbotschafter (engl: Brand Ambassadors)
Markenbotschafter können sowohl die eigenen Mitarbeiter sein, als auch Menschen die einfach „Fans" der Marke sind. Die kommunizierten Inhalte der Markenbotschafter beinhalten häufig die positiven Erfahrungen, die sie mit dem Unternehmen oder der Marke erleben. Die eigene Personal Brand der Markenbotschafter ist natürlich dennoch immer vorhanden, tritt aber weniger in den Vordergrund als die Unternehmensmarke. Man denke dabei z. B. an die „Jobbotschafter" Videos von einigen Unternehmen, die zufriedene Mitarbeiter filmen oder an die „Apple Evangelists", die stolz über ihre neueste Apple-Errungenschaft berichten. Markenbotschafter laden das Unternehmen und die Marke auf, weil Menschen positiv über diese sprechen.

Corporate Influencer (und die „neuen Markenbotschafter")
Bei Corporate Influencern handelt es sich immer um die eigenen Mitarbeiter. Im Vergleich zu den klassischen Markenbotschaftern nimmt die Personal Brand der Mitarbeiter eine stärkere Rolle ein. Während Markenbotschafter die Unternehmensmarke durch ihre positive Erfahrung mit dieser aufladen, laden Corporate Influencer die Unternehmensmarke auf durch ihre eigene Marke, durch ihre Expertise und ihre eigene Reichweite. Anders als

bei Markenbotschaftern orientieren sich die Inhalte der Corporate Influencer mehr an ihrem eigenen Expertenwissen, das sie im Rahmen ihrer Tätigkeit einbringen. Das Unternehmen und die Unternehmensmarke erfahren eine Aufwertung, weil sympathische Menschen darin arbeiten und von ihren Erfahrungen berichten. Was Corporate Influencer und Markenbotschafter gemein haben: Sie erachten den Wertbeitrag des Arbeitgebers und dessen Kultur als sinnvoll und gut und sind somit bereit, nicht nur als Personal Brand, sondern eben auch als Markenbotschafter oder Corporate Influencer sichtbar zu werden. Gleichwohl sehen sie aber auch die Verbesserungspotenziale und können wertvolle Sparringspartner sein für die Unternehmenslenker. Sie interessieren sich für das Unternehmen und geben ehrliches Feedback.

Klassische Markenbotschafter und Corporate Influencer haben beide ihre Daseinsberechtigung in Unternehmen. Je nach Unternehmensbereich und Ziel (und auch je nach Mitarbeiter), ist mal das eine, mal das andere sinnvoller. Was beide nicht sind: „Klonkrieger". So beschreibt Klaus Eck, Gründer und Geschäftsführer der Content Marketing Agentur *d.Tales*, Mitarbeiter, die von ihren Arbeitgebern genötigt werden lediglich die eigenen Unternehmensbotschaften weiterzuleiten, ohne eigene Haltung und persönlichen Anstrich.

5.1   Erfahrungen von Menschen, die Mitarbeiter dazu befähigen, als Corporate Influencer ihre eigene Marke und die des Unternehmens zu stärken

Was heißt es nun konkret, die eigenen Mitarbeiter zu Corporate Influencern auszubilden? Welchen Stellenwert hat das für die Unternehmen und die einzelnen Unternehmensbereiche? Wie geht man dabei vor? Darum geht es in diesem Abschnitt, der diese Fragestellungen mit vielen Beispielen veranschaulicht.

Einer der ersten Pioniere in diesem Bereich ist Stephan Grabmeier. Er hat vor ca. elf Jahren das Markenbotschafter-Programm bei der Deutschen Telekom gestartet. Im Gastbeitrag berichtet er über die Herausforderungen eines solchen Vorhabens und nimmt auch die Perspektive eines Corporate Influencers ein.

5.1.1   Die Rolle der Personal Brand der Mitarbeiter im Unternehmenskontext

Gastbeitrag von Stephan Grabmeier

Über den Autor
Stephan Grabmeier zählt zu den führenden Thought Leader für New Work, Innovation sowie Sustainable und Digital Transformation.

Seit über 25 Jahren ist Grabmeier in Management-Rollen entweder in großen Konzernen wie HypoVereinsbank oder Deutsche Telekom AG, in spannenden digitalen Grown-ups oder bei Hidden Champions wie Consorsbank oder der Haufe Gruppe oder in Beratungsunternehmen, zuletzt als Chief Innovation Officer bei Kienbaum Management Consultants tätig. Aktuell ist er als Purpose Contributor selbstständig. Zu seinen Kunden zählt die deutsche Wirtschaftselite, darunter viele Vorstände und das Top-Management namhafter Unternehmen. Er ist Start-up Business Angel und unterstützt globale Social-Business-Aktivitäten.

Grabmeier hat an über 20 Büchern mitgeschrieben und mit dem Future Business Kompass im Oktober 2019 wieder ein eigenes Buch herausgebracht. Sein Blog www.stephangrabmeier.de zählt seit Jahren zu einer spannenden Inspirationsquelle in seinen Themenfeldern.

▶ **Stephan, was waren Deine ersten Berührungspunkte mit Digital Personal Branding im Unternehmenskontext?**

Das war vor ca. 11 Jahren als ich bei der Deutschen Telekom als Head of Culture Initiatives and Digital Transformation gearbeitet habe. Die Frage, die wir uns schon damals stellten: Wie können wir Social Media für das Personalmarketing und grundsätzlich als Markenbotschafter für die Deutsche Telekom nutzen.

Schnell kamen wir auf das Thema „Brand Ambassador" und starteten eine Analyse, um zu sehen, wie viele von den 120.000 Mitarbeitern wahrnehmbar in Social Media unterwegs waren. Wir kamen auf eine Zahl zwischen 50.000 und 60.000, was zu der Zeit sehr viel war. Die Zahl war für mich beeindruckend, denn jeder Beitrag von diesen vielen Mitarbeitern hinterlässt digitale Spuren! Ich habe damals das Potenzial dahinter verstanden und diese Erkenntnis ließ mich seitdem nicht mehr los.

Wir fingen an Social Collaboration im Unternehmen strategisch und operativ auf- und auszubauen, d. h. Mitarbeiter aus allen Bereichen, Business Units, Niederlassungen und Ländern global miteinander zu vernetzen. Das war stärker nach innen gerichtet.

Ein weiterer Wendepunk im Umgang mit Social Media und sensiblen Daten kam, als die Security-Abteilung der Deutschen Telekom auf mich zutrat mit den Worten: „Wir sollten uns einmal unterhalten!". Ein komisches Gefühl solange man nicht weiß, worum es geht.

Sie zeigten mir Fundstücke in Social Media, die dort nicht hingehörten – gepostet von Mitarbeitern. Darunter Infos zu sensiblen Patentthemen, Partnerschaften zu anderen Unternehmen, die damals noch nicht publik waren und Millionenklagen nach sich hätten ziehen können. Die Ansage der Security

Abteilung war deutlich: „Entweder wir schalten alles ab, oder ihr lernt präventiv zu arbeiten und den Mitarbeitern den Umgang mit vertraulichen Informationen in Social Media beizubringen!"

Das war für mich eine sehr wichtige Erfahrung. Ich wusste, dass ich lieber präventiv arbeiten wollte, Social Media und die Dynamik der Mitarbeiter in dieser Arena jedoch noch nicht in Gänze greifen konnte. Die zentralen Fragen waren also: Wie helfen wir und wie bilden wir Mitarbeiter aus, so dass jeder versteht, wie man Social Media richtig nutzt? Was gebe ich preis von mir als Person, was vom Arbeitgeber? Zudem wollten wir Mitarbeiter ansprechen, die richtig Bock haben auf das Thema Brand Ambassador und auch affiner sind. Den aktivsten Brand Ambassadors haben wir ein Magenta Label für deren Social-Media-Profile verliehen als Auszeichnung. Das kam sehr gut an. Gleichzeitig gab es natürlich auch Menschen, die gesagt haben, „Nö, kein Bock!". Als Unternehmen musst du mit allen Reifegraden an Social-Media-Nutzern umgehen können. Und wir sprechen bei großen Konzernen von vielen zehntausend Menschen, die ein großes Potenzial für eine Marke haben.

▶ **Wenn Du an die Zukunft der Arbeitswelt denkst: Welche Rolle wird Digital Personal Branding dabei spielen?**
Ob wir sie nun Brand Ambassador, Corporate Influencer oder doch anderes nennen: Ich bin der Überzeugung, dass das Thema „Personal Branding" seitens der Mitarbeiter im Zusammenspiel mit der Unternehmensmarke immer wichtiger wird. Moderne Marken sind erfolgreich damit. Als Unternehmen musst Du lernen Inhalte des Unternehmens an Menschen zu koppeln und stumpfe Produktkommunikation zu reduzieren. Was wir des Weiteren beobachten können, ist der Wunsch nach einer höheren Identifikation seitens der Arbeitnehmer mit dem Sinn, der Marke und den Produkten/Dienstleistungen des Unternehmens.

Die Identifikation entsteht, wenn ich als Mitarbeiter*in einen hohen „Shared Why" mit dem Unternehmen teile, der sich zusammensetzt aus:

1. Dem Corporate Why: Was würde dem Markt fehlen, wenn das Unternehmen nicht da wäre? Dazu zählen Werte, Leitlinien, der Mehrwert für die Gesellschaft oder anders, der Purpose des Unternehmens.
2. Dem persönlichen Why: Warum stehe ich morgens auf und gehe in das Unternehmen, welchen Mehrwert biete ich dabei? Wie passen meine Werte und Leitlinien zu denen des Unternehmens?

Je größer das Shared Why ist, also die Schnittmenge zwischen Corporate und persönlichem Why, umso größer wird das Vertrauen in die Marke und damit meistens auch die Bereitschaft, das Unternehmen nach außen hin zu vertreten. Für beide Seiten ein win-win.

▶ **Wenn Mitarbeiter sichtbar sind, dann werden sie leichter gefunden, bekommen mehr Angebote und gehen schließlich weg. Was ist deine Meinung zu dieser Befürchtung einiger Unternehmen?**
Das tun sie so oder so! Der Schaden Menschen einzugrenzen, ist viel größer als der mögliche Schaden, dass sie weggehen. „Baust Du Zäune um Menschen, erhältst Du Schafe", ein hartes, aber treffendes Zitat.

Gerade in der Beratung tut es einfach weh, wenn Mitarbeiter*innen weggehen. Man hat sie die ersten Jahre perfekt ausgebildet, dafür viel Zeit und Geld investiert und gerade dann, wenn sie richtig wertvoll werden für das Unternehmen, ziehen sie oft weiter. Aber das passiert, unabhängig davon, ob sie sichtbar sind oder nicht. Diesem Umstand kann man sogar besser entgegenwirken, wenn man zu einer Unternehmenskultur beiträgt, die Mitarbeitern mehr Freiheiten eingesteht. Dazu gehört auch die Gestaltungsfreiheit als Brand Ambassador. Je mehr öffentliche Identifikation mit dem Unternehmen, umso höher die Loyalität.

Leider ist das Thema Trennung hierzulande immer noch sehr heikel. Ein schönes Positivbeispiel, das mir nach vielen Jahren immer noch im Kopf geblieben ist, habe ich in einem Softwareunternehmen im Silicon Valley gesehen. Jeder Mitarbeiter der kündigte, bekam einen blanko Arbeitsvertrag mit der Message: Du hast immer die Chance zurückzukommen und bist herzlich willkommen. Was für eine Botschaft!

▶ **Stichwort Arbeitgeberwechsel: Wie können Menschen sich ihre Personal Brand bewahren und gleichzeitig die Brand des (aktuellen) Arbeitgebers nutzen für ihre eigenen Karriereziele?**
Das ist eine Herausforderung. Nach über 20 Jahren im Berufsleben hat sich bei mir mittlerweile ein roter Faden entwickelt, der vor allem themenbezogen ist. Dieser rote Faden lautet Change, Innovation und Transformation. Das habe ich jedoch nicht von Anfang an gesehen. Ich habe mich mit dem beschäftigt, was mich wirklich interessiert haben und womit ich Wirkung erzeugen konnte. Später habe ich dann gesehen, dass sich mein Wirkungskreis in diese drei Kategorien einordnen ließ. Diese Themen bleiben in der Regel gleich, unabhängig davon ob ich die Branche oder den Arbeitgeber wechsle. Wenn also die Themen stabil und klar sind, für die ein Mensch steht, ist es leichter diese an authentische Marken mit einem hohen „Shared Why" anzudocken.

Ich fordere jeden Menschen auf, sich bewusst zu machen, was diese Themen bei ihm sind, um erfolgreiches Personal Branding zu betreiben. Erst dann kann ich meine Marke im Zusammenspiel mit der Unternehmensmarke aufbauen und vor allem auch beibehalten, wenn ich ein Unternehmen verlassen sollte. Zu oft erlebe ich Menschen die nicht als Brand Ambassador sondern als verlängerte Werkbank der Kommunikationsabteilung agieren, wo es darum geht stumpf Produktinformationen, Studien oder Blogartikel des Unternehmens zu teilen oder zu kommentieren. Das bringt weder dem Unternehmen etwas, noch den Mitarbeitern, weil es nicht glaubwürdig ist. Also: Schaut, was von dem Unternehmenscontent in eure Positionierung passt! Wo sind die Schnittstellen zwischen euren Themen und denen des Unternehmens? Das „Shared Why" eben.

Zudem ist es wichtig, sich vor Augen zu führen, dass die Marke des Unternehmens auch auf Dich abstrahlt – positiv wie negativ. Jeder Ambassador von VW oder Audi hat erhebliche Mühen zwischen Person und Skandalen aus dem Unternehmen zu trennen. Ich habe es selbst auch einmal erlebt. Ich habe einen Blogartikel zum Thema Künstliche Intelligenz in der Personaldiagnostik geschrieben, in dem ich die technischen Möglichkeiten und einige Startups die das umsetzen beschrieben habe. Ein Journalist kommentierte den Beitrag: „Von Kienbaum hätte ich mir eine etwas kontroversere Betrachtung erwartet". Aus seiner Sicht hatte er auch recht, ich habe nur einen Teilaspekt beleuchtet und anscheinend nicht den hohen journalistischen Anspruch erfüllt, was auch nicht mein Ziel ist. Als Angestellter verkörperst Du in der beruflichen Arena natürlich das Unternehmen mit. Somit müssen Unternehmen auch einen gewissen Rahmen vorgeben. Die Unternehmenskommunikation in vielen Unternehmen ist allerdings noch nicht so weit. Oft wird einfach nur gesagt: „Gebt uns eure Beiträge, wir geben sie frei." Und dann kommt das in den Corporate Blog oder die Social-Media-Kanäle des Unternehmens. Der richtige Weg wäre hingegen Sparring zu geben. Die Kommunikatoren und Markenverantwortlichen sollten Coach sein, als Wissensgeber agieren, Dich in die Kommunikations- und Markenstrategien einbeziehen und auch kreativen Freiraum innerhalb eines sicheren Rahmens geben. Als positives Beispiel für einen der modernsten Kommunikatoren fällt mir mein ehemaliger Kollege Philipp Schindera ein, Leiter der Unternehmenskommunikation der Deutschen Telekom AG. Als Vision hat Philipp immer wieder verkündet: „Ich möchte die größte Kommunikationsabteilung der Welt bauen!". Er hat sich gefragt: Was muss ich tun, um 230.000 Mitarbeiter zu befähigen im Sinne der Unternehmensmarke zu handeln? Nicht nur eine tolle Vision, sondern ein echtes Vorbild moderner Kommunikation.

▶ **Du bist aus der deutschen HR-und New-Work-Szene nicht mehr wegzudenken. Welche Rolle spielt Personal Branding in Deiner Karriere und wie hast Du sie aufgebaut?**
Gelernt mit einer Personal Brand zu arbeiten, habe ich bei der Deutschen Telekom. Witzigerweise hatte ich 2008/2009 höhere Employer Branding Rankings als Person in Social Media als die eigenen Corporate Kanäle. Das waren die Anfänge wie wir begonnen und gelernt haben uns als Unternehmen zu professionalisieren. Als irgendwann klar war, dass ich nach fünf Jahren dort weggehe, musste ich mich neu orientieren und auch bewusst fragen: War's das jetzt? Vom

Magenta Schein profitiert nämlich auch meine eigene Marke – fällt dieser dann weg? Zudem hatte ich im Unternehmen viel nach Innen gemacht – ich war für Social Collaboration verantwortlich, habe viel Content nach Innen geteilt und war viel unterwegs – aber eben eher innerhalb des Unternehmens. Das Gegenteil aber war der Fall, ich konnte das Gelernte und die Netzwerke sukzessive ausweiten. Vor meinem nächsten Arbeitgeber Haufe, war ich eineinhalb Jahre selbstständig und wollte mit meinen Themen was bewegen. Wer bewegen will, muss sichtbar werden. Ob mit einem eigenen Blog, mit dem Besuch von Netzwerk-Events, als Speaker auf Konferenzen oder Beiträgen in Social Media – anders geht es nicht. Am Anfang war die Resonanz verständlicherweise noch gering, aber nach und nach merkte ich, dass ich mit meinen Artikeln, Beiträgen und Videos Wirkung erzeugt habe.

▶ **Was hat Dich motiviert weiterzumachen in der Zeit, wo Du noch keine Resonanz hattest?**
Ich lebe und agiere in Netzwerken. In einem Netzwerk musst Du zuerst geben, bevor man etwas nehmen kann! Ohne diese Einstellung wird es sehr schwer. Menschen merken sofort, wer nur oberflächlich etwas gibt, um sofort etwas dafür zurückzubekommen. Das ist kein Netzwerken, das ist Egoismus und mit Egoisten will ich nichts zu tun haben. Ansonsten motiviere ich mich mit den Themen, die mich interessieren. Wenn ich etwas spannend finde und mir Gedanken dazu mache, möchte ich das mit der Welt teilen. Das ist ein Kernantrieb für mich. Fluch und Segen zugleich, weil mich einfach mehr interessiert, als ich verarbeiten kann. Wenn die Themen aus diesem Antrieb dann auf Resonanz stoßen, wird es zu einer Art Perpetuum Mobile. Letztlich gehört ein langer Atem aber natürlich auch dazu, genauso wie der Abgleich von Erwartungen. Manchmal denkst Du, Du hättest einen tollen Content, der viele Menschen interessieren wird und am Ende erhältst Du kaum Reaktionen.

▶ **Was empfiehlst Du Menschen, die anfangen wollen sichtbar zu werden mit ihren Themen?**
Eine zentrale Frage aus meiner Sicht lautet: Was fehlt der Community und dem Netzwerk, wenn Du nicht mehr schreibst? Was ist der Mehrwert für Deine Community? Als Robert Basic, einer der bekanntesten Blogger der ersten Stunde, im November 2018 leider sehr plötzlich verstarb, war die Reaktion in der Online-Community umwerfend. Ich habe selten eine so tiefe Verehrung von so unglaublich vielen anderen Bloggern, Journalisten und Kommunikatoren im Netz gesehen. Frage Dich also: Was will ich weitergeben? Was ist mein Why? Das muss man klar wiederfinden in Deinem Content. Starte doch mit der Frage: „Was schreibt meine Community in meine Social Media timeline, wenn ich irgendwann sterbe". Vielleicht hilft es Dir, darüber Deine Vision und Deinen Purpose aufzubauen.

▶ **Sonderrolle CEO: Was rätst Du deutschen Vorständen, die in Social Media sichtbar werden?**
Dazu habe ich immer wieder geschrieben (also gerne auch einmal in meinem Blog stöbern) und in der Telekom seinerzeit gestartet mit Vorständen zu arbeiten. Das Wichtigste ist Authentizität, Authentizität und Authentizität. Bei vielen Vorständen frage ich mich: Wer schreibt das alles für sie? Wer die Vorstände live erlebt merkt sofort, dass es nicht ihre eigenen Worte sind – oft genug nicht mal ihre eigene Meinung!

Letztendlich kann man niemanden zwingen. Wer keine Lust hat, soll es lassen. Die alte Riege der CEOs wird es noch einige Jahre geben und dann kommen neue. Meine Erfahrung zeigt, dass es sinnvoller ist, mit denen zu arbeiten, die Feuer haben. Dann fällt auch die Resonanz höher aus, weil der Content wirklich bewegt. Und darum geht es ja.

5.1.2 Corporate Influencer bei der Detecon

Einst eher skeptisch gegenüber Sozialen Medien, hat Marc Wagner heute nicht nur den Wert von Digital Personal Branding für sich selbst erkannt, sondern auch für die Mitarbeiter seines Arbeitgebers. Im Interview erklärt er, wie seine Reise begann und wie er das Corporate-Influencer-Programm für die Detecon aufgesetzt hat (siehe Abschn. 5.1.3).

5.1.3 Vom Ego-System zum Eco-System

Marina Zayats im Gespräch mit Marc Wagner

Über den Gesprächspartner
Marc Wagner ist ausgewiesener Experte rund um die Themen New Work, Digitale Transformation & Company ReBuilding und wurde 2018 als Top HR Influencer (Personalmagazin) und unter die Top 10 New Work Pioneers (Pathfinder Award 2019 Workpath) gewählt. Er verantwortet als Mitglied des internationalen Management-Teams innerhalb der Detecon die 2017 neu gegründete Practice „Company ReBuilding" (CRB), deren Ziel es ist, die Innovationsfähigkeit von Unternehmen zu stärken und die „Beyond Consulting Vision" zum Leben zu erwecken. Marc begleitet seit mehr als 20 Jahren Unternehmen bei der Gestaltung der Digitalen Transformation – sei es aus einer finanziellen oder kulturellen Perspektive. Er ist u. a. Mitautor des Best-Practice-Buches „New Work: Auf dem Weg zur neuen Arbeitswelt" (Springer/Gabler) sowie Herausgeber einer Studie zu New Work und Innovationskultur. Er hat zwei Kinder, ist verheiratet und nicht nur wegen seiner Frau – ein absoluter Fan von China.

▷ **Marc, wie hat Deine persönliche Social-Media-Reise begonnen?**
Ich war nicht immer Verfechter von Social Media. Ganz im Gegenteil. Bevor ich 2016 selbst anfing das Terrain aktiver zu erkunden, hielt ich Social Media für einen Sammelplatz irrelevanter Informationen und dazu sehr ego-getrieben. LinkedIn war für mich ein Adressbuch und Twitter ein Kanal, der bloß die gleichen Nachrichten immer wieder durch die Gegend schießt. Meine Profile waren kaum gepflegt, somit erhielt ich auch kaum Anfragen für Vernetzung. Aber Social Media geht nun mal nicht weg. Ich wollte also austesten, ob es doch einen Nutzen für mich und für mein Unternehmen haben könnte.

Ein Mitarbeiter aus der Kommunikationsabteilung hat mir dabei geholfen, meine Profile ansprechend zu gestalten und erste Schritte zu gehen. Diese klare Guidance und Struktur waren entscheidend. Alleine bin ich vorher immer gescheitert. Heute ist es ein fester Bestandteil meines Arbeitsalltags geworden und stiftet den Mitarbeitern, der Firma und mir einen großen Mehrwert.

Ich war überrascht, wie schnell man Fortschritte machen kann, wenn man wichtige Tipps beachtet. Nicht nur meine Sichtbarkeit stieg samt Anfragen für Gastbeiträge in namhaften Magazinen wie Computerwoche, Wirtschaftswoche, t3n und Auszeichnungen als HR-Influencer vom Personalmagazin, sondern auch die Detecon wurde dadurch präsenter bei relevanten Entscheidern und Bewerbern.

▷ **Welche Herausforderungen sind Dir in der Anfangszeit begegnet und wie bist Du damit umgegangen?**
Ganz klar das Thema Zeit, denn meine Social-Media-Aktivitäten liefen neben meinem „normalen" Job und traten somit in direkte Konkurrenz zu meiner Freizeit. Gleichzeitig wollte ich aber auch keinen Ghostwriter, der für mich schreibt. Das führt meist nur zu wenig persönlichen Artikeln, die auf wenig Resonanz stoßen. Über die Zeit habe ich folgende Spielregeln entwickelt:

• Der eigene Content ist eine entscheidende Säule jeder Personal Brand. Ich plane regelmäßig Zeiten ein, um zu schreiben. Bei mir haben sich Reisezeiten in der Bahn oder im Flugzeug bewährt. Dabei habe ich von Anfang an einen klaren Fokus auf bestimmte Themen gelegt, darunter Innovationskultur, Zukunft der HR, Agile Organisationen und Leadership.
• LinkedIn und XING haben zu einem gewissen Teil E-Mail verdrängt. Insbesondere die Erstkontakte, Terminanfragen und Gratulationen zum Geburtstag finden hier statt.
• Für mich war es auch wichtig, eine zentrale Plattform zu finden. Heute ist das LinkedIn. Die hier erstellten Artikel und Event-Berichte oder Ankündigungen kann ich dann anpassen für Twitter, XING oder Facebook. Denn jeder Kanal hat seine eigenen Regel und sollte nicht eins zu eins bespielt werden.

▶ **Nach den erfolgreichen Schritten mit Deiner eigenen Social Media Präsenz und dem Aufbau Deiner Digital Personal Brand wolltest Du auch bei den Mitarbeitern der Detecon Social Media stärker verankern. Wie lief das ab und was waren die Beweggründe?**

Ich habe mich gefragt, was passieren würde, wenn wir nicht nur zwei oder drei Corporate Influencer im Unternehmen hätten, sondern mehr Menschen das Werkzeug und die Möglichkeit geben, ihre Marke aufzubauen – und zwar nicht losgelöst voneinander, sondern als Netzwerk, das gemeinsam in Interaktion tritt. Denn anders als bei reinen Personal Brands agieren Corporate Influencer ja in einem gemeinsamen Ökosystem. Hieraus lassen sich Synergien schöpfen.

Unsere Initiative hieß #CODE und steht für Corporate digital excellence und ist unsere Social Collaboration und Personal-Branding-Initiative bei der Detecon. Mit der Hilfe von Ingrid Blessing haben wir unseren Mitarbeitern Social Media Schulungen gegeben. Die grundlegende Frage am Anfang lautete:

- Wie führe ich Mitarbeiter an Social Media heran? Dazu gehörte der Aufbau von ansprechenden Social Media Profilen und ein Social Media Guide, der festhält, was geht und was nicht.
- Zudem haben wir erfolgreiche Corporate Influencer im Unternehmen sichtbarer gemacht und gefeiert. Nur wenn im Unternehmen eine entsprechende Kultur gelebt wird und diese Menschen nicht als „Spinner" oder „Social-Media-Rampensäue" abgetan werden, hat so eine Initiative auch eine Chance.
- Ergänzt wurde #CODE durch Detailthemen. In der Schreibwerkstatt lernten die Mitarbeiter z. B., wie sie pointierter und persönlicher schreiben können.

▶ **Wie ging es weiter mit #CODE nach der Anfangseuphorie?**

Wir haben das Thema Corporate Influencer erweitert um Social-Collaboration-Plattformen innerhalb des Unternehmens. Wir stellten uns die Fragen: Wie wollen wir überhaupt kommunizieren im Unternehmen? Welche Rolle spielt Kommunikation in unseren Projekten und welche neuen Plattformen können wir für eine zielführende Kommunikation nutzen?

Eine konkrete Herausforderung, die wir hatten: Am Anfang stand der Aufbau der einzelnen Personal Brands der Mitarbeiter. Ausprobieren und Erfahrungen sammeln ist ganz wichtig in der Anfangsphase. Wir merkten schon nach kurzer Zeit, wie sich immer mehr Menschen bewegten und auch die Detecon immer bekannter wurde. Wir merkten aber auch, dass der Fokus immer noch sehr stark auf einzelnen wenigen Brands lag, allen voran auf meiner eigenen. Ich wollte, dass der Fokus nicht nur auf mir lag, sondern auch auf unseren Corporate Influencern. Ich wollte, dass wir uns die Bälle zuspielen und interagieren, sowohl intern als auch mit der Außenwelt durch kluge Kommentare, Beiträge etc. Ich wollte hin zu einem Ecosystem aus vernetzten Corporate Influencern anstatt zu einer Selbstdarstellungsorgie.

▶ **Wie seid ihr dieser Herausforderung begegnet? Und wir habt ihr es geschafft, den Spagat zwischen der Marke des Unternehmens und der Marke der einzelnen Mitarbeiter zu meistern?**

Das ist eine Aufgabe des Leaderships. Leader im Unternehmen müssen die Vision des Unternehmens vorgeben und vorleben. Mitarbeiter können dadurch erkennen, welche Schnittstellen ihre Marke zu der Marke des Unternehmens hat.

Zum Thema Ecosystem statt Selbstdarstellungsorgie: Auch das ist eine Frage des Vorlebens seitens des Leaderships. Vermarkte ich nur mich bei Keynotes (und zahle dadurch auf meine Personal Brand ein) oder lobe ich auch meine Mitarbeiter und stelle sie auf die Bühne? Auch für mich war das am Anfang neu. Vor der #CODE-Initiative stand ich immer im Mittelpunkt, aber auf einmal war ich „bedroht" Autorschaft in Onlinemagazinen zu verlieren. Es fand ein Re-Fokus statt von mir als Person auf die gesamte Initiative bei der Detecon.

Da gab es diesen einen Moment, als ein junger Mitarbeiter statt mir auf der Bühne stand und ein Thema, das sonst ich immer erklärte, auf einmal so vermittelte, dass es auf mehr Resonanz stieß im Publikum. Das muss man mit seinem Ego vereinbaren können.

Gleichzeitig ist es auch wichtig zu akzeptieren, dass natürlich nicht jeder Mitarbeiter Corporate Influencer werden möchte. Es ist eine persönliche Entscheidung.

▶ **Welche Rolle spielt die Kommunikationsabteilung des Unternehmens dabei. Und wie findet sie es überhaupt, wenn auf einmal so viele Mitarbeiter ebenfalls „Unternehmenskommunikation" betreiben?**

Die Unternehmenskommunikation gibt dabei natürlich die Rolle als Gatekeeper ab. Die alleinige Kommunikationshoheit ist weg. Es ist nicht mehr relevant, tolle Agenturen zu beschäftigen und viele Sachen selbst zu erstellen. Das wird oftmals noch als Bedrohung gesehen. Bei unseren Kunden, denen wir dieses Konzept vorstellen, hat man schnell mal eine ganze Kommunikationsabteilung gegen sich. Dabei lautet die grundlegende Frage doch: Was ist die Rolle der Kommunikationsabteilung der Zukunft? Dort sitzen vielen Menschen, die ihre Hauptkompetenz seit Jahren nicht mehr einsetzen. Sie sind mal als Journalist gestartet und beherrschen z. B. Storytelling. Dann haben sie jahrelang nur noch Agenturen gesteuert. Genau diese Fähigkeit gilt es nun wieder hervorzuholen und anderen zu vermitteln.

Mitarbeiter in der Unternehmenskommunikation werden dadurch zu internen Beratern und befähigen andere Abteilungen, die ihre Mitarbeiter als Corporate Influencer ausbilden wollen. Zudem setzen sie sichere Rahmen und behalten dabei die Marke des Unternehmens als zentrales Element der

Kommunikation im Blick und entwickeln sie weiter – im Zusammenspiel mit weiteren Akteuren im Unternehmen. Unternehmenskommunikation darf kein Silo mehr sein.

▶ **Auch Vorstände positionieren sich heute in Social Media und sind damit quasi die bekanntesten Corporate Influencer eines Unternehmens. Welches Beispiel findest Du besonders beeindruckend?**
Ein gelungenes Beispiel im Bereich #SocialCEO ist hier John Legere, Chef der T-Mobile in den USA (Tochter der Deutschen Telekom). Er gilt als Rebell und Robin Hood der Telekommunikationsbranche. Er bespielt Social Media sehr gelungen, macht mal Scherze über Wettbewerber wie AT&T und antwortet direkt auf Kundennachrichten in Twitter. Daneben hat er T-Mobile seit Amtsantritt 2012 erheblich gestärkt trotz schwieriger Ausgangslage. Er hat auch nach innen in das Unternehmen einen riesigen Corporate Pride geschaffen und ist so gut wie nie ohne Magenta Shirts oder Sneakern unterwegs.

Funktioniert das auch in Deutschland? Mit Dieter Zetsche sehen wir, dass es Beispiele gibt, die zumindest vergleichbar sind. Er hat viele positive Eigenschaften übertragen auf Daimler. Die Kameraführung bei Dieter Zetsche, wenn er für Social Media gefilmt wird, ist übrigens die gleiche wie bei John Legere!

▶ **Thema Business Impact: Wie messt ihr die Erfolge eurer Corporate-Influencer-Maßnahmen?**
Hier verhält es sich ähnlich wie mit anderen innovativen Themen. Wenn beispielsweise nach dem Einfluss von New-Work-Maßnahmen auf den Umsatz gefragt wird, gibt es auch keine klare Antwort. Und schon gar keine konkrete Zahl. Das sind Korrelationen, keine Kausalitäten. Vieles lässt sich nicht auf eine einzelne Initiative zurückführen.

Wie man schnell Erfolge messen kann, wäre hierbei die falsche Frage. Man braucht zunächst Überzeugungstäter im Top Management, die einem erlauben zu experimentieren. Natürlich nicht sofort mit einem großen Budget, aber genug Ressourcen, um tatsächlich etwas bewegen zu können. Leider beobachte ich hier noch zu oft Rückgratlosigkeit in deutsche Unternehmen. Sobald die erste Minikrise kommt, kommen reflexartig alte Verhaltensmuster an den Tag. Dann werden die innovativen Schnellboote wieder in den Hafen beordert.

Natürlich ist es sinnvoll, Parameter festzulegen, die man über einen bestimmten Zeitraum beobachtet. Vorher muss ich mir aber überlegen, welche Aussagekraft z. B. die Reichweite oder das Engagement von Social-Media-Beiträgen haben oder welchen Stellenwert gewonnene Awards einnehmen. Gerade im Bereich Corporate Influencership müssen die Mitarbeiter ihre Erfolge ja auch selbst messen.

Am Ende bleibt es immer vor allem ein Mindset- und Kulturthema. Die Frage lautet also eher, ob das Unternehmen bereit ist seinen Mitarbeitern mehr zu vertrauen, Macht zu teilen und davon überzeugt ist, dass die eigenen Mitarbeiter das wichtigste Instrument für die externe Unternehmenskommunikation sind. Wenn die Antwort ja lautet, dann ist es sinnvoll zu starten und zu beobachten, was sich daraus ergibt.

Woran man dennoch merkt, dass man auf dem richtigen Weg ist?

Es ist wichtig, die Menschen aus der Komfortzone zu holen und letztlich zu verstehen: Da, wo es keine Widerstände gibt, da kann es auch keinen Change geben.

▶   **Vielen Dank für das Teilen Deiner wertvollen Erfahrungen, Marc!**

5.2   Employer Branding

Employer Branding ist mittlerweile bei vielen Unternehmen eine wichtige Aufgabe von Marketing- und HR-Abteilungen. Im Kern gilt es die Attraktivität als Arbeitgeber bei potenziellen Bewerbern zu erhöhen beziehungsweise sichtbar zu machen.

Wenn man Menschen fragt, was ihnen besonders wichtig ist bei ihrem Arbeitgeber, fällt die Antwort „Zusammenarbeit mit tollen Kollegen" fast durchwegs in die Top drei. Gerade jüngere Kollegen wollen schon vor der zeitintensiven Bewerbung wissen, ob dieses Kriterium erfüllt wird und wie es sich generell anfühlt, in diesem Unternehmen zu arbeiten.

Die klassischen Stellenanzeigen in reiner Textform sind jedoch immer noch die Realität bei den meisten Unternehmen. Die Social-Media-Kanäle des Unternehmens lassen hier schon mehr Aussagen zu. Allerdings fehlt es auch dort noch oft an Gesichtern, wahren Geschichten aus dem Unternehmensalltag und ehrlichen Einblicken hinter die Kulissen.

Somit schauen immer mehr Bewerber auf die Social-Media-Kanäle der potenziellen Kollegen. Die Informationen dort sind in der Regel persönlicher und erlauben möglicherweise einen ehrlicheren Einblick in das Unternehmen.

Genau an dieser Stelle stellt sich nun die spannende Frage: Was finden Bewerber bei der Suche in Social Media über ihre zukünftigen Kollegen und Vorgesetzte und wie beeinflusst das ihre Entscheidung im Bewerbungsprozess?

Diese Fragen müssen sich Unternehmen heute stellen. Ich habe dazu mit Eugenia Mönning und Annika Remberg von der Otto Group gesprochen, deren Corporate-Influencer-Programm neue Maßstäbe gesetzt hat im Employer Branding (siehe Abschn. 5.2.1).

5.2.1 Influencer Marketing aus den eigenen Reihen: Wie aus Mitarbeitern Corporate Influencer werden

Gastbeitrag von Eugenia Mönning und Annika Remberg

Über die Autorinnen
Eugenia Mönning ist Pressesprecherin HR im Team Corporate Communications und verantwortet die Kommunikation der HR-Themen des Hamburger Onlinehändlers. Während ihres PR- und Kommunikationsmanagementstudiums in Hannover sammelte sie erste Erfahrungen in einer PR-Agentur, arbeitete als wissenschaftliche Hilfskraft und engagierte sich als Pressesprecherin für das Motorsportteam der Hochschule. Nach dem Studium begann sie 2016 ihre Laufbahn bei OTTO als Volontärin in der Unternehmenskommunikation und machte das Erzählen von Geschichten zum Beruf. Ihr Herzensthema: die Corporate Influencer.

Annika Remberg ist Volontärin im Team Corporate Communications und mischt bei den unterschiedlichsten Aufgaben im Team mit. Während ihres Masterstudiums Public Relations/Unternehmenskommunikation an der Universität Mainz engagierte sie sich als Young Professional bei dem Bundesverband deutscher Pressesprecher (BdP) und der Studierendeninitiative Kommoguntia. Vor ihrem Volontariat sammelte Annika Remberg praktische Erfahrungen bei dem Südwestrundfunk und bei OTTO.

Einst als Randphänomene internetbegeisterter Teenagerbewegungen verstanden, zählen sie heute zur Riege Kaufkraft schaffender Superhelden, die über den Erfolg oder Misserfolg von Produkten entscheiden – Influencer. Für welches Produkt die Meinungsbildner werben, scheint dabei zunächst keine große Rolle zu spielen. Ob Duschschaum oder Waschmittel, Sneaker oder Streamingdienste, alles wird ausgepackt, getestet und bewertet – und das kommt an.

Aber warum gerade Influencer? Die Antwort ist ganz einfach: Weil wir den jungen, fröhlichen Menschen auf unseren Screens vertrauen. Das bestätigt das Edelman Trust Barometer 2019. Demnach bewerten 61 % der Studienteilnehmer „Personen, wie sie selbst" als sehr oder extrem vertrauenswürdig. Dieser Wert wird nur von akademischen Experten (63 %) und Fachexperten aus Unternehmen (65 %) überboten (Edelman 2019, S. 33).

Von Bibi und Julienco zu Conny und Wolf
Was wäre also, wenn das Werben mit Influencern nicht nur für einzelne Produkte funktioniert, sondern auch für die Arbeitgebermarken ganzer Unternehmen? Diesen Gedanken setzt der Hamburger Onlinehändler OTTO in die Praxis um. Im Oktober 2017 geht OTTO mit einem Ausbildungsprogramm für Corporate Influencer, sogenannte Jobbotschafter, an den Start. Der Auslöser für das Jobbotschafterprogramm sind aber nicht Bibi, Julienco und Co., sondern unterschiedliche Erkenntnisse aus dem Recruiting-Prozess des Unternehmens.

Als E-Commerce-Anbieter und damit als Tech-Unternehmen, wirbt OTTO vor allem um stark gefragte Tech-Talente. Wie sich also abheben von anderen Arbeitgebern? Wie mit Frei-Kaffee und flexiblen Arbeitszeiten punkten, wenn Arbeitnehmer Homeoffice als Voraussetzung für ihre Bewerbung betrachten – weil flexibles Arbeiten mittlerweile dazugehört? Auch hier ist die Antwort denkbar einfach: mit den eigenen Mitarbeitern. Sie sind es, die am besten über ihren Arbeitsalltag erzählen können. Sie berichten, wie die Arbeit im Team läuft, welche Hürden es gibt und wie schwierige Projekte zusammen gemeistert werden. Sie sind nicht nur eine „Person, wie sie selbst", sondern zusätzlich auch Fachexperten eines Unternehmens. Sie sind eben nicht Bibi und Julienco, sondern Conny oder Wolf. Deshalb sind sie es auch, die Bewerber davon überzeugen, sich für OTTO zu entscheiden. Das Jobbotschafterprogramm adressiert genau diese Erkenntnis und bringt sie in eine eigene Systematik.

Zwei Ansätze – eine Erkenntnis
Das Jobbotschafterprogramm ist zunächst also eine Antwort auf die Frage nach dem „Wie": Wie begeistere ich potenzielle Mitarbeiter? Wie gewinne ich sie für mich? Wie setze ich mich gegen Mitbewerber am Arbeitsmarkt durch? Für den Hamburger Onlinehändler ist das Programm aber mehr. Es ist auch die Antwort auf die Frage nach dem „Warum". Warum sollte ich Mitarbeiter als Botschafter einsetzen? Warum sind sie es, die die Bewerber letztlich überzeugen?

Weil die Bewerber genau das wollen: echte Mitarbeiter, echte Fachexperten, echte Menschen. Diese Erkenntnis folgt aus zwei Beobachtungen, die OTTO-Recruiter in ihren Einsätzen immer wieder gemacht haben.

Zuerst ist da die Beobachtung: Bewerber stellen Fragen! Und zwar nicht nur nach dem Job, nach den Arbeitsbedingungen und dem Unternehmen selbst, sondern auch nach spezifischen Arbeitsabläufen, nach Programmen, die genutzt werden, oder nach Projekten, die anstehen. Nach dem Klima in der Abteilung, nach den potenziellen Kolleginnen und Kollegen – kurzum: nach Informationen, die Recruiter im Allgemeinen nicht beantworten können, weil sie nicht Teil der jeweiligen Teams sind. Bewerber wünschen sich also ausdrücklich den Kontakt zu Mitarbeiterinnen und Mitarbeitern ihres potenziellen neuen Arbeitgebers.

Dieser Kontakt bestand bereits vor dem Aufsetzen des Jobbotschafterprogrammes. Schon früher sind Mitarbeiterinnen und Mitarbeiter für OTTO unterwegs gewesen, sprachen auf Konferenzen und Tagungen, hielten Fachvorträge, erzählten von ihrem Arbeitsalltag. Und das kam an. In Bewerbungsgesprächen, bei Einstellungen und nach dem abgeschlossenen Bewerbungsprozess spiegeln neue Mitarbeiter immer wider, dass es genau dieser Kontakt war, der sie überzeugt habe. Das Jobbotschafterprogramm beantwortet also vor allem eines: den Wunsch der Bewerberinnen und Bewerber nach mehr Nähe zu den Mitarbeitern von OTTO und echten Einblicken.

Vom Mitarbeiter zum Corporate Influencer – das Jobbotschafterprogramm
Bewerber wünschen sich den direkten Kontakt zu Mitarbeitern, sowohl vor als auch während des Bewerbungsprozesses, um OTTO als potenziellen Arbeitgeber in Betracht zu

ziehen und um sich tatsächlich für OTTO zu entscheiden. Deshalb orientiert sich die Systematik des Jobbotschafterprogramms an der Candidate Journey, an dem Weg also, den ein Kandidat bei seiner Bewerbung um einen Job bei OTTO durchläuft.

Die Teilnahme an dem OTTO-Jobbotschafterprogramm ist für die Kollegen beides: freiwillig und voraussetzungsfrei. Wer Lust hat, macht mit – ganz ohne Bewerbungsprozess. Zunächst entscheiden die Freiwilligen sich für eines oder mehrere der sechs unterschiedlichen Profile. Je nach Auswahl durchlaufen die Botschafter im Anschluss verschiedene Trainings und Seminare, die sie in ihrer Rolle als Botschafter unterstützen.

Jedes der sechs Profile steht dabei für eine Rolle, die der Teilnehmer als Jobbotschafter für OTTO einnimmt und verfolgt somit eine unterschiedliche Zielsetzung:

Multiplikatoren – die Meinungsbildner des Internets
Multiplikatoren übernehmen einen aktiven Part in den sozialen Medien. Sie sind die wahren Unternehmensäquivalente zu Bibi und Julienco. Auf ihren Social-Media-Kanälen teilen und liken die Multiplikatoren OTTO-Beiträge, die gut zu ihrer Community passen oder berichten von ihrem Arbeitsalltag bei dem Onlinehändler. Auch ein Follow-Me-Around bei den Instagram- oder Snapchat-Kanälen von OTTO ist für die Multiplikatoren möglich. Ob bei Twitter oder Facebook, für Veranstaltungen oder alltägliche Situationen, in Posts, Videos oder Live-Streams lassen Multiplikatoren ihre Follower an ihrem Job bei OTTO teilhaben und unterstützen damit direkt die Markenbildung von OTTO als Arbeitgeber.

▶   **Das Ziel** Neue Talente auf OTTO aufmerksam machen, die Reichweite für OTTO als Arbeitgeber erhöhen und die Arbeitswelt online authentisch darstellen.

Socializer – die Geschichtenerzähler
Socializer vertreten OTTO als Arbeitgeber auf externen Recruiting-Veranstaltungen, internen Events und Fachkonferenzen. Sie führen Gespräche mit Talenten, erzählen im persönlichen Austausch von OTTO, von ihrem Job und von ihren Erfahrungen. Socializer gehen gerne in Kontakt mit Menschen, begeistern andere durch ihre Geschichten und wecken so das Interesse für OTTO.

▶   **Das Ziel** Im direkten Kontakt zum Bewerber – vor allem im persönlichen Gespräch – einen echten Einblick in die Arbeitswelt von OTTO und die Aufgabengebiete vermitteln.

Fachexperten – die Themenverantwortlichen
Fachexperten lassen ganz unterschiedliche Arten von Publikum an ihrer Expertise teilhaben. Auf externen Recruiting-Events, auf Fachkonferenzen oder bei Veranstaltungen auf dem OTTO-Campus halten sie Vorträge zu aktuellen Trendthemen ihrer Fachgebiete. Die

Fachexperten unterstützen weniger den persönlichen Eindruck der Arbeitgebermarke OTTO als vielmehr die fachliche Präsenz des Unternehmens.

▶   **Das Ziel** Die Wahrnehmung von OTTO als E-Commerce-Arbeitgeber mit Technologiekompetenz stärken.

Kontakter – die Bezugspersonen im Unternehmen

Kontakter stehen Bewerbern für alle Fragen als Ansprechpartner zur Verfügung. Sie begleiten die zukünftigen Kolleginnen und Kollegen von dem anfänglichen Gedanken an eine Bewerbung bis zu ihrem ersten Arbeitstag bei OTTO. Telefonisch oder per E-Mail beantworten Kontakter Fragen zum Job-Profil, Team und zu der Arbeit in den Abteilungen. Sie begleiten Kandidatinnen und Kandidaten bei den ersten Schritten durch die Räumlichkeiten ihres neuen Arbeitgebers und beim Kennenlernen ihres neuen Teams. So nehmen Jobbotschafter mit diesem Profil den Bewerbern Unsicherheiten, unterstützen sie im Bewerbungsprozess und sichern den Kontakt zwischen Bewerber und Unternehmen entlang der Candidate Journey.

▶   **Das Ziel** Kandidatinnen und Kandidaten im Bewerbungsprozess möglichst persönlich begleiten, ihnen Sicherheit und einen vorausschauenden „Service" bieten.

Co-Recruiter – die rechte Hand der Personaler

Co-Recruiter führen nach Absprache mit der Führungskraft und dem Recruitment eigenständig Interviews. Als Experten beurteilen sie die fachliche Eignung von Kandidatinnen und Kandidaten und beantworten während des Interviews fachliche Fragen zur Position und zur Zusammenarbeit im Team.

▶   **Das Ziel** Antworten auf Fachfragen der Bewerber liefern, die fachliche Eignung von Bewerberinnen und Bewerbern beurteilen, durch Informationen aus erster Hand zu den Aufgaben und dem Team ein realistisches Bild des zukünftigen Arbeitsplatzes zeigen.

Impulsgeber – die Feedback-Profis und Weiterdenker

Impulsgeber bewerten den Bewerbungsprozess. In kreativen Brainstormings und zielgruppenorientierten Workshops formulieren sie neue Ideen für die Optimierung der Candidate Journey und der Arbeitgebermarke.

▶   **Das Ziel** Die Unterstützung des Personalbereichs bei der Verbesserung der Candidate Experience, Ideengebung zu zielgruppen- und trendgerechten Formaten im Bewerbungsprozess.

Jedes der Module bezieht sich direkt auf einen Bewerber-Touchpoint innerhalb der Candidate Journey. Die ersten drei Module richten sich dabei an die Kandidatengewinnung, die anderen drei an die Kandidatenauswahl. Wie lange jemand bereits für OTTO arbeitet oder wie viele Follower ein Jobbotschafter hat, ist für die Teilnahme an dem Corporate-Influencer-Programm nicht entscheidend. Vielmehr geht es darum, die Mitarbeiter so auszubilden, dass sie selbst eine Sprecherrolle für OTTO einnehmen können. Um diese Rolle zu fördern, besuchen die Teilnehmer unterschiedliche Schulungen und Seminare – je nach gewähltem Profil und je nach selbstgewähltem zeitlichen Aufwand.

Incentivierung? Nicht nötig!
Im September 2017 ging das Jobbotschafterprogramm live. In einem Intranet-Artikel erzählte das Projektteam aus Human Ressources und Unternehmenskommunikation von dem neuen Programm und verwies auf die eigens gebaute IT-Plattform, den Jobbotschafter-Teamraum, der Anmelde- und Informationsplattform zugleich ist. Die Idee kam gut an: 14 Tage nach Vorstellung des Programms, waren rund 100 Mitarbeiter als Jobbotschafter registriert – ohne Incentivierung.

Die Teilnehmer entscheiden sich zumeist für Module, in denen sie ihre Fähigkeiten und Kompetenzen sehen. Denn während die einen sich auf der Bühne wie zu Hause fühlen und einem Publikum begeistert von ihrem Fachgebiet erzählen, sind Auftritte vor größeren Menschengruppen für die anderen eher ungewohnt. Und während die einen zwischen den unterschiedlichsten sozialen Netzwerken hin und her springen, sind die anderen eher unsicher, was sie eigentlich mit ihrer Community teilen dürfen. Und da setzen die Trainings an. Es geht darum, den Kolleginnen und Kollegen Ängste zu nehmen, sie zu schulen und so zu ermutigen, mehr von Arbeitsalltag und ihren Projekten zu erzählen.

Die einzelnen Trainings werden im Verlauf des Programms stetig an die Bedürfnisse der Teilnehmer angepasst. So bietet das Trainerteam für Multiplikatoren neben Seminaren zur Handhabe einzelner Social-Media-Plattformen mittlerweile auch eine Schulung zu Grundgedanken der Unternehmenskommunikation an, vermittelt den Teilnehmerinnen und Teilnehmern welche Informationen sie problemlos veröffentlichen können und worauf sie bei der Veröffentlichung im Detail achten sollten – immer im Austausch mit den Botschaftern. Der enge Kontakt zwischen Jobbotschaftern und Organisatoren ermöglicht es, Bedenken schnell zu beheben und Fragen kurzfristig zu lösen.

Verantwortung heißt loslassen
Was das Organisationsteam bislang gelernt hat? Enabling, also das Befähigen von Mitarbeiterinnen und Mitarbeitern, heißt auch loslassen. Verantwortung abzugeben, heißt Kontrolle abzugeben – darüber, was die Jobbotschafter kommunizieren, und darüber, wie sie kommunizieren. Nur so sind die Botschaften der Mitarbeiterinnen und Mitarbeiter wirklich authentisch. Nur so schaffen die Botschafter es, Interessierte, Bewerber und neue Mitarbeiter mit ihrer Leidenschaft anzustecken.

Etwa eineinhalb Jahre nach Einführung des Jobbotschafterprogramms ist eines klar: Das Interesse bleibt bestehen. Das Programm zählt 200 aktive Botschafter – und es werden mehr. Das Organisationsteam überprüft fortlaufend den Aufbau, die Struktur und die Zielführung einzelner Schulungen. Auch die Module selbst stehen immer wieder auf dem

Prüfstand. Nicht um ihre Berechtigung, sondern vielmehr um ihren Einsatz. Sind Co-Recruiter bei ausreichend vielen Gesprächen dabei? Nutzen Bewerber das Angebot der Kontakter über den gesamten Zeitraum? Das Programm bleibt also nicht nur bestehen, sondern wird noch weiter ausgebaut, immer im Dialog.

Und auch extern kommt das Programm an: Vor allem die persönlichen Gespräche mit den Fachexperten von OTTO stoßen auf großes Interesse und machen aus potenziellen Arbeitnehmern tatsächliche Bewerber. Weil Conny und Wolf echte Mitarbeiter sind. Mit echten Geschichten von echten Herausforderungen. Von Aufgaben und Arbeitsatmosphäre, von Teamstrukturen und Arbeitsalltag.

5.3   Recruiting

Wie finden Unternehmen und Bewerber zusammen? Oder Selbstständige und ihre Kunden? Und wie entscheiden beide Seiten letztendlich, ob sie zusammenpassen? Obwohl über die letzten Jahre viele Tools, KPIs und sogar Ansätze von Künstlicher Intelligenz Einzug in das Recruiting gehalten haben, bleibt die Kernkompetenz sehr menschlich. Am Ende geht es nämlich immer um Beziehungen und die Frage: Passen wir zusammen?

Diese Frage wird insbesondere von gut ausgebildeten Bewerbern immer genauer unter die Lupe genommen. Das Gehalt ist wichtig, aber nicht mehr das alles entscheidende Kriterium. „Weiche" Faktoren geraten mehr und mehr in den Vordergrund, darunter Weiterbildungsmöglichkeiten und Unternehmenskultur. Und auch Unternehmen schauen mittlerweile genauer, ob der Bewerber auch kulturell zum Unternehmen passt. Das Matchmaking wird also anspruchsvoller.

Die Frage „Passen wir zueinander?" verlangt sowohl von Unternehmen, als auch Bewerbern die zwei Kernkompetenzen von Personal Branding ab: Wissen, was unser Mehrwert für den jeweils anderen ist und das auch sichtbar machen.

Zum Thema Digital Personal Branding als Erfolgsfaktor im Recruiting habe ich mit Stephan Rathgeber gesprochen (s. Abschn. 5.3.1).

5.3.1 Die Rolle des Personal Brandings im Recruiting

Marina Zayats im Gespräch mit Stephan Rathgeber

Stephan Rathgeber, Vertreter der Generation Y, ist Head of Digital Consulting & Sales bei der Hays AG. In dieser Rolle steuert Stephan Rathgeber die digitale Transformation des Marktführers für Personalrekrutierung von Experten in Deutschland. Die Themenfelder erstrecken sich dabei von Digital Marketing und Sales über Automatisierung, Social Selling, neuen Geschäftsmodellen, Innovation,

Data und Analytics bis hin zur Erneuerung des digitalen Marktauftrittes. Seine Leidenschaft ist die Verbindung von digital und human, die erfolgreiche Transformation und Entwicklung von Unternehmungen durch Menschen, die ihr Verhalten auf Basis von neuer Technologie verändern. Als Speaker bei TEDx, New Work Experience oder der Bits&Pretzels sowie als Insider bei XING beschäftigt sich Stephan zudem mit Führung als und von Millennials.

▶ **Das Institute for the Future (2018, S. 15) hat zehn Fähigkeiten ausgemacht, die in der Arbeitswelt der Zukunft am wenigsten relevant sein werden. Dazu gehört: „Writing and reviewing resumes. Digital portfolios, personal branding, and performance reputation will replace resumes." Wie siehst Du das?**
Dazu habe ich eine klare Meinung: Die Art, wie wir heute noch an vielen Stellen Recruiting machen, ist tot, die Fachabteilungen übernehmen den Kern des Recruitings selbst. Die Rolle des Recruiters wird administrativer und damit leichter zu automatisieren oder im Gegenteil beratender und damit weiterhin relevant. Die Führungskraft ist als Recruiting-Wegweiser für die eigene Fachabteilung und Unternehmung gefragt.

Warum? Zum einen werden Führungskräfte und deren Mitarbeiter in den Fachabteilungen rekrutieren können, ohne ihre eigentlichen Aufgaben zu vernachlässigen. Wie? Indem ihre Digital Personal Brand für sie arbeitet, während sie ihren Job machen oder ihren Feierabend genießen. Beispiel: Die Führungskraft hat 800 Kontakte in XING, veröffentlicht dort als XING-Insider Artikel zu bestimmten Themen, die auch potenzielle Mitarbeiter interessieren. Diese werden auf ihn aufmerksam, es entsteht ein Dialog auf Augenhöhe. So kann kosten- und zeiteffizient mit genau der richtigen Zielgruppe kommuniziert werden. Am eigenen Beispiel erlebe ich, was es im Positiven bedeutet, einen eigenen Talentpool in den Sozialen Netzwerken zu haben.

Zum anderen werden unsere Jobs immer komplexer. Die Einschätzung dessen, ob ein Bewerber die vielfältigen fachspezifischen, aber auch zwischenmenschlichen Fähigkeiten besitzt, kann ein generalistisch aufgestellter Recruiter gar nicht mehr treffen. Deswegen erstellen Recruiter Shortlists mithilfe von Active Sourcing auf Plattformen wie XING- oder LinkedIn. Diese müssen sie dann schon im nächsten Schritt an die Führungskraft übergeben. Momentan brauchen wir eher mehr Recruiter als weniger, doch je mehr administrative Tätigkeiten im Recruitingprozess durch Technologien, wie etwa Chatbots, automatisiertes Matching oder Algorithmen übernommen werden können, umso weniger müssen diese von Menschen erledigt werden.

▶ **Können Unternehmen nicht auch ihre Recruiting-Abteilung fit machen mithilfe von Digital Personal Branding?**
Ja, das geht und erfordert einiges an Arbeit. Ich stelle mir die Weiterentwicklung zu einer Art „Super-Recruiter" vor, der eng im Austausch ist mit der Fachabteilung und sich auf einen bestimmten Bereich fokussiert. Neben dem Fachwissen benötigt ein Super-Recruiter zudem das Wissen über Content, Kanäle und eben alle anderen Bestandteile von Digital Personal Branding. Da geht es den Führungskräften und Mitarbeitern der Fachabteilungen nicht anders, nur dass sie bereits das Fachwissen haben und in der Regel wissen, wo sich ihre potenziellen Kollegen aufhalten, welcher Content sie interessiert und die relevanten Themen häufig glaubwürdiger transportieren können.

Jedoch hat ein Super-Recruiter mehr Zeit, sich der eigenen Digital Personal Brand zu widmen. Neben den sozialen Netzwerken sind zudem auch analoge Kanäle gefragt, z. B. der Auftritt an Universitäten, Meet-ups und Konferenzen.

▶ **Was hat ein Unternehmen noch davon, wenn die eigenen Mitarbeiter, seien es nun Recruiter oder Führungskräfte, ihre Digital Personal Brand im Berufskontext einsetzen?**
Ein großes Thema ist die Unternehmenskommunikation, sowohl extern als auch intern. Diese ist durch die Digitalisierung immer weniger zentral steuerbar. Jeder Mensch hat heute die Möglichkeit, als „Corporate Influencer" aufzutreten und dem Unternehmen ein Gesicht zu geben samt eigenem Standpunkt. Das bedeutet einen Machtverlust für die PR-Abteilung, die interne Kommunikation und auch das Management.

Die Frage ist, wie ich als Unternehmen damit umgehen will. Versuche ich es aufzuhalten oder nutze ich diese Veränderung als Chance? Ich plädiere für Letzteres. Wenn ich meine Mitarbeiter befähige, ihre Digital Personal Brand aufzubauen, indem ich ihnen die Zeit dafür einräume, Werkzeuge und Training an die Hand gebe, dann erschaffe ich einen großen Hebel für eine positive Unternehmenskommunikation, die sowohl nach außen als auch nach innen wirken kann, zumal ich als Mitarbeiter sowohl in LinkedIn und XING als auch in unternehmensinternen sozialen Netzwerken fast ausschließlich positiv auftrete. Alles Negative findet eher persönlich über den Flurfunk statt oder auf anonymen Arbeitgeberbewertungsportalen wie Kununu.

Wichtig ist dabei, dass es Vorbilder im Unternehmen gibt, die Digital Personal Branding aktiv leben und die Mitarbeiter animieren mitzumachen, am besten die eigenen Führungskräfte. Der bekannte Psychologe Albert Bandura bezeichnet diesen Wirkmechanismus als „Lernen am Modell". So sind wir Menschen von klein auf programmiert: Wir lernen durch Beobachtung und machen anderen Menschen Sachen nach (Lern-Psychologie 2019).

▶   **Perspektivwechsel: Was haben Mitarbeiter davon, ihre Digital Personal Brand aktiv aufzubauen in ihrem Berufskontext?**

Bei meinem früheren Arbeitgeber hatte die Reisekostenbearbeiterin um ein Vielfaches mehr an aktiven Followern als die meisten Führungskräfte im internen sozialen Netzwerk. Sie war sehr vielen Menschen im Unternehmen ein Begriff, über alle Hierarchiestufen hinweg, weil sie relevanten Content teilte und kommentierte. Dieses Beispiel zeigt, dass Du als Mitarbeiter die eigene Sichtbarkeit und Expertise im Unternehmen mithilfe Deiner Brand aktiv selbst steuern kannst. Auch die offenen Business-Netzwerke sind dafür eine tolle Plattform, wenn Du dich mit Kollegen aktiv vernetzt. Das schafft neue Chancen für die eigene Karriere, wenn man z. B. in seiner eigenen Abteilung nicht mehr weiterkommt.

▶   **Unternehmen profitieren von aktiven Mitarbeitern in Social Media. Doch wie vermittle ich auch den Mitarbeitern den Wert einer starken Digital Personal Brand für sie persönlich?**

Mitarbeiter, die nicht oder nur wenig aktiv sind auf beruflichen Netzwerken wie XING oder LinkedIn, werden tatsächlich nicht sofort sehen, welche Vorteile ihnen Digital Personal Branding bietet. Man kann niemanden zwingen und auch nicht jeden gewinnen. Wenn man jedoch die Menschen gewinnen will, die sich noch keine Meinung gebildet haben, hilft meiner Erfahrung nach folgendes Vorgehen:

1. Als Unternehmen aktiv ansprechen, warum man Digital Personal Branding für wertvoll hält und Analogien von virtueller zu analoger Welt aufzeigen, also ein Übersetzer sein. Was ist z. B. das digitale Pendant zu Mitarbeiterfeedbacks, Recruitingevents oder Kundentelefonaten? Solche Beispiele werden eher wirksam im persönlichen Austausch, weswegen z. B. Netzwerke mit aktiven Personal-Branding-Nutzern und inaktiven eine geeignete Plattform sind.
2. Aufzeigen, wie Mitarbeiter noch von dem Aufbau der eigenen Brand profitieren: Auch Abseits der aktuellen Tätigkeit wie oben beschrieben. Stichwort digitale Skills! Soziale Netzwerke sind nun einmal ein Bestandteil der digitalen Welt und der Zusammenarbeit in dieser. Social Media Training als ein Bestandteil der Digital Personal Brand hilft dabei, die eigene Beschäftigungsfähigkeit zu sichern und weiter auszubauen.
3. Zeigen, wie es geht! Stichwort: „Lernen am Modell". Hier sind vor allem Vorbilder gefragt, aber auch ein klarer Rahmen (z. B. in Form eines Social Media Frameworks). Damit senkt man Hürden, die entstehen, wenn man Angst hat, etwas falsch zu machen. Zudem sollte man aber auch über Einstiegshürden nachdenken. Wenn ich erst ein aktuelles, professionelles Foto machen muss, kann das den Start hemmen. Warum also als Unternehmung nicht einfach

einen professionellen Fotografen zur Seite stellen und damit in die visuelle Brand meiner Mitarbeiter investieren? Natürlich gehören auch die notwendigen Trainings dazu. Am besten sind Trainingsformate, in denen man am Modell praktizieren kann, also z. B. Pionier-Gruppen, in denen sich die Menschen gegenseitig beflügeln und Tipps geben.

4. Letztlich würde ich auch über das Thema Incentivierung nachdenken. Allerdings eine, die wieder unterstreicht, dass beide Seiten profitieren. Wenn die eigene Führungskraft oder sogar der Vorstand meine Beiträge in Social Media kommentiert und liked, ist das Dopamin pur!

Fazit: Digital Personal Branding ist also mehr als ein Chancenmacher für die eigene Karriere oder die Recruiting-Abteilung. Es ist die Antwort auf eine Arbeitswelt, die immer vernetzter wird und in der Vertrauen zwischen Unternehmen, Führungskraft, Recruiter und Mitarbeiter die entscheidende Rolle spielt.

Vielen Dank für Deine wertvollen Erfahrungen, Stephan!

5.4   Social Selling

Während an vielen Stellen im Unternehmen noch angenommen wird, dass Digital Personal Branding Schulungen für die eigene Mannschaft ausschließlich dem Employer Branding zugutekommt, verzeichnen andere Abteilungen damit Erfolge im Vertrieb.

Das Stichwort lautet Social Selling und die Hauptakteure hier sind die Vertriebler im Unternehmen (aber auch Selbstständige). Dazu gehört u. a. der Aufbau der eigenen Digital Personal Brand in den Sozialen Netzwerken durch das Knüpfen und Pflegen von relevanten Business-Kontakten sowie das Teilen von hilfreichen Inhalten für diese Kontakte. Somit darf Social Selling nicht als Kaltakquise via Social Media verstanden werden. Es ist kein plumpes Teilen von Marketing- oder Verkaufsmaterialien in Kanälen wie LinkedIn oder XING. Social Selling ist vielmehr der strategische Aufbau von Beziehungen zu relevanten Entscheidern und das Wecken von Kundeninteresse in Dich und Deine Leistung, bzw. die Leistung des Unternehmens.

Gleichzeitig ist es wichtig zu wissen, dass Social Selling keine eigenständige Form der Vertriebs ist, die nun die „alten" Wege wie Telefon oder E-Mail verdrängt. Gute Vertriebsprofis haben schon immer gewusst, dass sie eine Mischung aus effektiven und effizienten Wegen wählen müssen, um den Kunden zu erreichen. Social Selling ist ein neuer Weg, aber er macht das Telefon oder gar den persönlichen Termin nicht obsolet.

Eine der bekanntesten Erfolgsbeispiele für Social Selling liefert IBM mit seinem Pilotprojekt. Ausgangslage war die Beobachtung, dass altbewährte Verkaufsstrategien- und kanäle wie Telefon und E-Mail nicht mehr so erfolgreich waren im B2B-Verkauf von anspruchsvollen, technischen Lösungen (in dem Fall Cloud-Lösungen) wie noch vor zehn Jahren. Gleichzeitig stellte IBM fest, dass bereits ein Drittel der B2B-Käufer Social Media nutzen, um sich im Einkaufsprozess zu informieren. Die Sales-Akteure von IBM vernachlässigten also ein Spielfeld, auf dem ihre Kunden schon längst spielten. Also entschied sich IBM Social Selling gezielt im Vertriebsprozess auszutesten (Modern Marketer 2016).

Dafür wurde ein Pilot aufgesetzt mit sieben Mitarbeitern im Produktbereich „Cloud Computing".

- Zunächst wurde mithilfe von Social Listening geschaut, mit welchem Content (potenzielle) Kunden in Social Media interagieren und welche Fragen sie im Bereich Cloud Computing besonders häufig stellen.
- Gleichzeitig erhielten die sieben Mitarbeiter professionelle LinkedIn- und Twitter-Beratung, um ihre Profile aussagekräftig zu gestalten. Eine Landing Page mit ihren Kontaktdaten, Social-Media-Profilen und der Möglichkeit der schnellen Kontaktaufnahme per Videochat ergänzten die Kommunikationsmöglichkeiten.
- Die dritte Säule war Content. Welcher passende Content war bereits vorhanden (von IBM selbst) und konnte von den Mitarbeitern genutzt werden, um die Zielgruppe auf sich aufmerksam zu machen, relevante Informationen im Kaufprozess anzubieten und sich als Experte zu positionieren? Wo konnte weiterer Content gefunden werden von verlässlichen Quellen? Hier bot das Marketing von IBM Hilfestellung, indem es relevante Inhalte durch ansprechende Social Media Teaser ergänzte, so dass die Vertriebler diesen Content direkt weiterteilen konnten über ihre Kanäle.

Ergebnis: Der Sales-Erfolg der sieben Mitarbeiter stieg innerhalb der sechsmonatigen Pilotphase um 400 %. Die Mitarbeiter hatten während dieser Zeit eine starke Digital Personal Brand aufgebaut und wurden als kompetente Berater wahrgenommen (Modern Marketer 2016). Mittlerweile hat sich Social Selling bei IBM als fester Bestandteil des Sales-Prozesses etabliert und es werden Stellen für „Social Selling Strategists" ausgeschrieben.

Bisher ist Social Selling in Deutschland noch in den Kinderschuhen und eher bei Startups und großen Technologieanbietern wie IBM oder SAP anzutreffen. Obwohl Sales-Mitarbeiter bereits zu einem hohen Grad Social Media für ihre privaten Zwecke nutzen, verfügen die meisten ihrer Unternehmen noch nicht über hilfreiche Trainingsprogramme für Social Media, geschweige denn Social Selling. Doch das Interesse steigt. „Insbesondere in stark technisch geprägten Umfeldern sowie im Bereich komplexer Dienstleistungen und Investitionsgüter rückt die Kundenbeziehung stärker in den Vordergrund." (Vertriebsmanager 2017). Diese Kundenbeziehung muss man dort knüpfen, wo sich Kunden vermehrt aufhalten, z. B in LinkedIn und XING.

In diesen Kanälen knüpfen potenzielle Kunden nicht nur Beziehungen, sondern sammeln auch Informationen zu relevanten Ansätzen, die ihr Business voranbringen. Diese vermehrte „Eigenrecherche" hat die Beziehung zwischen Kunde und Verkäufer über die letzten Jahrzehnte stark verändert. Kunden sind besser informiert denn je und haben somit auch mehr Macht im Gespräch mit Dienstleistern (und höhere Ansprüche). Laut Matthew Dixon und Brent Adamson, den Autoren des Buches „The Challenger Sale: How To Take Control of the Customer Conversation", sind B2B-Käufer heutzutage schon etwa 57 % des Entscheidungsweges gegangen, bevor sie Verkäufer kontaktieren (The Challenger Sale 2012).

Mit Social Selling positionieren sich Verkäufer schon früher auf dem Spielfeld der Entscheidungsfindung und gestalten mit.

Social Selling funktioniert in jeder Branche, die erklärungsbedürftige und maßgeschneiderte Dienstleistungen und Produkte anbietet und deren Kunden in Social Media zumindest als Leser aktiv sind. Sei es der Headhunter, der Firmen freiberufliche Experten vermittelt oder die Gründerin, die eine Analyse-Software für Marketingentscheider entwickelt hat: Beide sind im Idealfall nicht nur Anbieter, sondern Berater für den Kunden. Überall dort, wo Produkte und Dienstleistungen vom Kunden einfach online oder im Laden erworben werden können ohne die zwingende Beratung eines Experten, bietet sich Social Selling weniger an. Mitarbeiter im Vertrieb, die solche Produkte und Dienstleistungen lediglich weiterreichen, sind stärker der Automatisierung ausgesetzt. Das bedeutet aber auch für Vertriebler von erklärungsbedürftigen Lösungen, dass sie sich noch stärker auf die Rolle als Berater – und Social Seller – fokussieren müssen.

Social Selling Roadmap

Die Social Selling Roadmap, die ich im Laufe meiner Kundenprojekte entwickelt habe, zeigt die vier wesentlichen Aufgaben, die ein Social Seller hat (s. Abb. 5.1). Unabhängig davon, ob er sich nun für LinkedIn, Xing, Facebook, Instagram oder Twitter als Kanal entscheidet. Wobei die ersten zwei einem deutlich mehr Möglichkeiten für die Recherche bieten dank ihrem Fokus auf die Business-Welt.

Wie gehe ich nun vor, wenn ich Mitarbeiter im Vertrieb befähigen möchte, mit Social Selling und der eigenen Digital Personal Brand erfolgreich zu sein?

1. **Professionelles Auftreten in LinkedIn und XING**

   Am Anfang steht das Herausarbeiten der eigenen Positionierung. Im Abschn. 4.3.1 findest Du hierfür einen detaillierten Leitfaden. Als Unternehmen kann man die eigenen Mitarbeiter dabei unterstützen, indem man die Corporate Brand kommuniziert und einen Social Media Guide entwickelt mit klaren Leitlinien und Tipps. Als Mitarbeiter kann ich mir überlegen, welche Aspekte daraus auch zu meiner eigenen Personal Brand

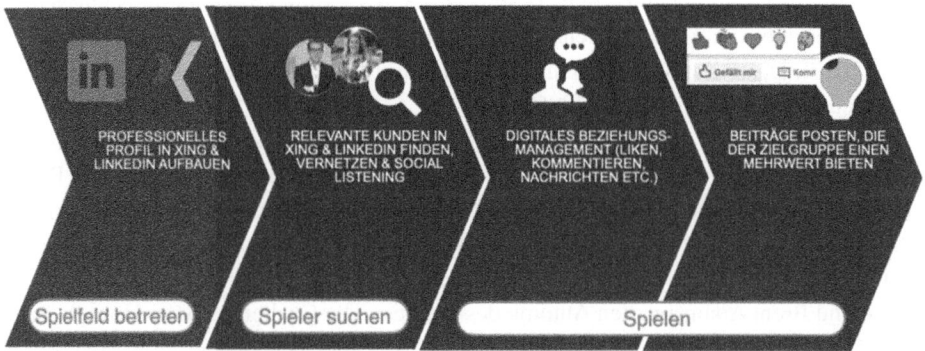

Abb. 5.1 Social Selling Roadmap

passen. Zudem ist die Übung zum Personal Branding Pitch aus Abschn. 3.8 essenziell, um die eigene Positionierung zu schärfen und auch den eigenen Wertbeitrag im Rahmen seiner Rolle besser zu greifen.

Anschließend folgt die Profilschärfung in den Business-Netzwerken. Laut einer Studie, suchen mehr als die Hälfte der B2B-Einkäufer nach informativen LinkedIn-Profilen von Sales-Mitarbeitern, bevor sie die Entscheidung treffen, ob sie mit ihnen in ein Gespräch gehen (LinkedIn 2017). Wer keine oder verwahrloste Profile in LinkedIn und XING aufweist, kann in der heutigen Zeit schnell als schlecht vernetzt oder gar digital unbewandert wahrgenommen werden. Ein Fehler, den kein Sales-Mitarbeiter machen sollte.

Die wichtigste Überlegung, die Sales-Mitarbeiter beim Aufbau ihrer Business-Netzwerke anstellen sollten: Wie wird schnell deutlich, für welche Themen ich stehe und dass ich ein Experte darin bin? Insbesondere das XING-Portfolio und der Info-Abschnitt in LinkedIn helfen dabei, die eigene Expertise im Profil sichtbar zu machen.

2. **Relevante Kontakte finden und Zuhören**
   Hier gibt es einige Werkzeuge, die in XING und LinkedIn schon in der freien Basisversion genutzt werden können. In LinkedIn erlauben die Suchfilter ein relativ genaues Durchforsten nach Personen und mehr (s. Abb. 5.2). Dafür geht man oben auf das

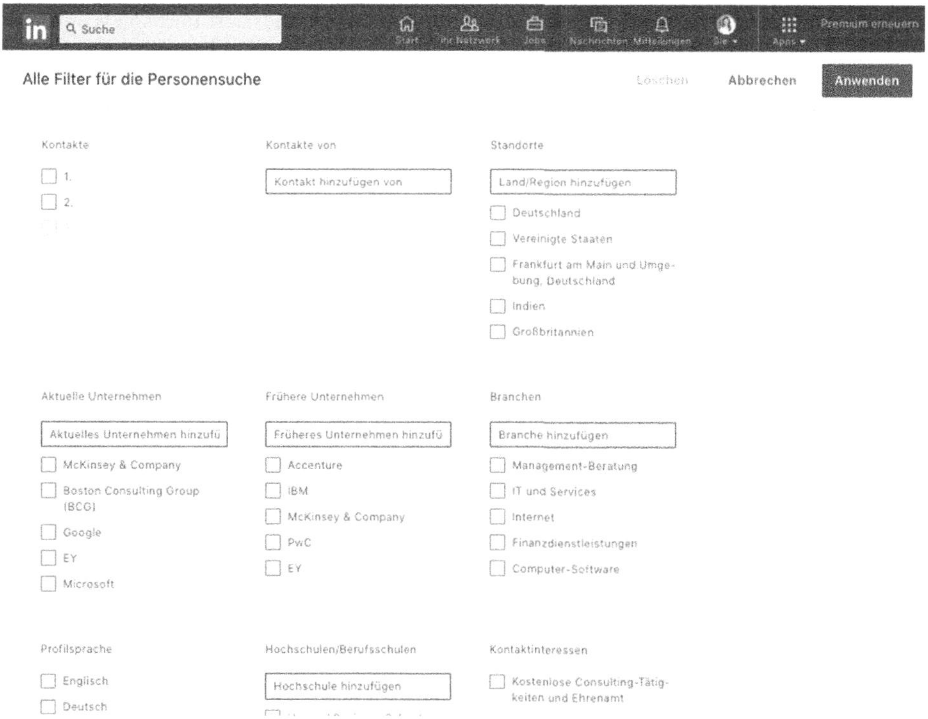

Abb. 5.2 Suchfilter „Personensuche" in LinkedIn

Suchfeld neben dem LinkedIn-Logo. Wenn man reinklickt, kann man Personen, Jobs, Inhalte, Unternehmen, Schulen oder Gruppen auswählen, woraufhin sich neue Suchfenster öffnen.

Beim Suchfenster „Personen", können Name, Vorname, Hochschule, Unternehmen, früheres Unternehmen, Branche, Standort und mehr ausgewählt werden.

Wenn Du auf „Inhalte" und dann rechts oben „Alle Filter anzeigen" gehst, kannst Du nach veröffentlichten Beiträgen innerhalb eines Unternehmens, einer Branche und innerhalb eines bestimmten Zeitraums filtern. So kann man herausfinden, welche Ansprechpartner innerhalb eines Unternehmens eigene Beiträge teilen. Das kann einem auch einen guten Überblick darüber geben, was das Unternehmen gerade bewegt. Wertvolle Anknüpfungspunkte für jeden Verkäufer (s. Abb. 5.3).

Daneben sollte man den Newsfeed richtig aufbauen, indem man relevanten Experten, Unternehmen und Hashtags folgt. Wenn man beispielsweise #SocialSelling eingibt und dann auf die Lupe rechts geht, erscheint als oberster Vorschlag der gesuchte Begriff, dem man nun folgen kann. So werden einem im Newsfeed selektiv Beiträge angezeigt von anderen Nutzern, die diese mit dem Hashtag #SocialSelling versehen haben (s. Abb. 5.4).

Neben den Personen, mit denen man vernetzt ist (und ihnen dadurch automatisch folgt) und den Unternehmen und #, entscheidet auch Dein Verhalten in LinkedIn darüber, was Dir angezeigt wird. So lernt der Algorithmus bei jedem Profilbesuch, „klick", „gefällt mir", „teilen" und „kommentieren", was Dich interessiert und spielt entsprechende Beiträge besonders weit oben aus. Du kannst jedoch auch wählen zwischen

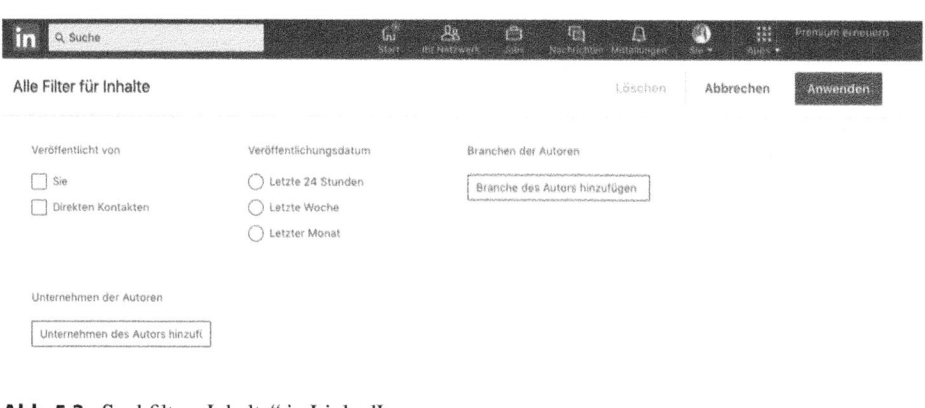

Abb. 5.3   Suchfilter „Inhalte" in LinkedIn

Abb. 5.4   #-Suche in LinkedIn

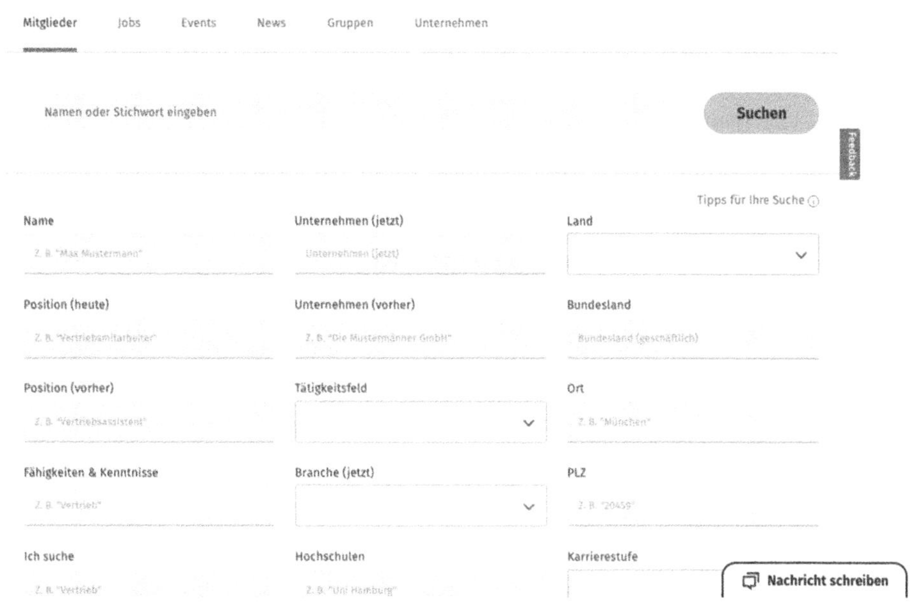

Abb. 5.5 XING Mitglieder Suchfilter

„Relevanteste" und „Aktuellste" oben in Deinem Newsfeed. Ich empfehle es immer auf „Relevanteste" zu lassen.

In XING benötigt man für die „Erweiterte Suche" eine Premium-Mitgliedschaft (s. Abb. 5.5). Für Menschen im Vertrieb eine gute Investition, wenn man nicht gleich in Lizenzen wie den XING Talent Manager oder ProJobs investieren möchte.

Ähnlich wie bei LinkedIn kann man nach Personen, Jobs, Unternehmen, Gruppen und News suchen (s. Abb. 5.5). Darüber hinaus gibt es in XING noch Filteroptionen für Events (die über die XING-Plattform eingestellt werden).

Am Beispiel Personensuche weiter unten sieht man, wie zielorientiert man reingehen kann, um z. B. relevante Ansprechpartner beim Kunden zu recherchieren. Hier lohnt es sich zudem die Booleschen Operatoren zu kennen, um noch mehr herauszuholen. Wenn Du z. B. „Kommunikation*" eingibst, werden Dir Mitglieder angezeigt, die Kommunikation in jeglicher Form im Profil haben. Allerdings ist die Anzahl der angezeigten Profile in der freien- und auch in der Premium-Version beschränkt.

Neben den Suchfiltern kannst Du natürlich auch sehr viel in den Profilen Deiner relevanten Ansprechpartner herausfinden. Insbesondere die Aktivitäten Deiner Ansprechpartner, die Du sowohl in LinkedIn als auch XING siehst, wenn sie denn aktiv sind, geben Dir einen guten Überblick über die aktuellen Interessen.

Daneben gibt es einige kostenpflichtige Produkte, die speziell für den Vertrieb zugeschnitten sind. Darunter der LinkedIn Sales Navigator oder XING ProBusiness, auf die ich hier nicht weiter eingehen werde. Wichtig ist zu verstehen, dass erfolgreiches Social Selling ein Zusammenspiel aus Mindset, Toolset und Skillset benötigt. Ein guter

Social Seller braucht alle drei. Er muss verstehen, wann LinkedIn und XING sinvoll sind und wann das Telefon. Gleichzeitig muss er wissen, wie er mit den ihm zur Verfügung stehenden Tools umgeht, um das beste Ergebnis zu erzielen. Somit empfiehlt es sich als Unternehmen einen genaueren Blick auf diese Tools zu werfen, gepaart mit konkreten Schulungen. Jedoch reicht es für den Anfang die Premium XING-Mitgliedschaft und Basis LinkedIn-Mitgliedschaft zu verwenden, um zunächst zu verstehen, wie Social Selling funktioniert.

3. **Beziehungen zu Kunden aufbauen und pflegen**
   Social Media ist keine Einbahnstraße. Das sollte bis hierhin klar sein. Leider erlebe ich es dennoch zu oft, dass Menschen in den sozialen Netzwerken lediglich als Linkschleudern auftreten. Mach es besser! Gerade am Anfang wird es etwas dauern, bis Du einen Newsfeed aufgebaut hast, der Dir alle Beiträge Deiner relevanten Kontakte sofort als Erstes anzeigt. Doch wenn Du dreimal die Woche mit Deinen wichtigsten Kontakten interagierst, lernt der LinkedIn-Algorithmus und zeigt Dir deren Inhalte automatisch oben im Newsfeed an.

   Insbesondere Kommentare sind die beste Möglichkeit, um Dich gezielt als Experte im Kopf von bestimmten Zielpersonen zu platzieren. Wenn Du einen Beitrag von einer relevanten Person siehst, zu dem Du etwas Kluges zu schreiben hast, dann tue es. Kommentare erhalten zum Teil sogar mehr Sichtbarkeit als eigene Beiträge, aber noch viel wichtiger: Durch Kommentare kommst Du direkt und einfach mit Deiner Zielperson in Kontakt.

   Darüber hinaus muss es auch nicht immer öffentlich sein. Eine Nachricht in LinkedIn zum Geburtstag oder das Senden eines Links zu einer Studie mit dem kurzen Kommentar: „Darüber haben wir neulich gesprochen" gehören ebenfalls zur effektiven Social-Media-Interaktion dazu.

4. **Sich als vertrauensvoller Experte in den Köpfen der Kunden verankern**
   Wenn die eigene Positionierung erarbeitet ist und die Interessen des Kunden recherchiert sind, geht es an das Finden der passenden Themen und Botschaften. „They may come to us at first because we're IBM, but they continue with us because that sales rep brought some content of value to them", sagt Douglas Hannan, Business Unit Executive für Inside Sales Marketing bei IBM North America (Chief Marketer 2012). Aus diesem Grund sollte die Marketing-Abteilung eng mit Sales zusammenarbeiten, um zu verstehen, wie sie die Kollegen im Vertrieb unterstützen kann beim Wertschaffen für den (potenziellen) Kunden. Ich erlebe es oft, dass Sales wertvolle Studien und anderen Content aus dem Marketing nicht verwendet, weil zu viele allgemeine Informationen darin stehen und nicht vertriebsgerecht aufbereitet sind.

   Daneben lohnt es sich über Werkzeuge nachzudenken, wie LinkedIn-Elevate. Darüber können relevante Inhalte (eigener Content des Unternehmens oder externe Quellen) von Mitarbeitern eingestellt werden, die dann auch von anderen Mitarbeitern direkt über ihre Social-Media-Profile geteilt werden können.

Was Sales-Mitarbeiter selbst tun können:

– Auf Marketing zugehen mit ihrem Wissen über den Kunden. Welcher Content interessiert Kunden? Wie könnte dieser Content (Social-Media-gerecht) aufbereitet sein?
– Es erscheint vielleicht banal, aber es wird von vielen Vertrieblern immer noch unterschätzt: Wer keinen relevanten Content konsumiert, kann auch keinen teilen! Jeder Mitarbeiter sollte regelmäßig relevante Fachzeitschriften lesen und Experten in Social Media folgen. Zudem hat XING Themen- und Branchen-Newsletter, die man sich individuell zusammenstellen kann: https://www.xing.com/news/selections.
– Gewohnheiten entwickeln, damit das Teilen von Wissen kein einmonatiges Projekt wird. Wer mit der Bahn pendelt, kann z. B. schon morgens in der XING- und LinkedIn-App aktiv werden. Mehr Informationen dazu findest Du im Abschn. 4.3.1.
– Und das Allerwichtigste: Einfach nur Content teilen ohne eigene Meinung funktioniert nicht. Schreibe immer Deinen eigenen Blickwinkel, Deine Botschaft oder eine Frage dazu, die eine interessante Diskussion anstoßen kann. Das ist es, was Deine relevanten Kontakte wirklich interessiert, denn Content gibt es wie Sand am Meer. Diesen Content als Experte in das richtige Licht zu rücken, ist Deine Aufgabe, wenn Du einen Mehrwert für Deine Kunden liefern möchtest. Content ohne den eigenen Senf schmeckt nicht!

Natürlich kann dieser Leitfaden auch von Mitarbeitern im Vertrieb genutzt werden, die erst einmal selbst austesten möchten, welche Möglichkeiten ihnen der Aufbau ihrer Digital Personal Brand bietet (erste Erfolge helfen zudem bei der Überzeugungsarbeit beim Chef).

Effektiver ist es allerdings, wenn das Unternehmen mitzieht und entsprechende Möglichkeiten zur Verfügung stellt. Das Entscheidende ist hierbei das Einräumen von Zeit und Expertise. Einige Unternehmen stellen Mitarbeitern einen professionellen Berater zu Seite, der mit ihnen die Profile aufbaut und schärft, ihnen die Regeln der Social-Media-Interaktion erklärt und über guten Content spricht. Nebenher funktioniert das nicht im schnelllebigen Sales-Alltag. Es braucht vor allem Kontinuität.

Social Selling Index

Für Vertriebler hat LinkedIn noch einen Gamification-Ansatz eingebaut. Den Social-Selling-Index. Du siehst Deinen SSI, wenn du www.linkedIn.com/sales/ssi in den Browser eingibst (und Du bereits in LinkedIn eingeloggt bist). Es erscheint ein Score zwischen 0 und 100 und Du siehst, wie er sich zusammensetzt (s. Abb. 5.6). Die Aussagekraft ist zwar eher quantitativer Natur, jedoch würde ich sie nicht nur als „vanity metric" abtun. Jeder Vertriebler sollte einen Score über 60 anstreben. Je höher Dein Score, umso mehr Menschen sehen tendenziell Deine Posts in deren Newsfeed.

Dein SSI ist nur Dir als Nutzer sichtbar. Die Statistiken aktualisiert LinkedIn nach eigener Aussage täglich – meiner Beobachtung nach wirken sich verstärkte Aktivitäten kurzfristig aber gering aus. Der Fokus dürfte auf der mittelfristigen Aktivität liegen. Der SSI ist ursprünglich dafür gedacht, Vertriebler vom LinkedIn Sales Navigator zu überzeugen, ein Service von LinkedIn, mit dem Vertriebler noch mehr Suchfilter zur Verfügung

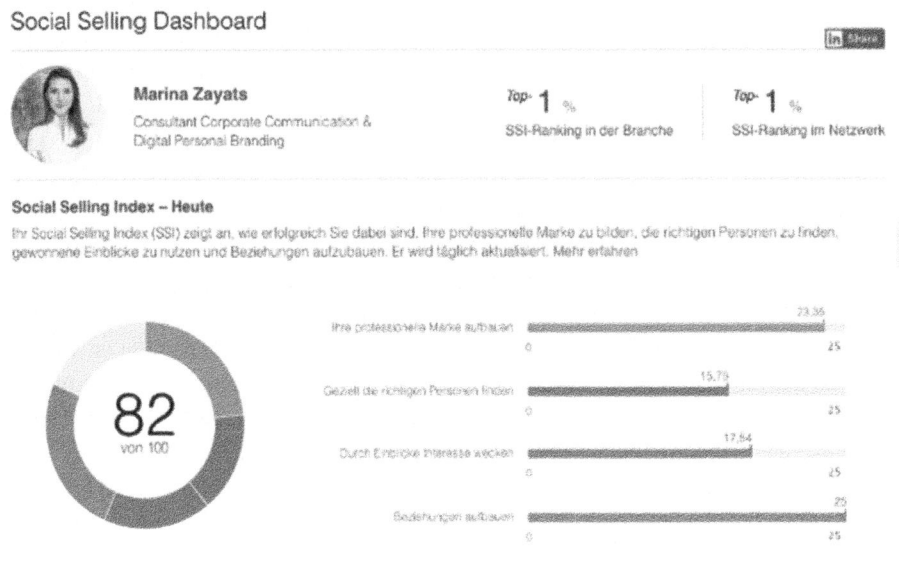

Abb. 5.6 Mein SSI

haben, mehr Kontaktanfragen verschicken und als Vertriebsteam besser auf der Plattform zusammenarbeiten können. Wenn man die freien Möglichkeiten auf LinkedIn als Vertriebler ausgeschöpft hat, ist es sinnvoll über den Sales Navigator nachzudenken.

An den vier Schritten der Social Selling Roadmap lässt sich erkennen: Auch im Vertrieb spielt (Digital) Personal Branding eine entscheidende Rolle. In Kap. 3 haben wir bereits erfahren, wie wichtig die Arbeit an der eigenen Persönlichkeit ist für den Aufbau einer attraktiven Personal Brand. Welche Rolle die Persönlichkeit heute im Vertrieb einnimmt, obwohl (oder gerade weil) so viele Prozesse automatisiert und digitalisiert werden können, erklärt Dirk Stoess im Interview (s. Abschn. 5.4.1).

5.4.1   Welche Rolle spielt die Persönlichkeit im Vertrieb?

Marina Zayats im Gespräch mit Dirk Stoess

> **Über den Gesprächspartner**
> Dirk Stoess ist Gründer und Geschäftsführer der Beratungsfirma Cormens. Zuvor sammelte er 20 Jahre Erfahrung im Private Banking und Firmenkundengeschäft. 2018 wählten Kollegen und Kunden Cormens unter die besten Berater Deutschlands (Brand Eins Wissen 2018).

▶ **Der Vertrieb hat sich über die letzten Jahrzehnte verändert. Wir können mittlerweile fast alles online kaufen und Chatbots sind auf dem Vormarsch. Welchen
Mehrwert liefern Verkäufer aus Fleisch und Blut heute konkret?**
Ein Kollege hat es einmal so formuliert: Entweder der Mensch gewinnt als Berater an Bedeutung im Vertrieb oder er verliert sie ganz! Alles, was digitalisiert
werden kann, wird digitalisiert. Dazu zählen vor allem Tätigkeiten, bei denen
persönliche Interaktion nicht wichtig ist. Diese Tätigkeiten werden seit wenigen
Jahren nach und nach durch Algorithmen abgebildet. In anderen Bereichen
hingegen, erwarten Kunden einen Berater auf Augenhöhe, der ihnen hilft Am-
bivalenzen zu erkennen und Lösungen zu bauen. Verkäufer müssen sich also
gezielt fragen:„Wo bringe ich einen Mehrwert als Berater gegenüber einem Ro-
boadvisor und wo nicht".

Das gilt insbesondere beim Kauf von komplizierten und komplexen Produkten und Dienstleistungen. Der Kunde möchte verstehen, was seine Optionen
sind für seine individuelle Situation, er möchte Vorschläge anstatt vorgefertigte
Lösungen. Das bedeutet für den Verkäufer ein Umdenken von „Mein Unternehmen hat herausragende Produkte" hin zu „Zusammen mit dem Kunden ent-
wickle ich herausragende Lösungen." Genau hier liegt die Stärke eines Verkäufers aus Fleisch und Blut: Die Erarbeitung einer passgenauen Lösung gemeinsam
mit dem Kunden anstatt das Präsentieren einer vorgefertigten Lösung. Das erfordert viel zwischenmenschliches Feingefühl und Empathie. Ich muss den
Kunden genau verstehen mit all seinen Bedürfnissen und Herausforderungen.
Ich muss Vertrauen aufbauen. Kurz: Ich muss Mensch sein!

▶ **Somit steigt die Relevanz der Persönlichkeit und zwischenmenschliche Fähigkeiten eines Mitarbeiters im Vertrieb mit der Digitalisierung weiter?**
Zumindest für absehbare Zeit, ja. Die Ziele eines erfolgreichen Verkäufers drehen sich heute um einen Dialog mit Persönlichkeit, das Beratungserlebnis und
eine Partnerschaft mit dem Kunden. Die Investition in die eigene Persönlichkeitsentwicklung ist heute somit wichtiger denn je. Ich muss verstehen, wer mir
gegenüber sitzt als Kunde. Was weiß ich über ihn (hard-facts), welche Ziele verfolgt er, was ist ihm persönlich wichtig im Leben? Das finde ich u. a. durch Social
Listening heraus (also durch den Einsatz von z. B. XING und LinkedIn, um mehr
über die Welt meines Kunden zu erfahren), aber vor allem indem ich:

- gute Fragen stelle und zuhöre
- gute Geschichten erzähle, die Emotionen ansprechen und eine Verbindung
  und Vertrauen aufbauen
- und letztlich Mut habe, beides anzuwenden

Das erfordert auch einen guten Kontakt zu sich selbst. Eine akkurate Fremdwahrnehmung meines Kunden ist nur durch eine klare Selbstwahrnehmung

möglich. Welche Filter habe ich und welche davon sollte ich ablegen im Gespräch? Ich muss mir klar werden über meine eigenen Ziele und meine Persönlichkeit klar greifen können. Der Personal Branding Pitch kann hier eine gute Übung sein für Berater im Vertrieb, um genau das auf den Punkt zu bringen – und auch klar nach außen hin transportieren zu können.

Am Ende des Tages entscheidet nämlich nicht nur die Marke und Reputation des Unternehmens, sondern auch die Personal Brand des Verkäufers. Eine persönliche Marke schafft nämlich Orientierung (mit wem habe ich es zu tun) und letztlich auch Vertrauen. Ein entscheidender Aspekt im Verkauf. Nicht umsonst sagen 43 % der Einkäufer, dass Vertrauen der wichtigste Aspekt beim Geschäftsabschluss ist, noch vor dem Preis (LinkedIn 2017).

5.4.2   Messbarkeit und Nutzen des Social Sellings

Zum Schluss möchte ich noch auf zwei Fragen eingehen. Die erste stellen natürlich insbesondere Geschäftsführer und Vertriebsleiter: „Wie messe ich denn das Ganze?"

Es gibt im Social Selling Bereich viele mögliche KPIs, darunter sinnvolle und weniger sinnvolle. Am Ende ist das Entscheidende eine gute Balance zu finden zwischen „Mehraufwand durch das Tracken von Social Selling Aktivitäten" und „Sichtbarmachen von Social Selling Impact auf den Vertrieb". Um den Einfluss von Social Selling auf den Umsatz messen zu können, muss jeder einzelne Mitarbeiter im Vertrieb bestimmte Kenngrößen messen. Idealerweise gibt es dafür eine Möglichkeit im eigenen CRM System, damit der Nutzen von Social Selling kein Bauchgefühl bleibt. Hierbei ist die Zusammenarbeit von CRM und Best Practices seitens jeden Vertrieblers entscheidend.

Zwei Ansätze halte ich hier für sinnvoll.

- Durch welchen Kanal erfolgte die Erst- oder Wiederkontaktaufnahme. Das sollte im CRM getrackt werden.
- Weitere vertriebsrelevante Kontaktpunkte (samt Kanal) festhalten (Kunde hat Interesse bekundet via LinkedIn Nachricht, potenzieller Kunde hat Kontaktanfrage angenommen in XING etc.). Dazu kann auch ein positiver Kommentar des Kunden unter den eigenen Beitrag zählen. Diese gesammelten Kontaktpunkte und Informationen setzen sich nach und nach zu einem Bild zusammen. Der Vertriebler entscheidet dann selbst, ab wann der Lead bereit ist „konvertiert" zu werden. Hier wird die Arena Social Media meistens verlassen und das Gespräch per Telefon weitergeführt. Wichtig ist hierbei aufzuzeigen, dass die Vorbereitungen dafür in Social Media stattfanden.

Entscheidend ist hierbei auch, dass die Organisation die Social-Selling-Arbeit der Mitarbeiter schätzt bzw. einen Rahmen einräumt, in dem ausprobiert werden darf. Ich erlebe es oft, dass gerade gestandene Führungskräfte das Telefon weiterhin als einzigen Vertriebskanal sehen und Mitarbeiter am Ende des Monats rügen, wenn sie statt 100 % in

Telefon, 10 % in Social Selling investiert haben. Gerade am Anfang erfordert Social Selling eine gewisse Pionierphase, in der ausprobiert und optimiert werden darf. Erfolge stellen sich nicht sofort ein.

Zusätzlich lohnt es sich, als Verantwortlicher für das Programm die Best Practices der Vertriebler am Anfang du dokumentieren und allen zur Verfügung zu stellen (z. B. in einer einfachen Power-Point-Präsentation). So findet ein Lerneffekt statt und die ersten Erfolge geben Rückendeckung für das weitere Vorantreiben der Social Selling Initiative.

Die zweite Frage, die mir oft gestellt wird: „Ist jedes Unternehmen bereit für Social Selling?" Es gibt Ausnahmen bei Unternehmen, deren Führungskräfte sehr restriktiv sind. Aber ich habe auch schon erfolgreiche Social-Selling-Programme mit Unternehmen ausgerollt, deren Führungskräfte am Anfang sehr skeptisch waren. Die Voraussetzung ist, dass es einige Vorreiter auf dem Gebiet gibt, die es schon erfolgreich (wenn auch im stillen Kämmerlein) anwenden. Diese Menschen gilt es ausfindig zu machen und herauszufinden, warum sie damit erfolgreich sind. Die so entstehende kleine Grassroots-Bewegung sorgt für die nötigen positiven Beispiele. Diese Gruppe gilt es zu unterstützen und mit mehr Wissen auszustatten. Mit mehr konkreten Erfolgen folgt die Akzeptanz und es kommen mehr Menschen, die bereit sind das Ganze auszuprobieren. Das Video „How to start a movement" ist ein eindrucksvolles Beispiel dafür, wie aus einem einsamen Wolf, den alle für bekloppt halten, ein geschätzter Vorreiter werden kann, der andere ansteckt.

Sobald konkrete Erfolge vorhanden sind, gilt es internes Stakeholder Management zu betreiben: das Finden und Überzeugen von wichtigen Entscheidern innerhalb des Unternehmens. Dabei ist es gar nicht so wichtig, alle Entscheider zu überzeugen. Das ist unrealistisch. Es geht vielmehr darum, einige wenige zu überzeugen, die dabei helfen, die Initiative voranzutreiben. Mit Support von „oben" und „unten" kann Social Selling nach und nach in der Organisation verankert werden.

5.5 Der #SocialCEO

5.5.1 Wenn der CEO twittert

Die bekanntesten Mitarbeiter innerhalb eines Unternehmens, sind meistens deren CXOs (allen voran der CEO, aber auch CIOs, CMOs, CFOs, CHROs etc.). Wenn es darum geht, das Unternehmen oder die Branche zu repräsentieren, sind sie diejenigen, die als Interviewpartner in Fachmagazinen und Tageszeitungen erscheinen oder als Speaker auf Events auftreten. Der Haken an der Sache: Laut dem Edelman Trust Barometers (2018) geben 78 % der Befragten in Deutschland an, sie vertrauen eher darauf, was sie von Mitarbeitern des Unternehmens hören als vom CEO.

Dennoch liegt der Fokus der Kommunikationsabteilungen immer noch sehr stark auf dem Auftritt des Vorstands über klassische interne und externe Kanäle. Während am richtigen Wording der Pressemitteilung gefeilt wird, Zitate für den CEO vorsichtig zurechtgeschnitten werden und die Neujahrsrede an die Mitarbeiter genau auf Sympathie und

Glaubwürdigkeit überprüft wird, bespielen hunderte von Mitarbeitern des gleichen Unternehmens andere Kanäle: Flurfunk und Social Media.

In den letzten Jahren haben Kommunikationsabteilungen vieler deutscher Unternehmen verstanden, dass Social Media kein Raum ist, den man länger ignorieren kann. Gerade in den Business-Netzwerken sammeln sich nicht mehr nur junge Talente, die spannend sind für die HR-Abteilung, sondern auch die Zielgruppe, die man bisher vor allem über klassische Medienarbeit versucht hat zu erreichen. Darunter potenzielle Kunden und Partner, die Social Media nutzen, um informiert zu bleiben (oder weil sie schlichtwegs Angst haben, etwas zu verpassen). Kurz: Social Media ist nicht nur der Spielplatz für den Unternehmensnachwuchs.

Also schufen Kommunikationsverantwortliche Social-Media-Accounts auf LinkedIn, XING, Facebook, Twitter und vielleicht auch Instagram. Zunächst übernahmen Praktikanten oder Werkstudenten die Social-Media-Arbeit in enger Abstimmung mit dem Kommunikationsteam. Alles sollte aus einem Guss sein. Später merkte man, dass Social Media so viel mehr Arbeit ist, damit „es läuft" und dass „jung" und „Social-Media-affin" nicht gleichbedeutend ist mit „kann das Unternehmen in Social Media gekonnt navigieren". Aber dazu später mehr.

Der nächste logische Schritt bestand nun darin, die Vorstände auch auf diesen Kanälen zu platzieren. Zumal man ohnehin schon Content dafür übrig hatte, wie etwa bereits veröffentlichte Interviews oder aufgenommene Reden. Und genau an diesem Punkt erinnern wir uns wieder an die eingangs erwähnte Studie, die besagt dass 78 % eher darauf vertrauen, was sie von Mitarbeitern hören als vom CEO. Immer noch gibt es in Deutschland zu wenige Topmanager, die in der Öffentlichkeit stehen und das Unternehmen glaubwürdig verkörpern. Viel zu oft opfern die Entscheider in der PR- und Marketing-Abteilung den Erfolg eines authentischen CEOs, der auch gesellschaftlich relevante Themen anspricht, für die vermeintliche Sicherheit vor einem „Shitstorm".

Zudem wissen Menschen, dass die ohnehin sparsame Kommunikation der CEOs weichgespült ist von der eigenen Kommunikationsabteilung oder sogar externen PR-Profis. Dafür muss man keine besonderen Kenntnisse haben, man merkt es, wenn man sich die sehr vorsichtigen, unpersönlichen Zeilen durchliest, die im Mainstream untergehen. Keine Botschaften, keine eigene Meinung führen gleich zu null Interesse bei den Zielgruppen, die man eigentlich erreichen möchte.

Dabei wünschen sich laut dem Edelmann Trust Barometer (2019) rund 70 % der Deutschen von CEOs eine klare Haltung bezüglich gesellschaftlicher, politischer und wirtschaftlicher Themen.

Die weichgespülte Kommunikation hingegen läuft in Social Media nicht (und eigentlich auch nicht in Print oder im Intranet, aber in Social Media fällt es eben umso mehr auf). Es gibt aber auch andere Beispiele und Vorreiter in der deutschen Social-Media-Landschaft: Vorstände wie Tim Höttges, Oliver Bäte, Janina Kugel, Tina Müller und Dieter Zetsche. Sie beziehen Stellung, zeigen Persönlichkeit, posten Videos und Fotos von ihren Reisen und Treffen, lassen uns etwas teilhaben an ihren Interessen und Meinungen zu Politik, Wirtschaft und Gesellschaft. Das kommt gut an.

Warum? Die CEO RepTrak Studie (2017) hat über 28.000 Menschen zu 139 CEOs in 15 Ländern befragt. Das Ergebnis lässt ein klares Muster erkennen: Es reicht nicht mehr, (nur) finanzielle Erfolge für das Unternehmen einzufahren wie Jack Welch oder innovative Produkte auf den Markt zu bringen wie Steve Jobs. Die heutige Riege der CEOs müssen Aktivisten sein, wie der DM-Gründer Götz Werner. Sie müssen mit ihrem Namen für etwas stehen, das Wert liefert für die Gesellschaft – und das auch klar kommunizieren und sichtbar machen (Reputation Institute 2019). Das gleiche gilt im Übrigen auch für Unternehmensmarken.

Ob alles von dem, was CEOs wie Zetsche posten, alleine aus ihrer Schreibfeder stammt? Sicherlich nicht. Zudem unterliegt ihre Kommunikation natürlich klaren Richtlinien, nicht zuletzt, weil der Börsenkurs davon mit abhängt, wie man eindrucksvoll am Fall Elon Musk erkennen kann (ZEIT.de 2018). Jedoch läuft ein Teil der Kommunikation nun über ihre eigenen Social-Media-Accounts und die Menschen haben das Gefühl: Da gibt es mehr zu lesen und zu sehen als inhaltsleere Schonkost. Das stößt auf Resonanz und die Kommunikationsverantwortlichen merken: We got work to do!

Somit sprechen die Chefs der Kommunikationsabteilungen mit ihrem Vorständen und verdeutlichen, wie wichtig es ist, dass sie nun auch auf ihren eigenen Kanälen aktiv sind. Viele Vorstände stimmen zu, geben aber auch klar zu verstehen: „Eigentlich habe ich keine Zeit dafür. Aber weißt du was? Hier hast Du meine Zugänge für LinkedIn und XING. Sind zwar etwas verstaubt und so richtig aktiv genutzt habe ich sie auch nie, aber Du kennst ja meine Aussagen aus den vielen Interviews mit den Printmedien. Leg los, aber mach nichts kaputt."

Diese Haltung lässt sich in einem Handelsblatt-Titel (2018) zusammenfassen: „Dax-Chefs sind Social-Media-Muffel". Bei Mittelständlern und kleineren Unternehmen sieht es nicht anders aus. Lediglich die häufig jüngeren Start-up CEOs und Gründer sind hier aktiver. Jedoch bei weitem nicht so viele, wie man vielleicht vermutet. Die Gleichung „Jung = Digital Native = aktiver Social-Media-Nutzer" geht nicht ganz auf. Ein positives Beispiel für aktive Gründer sind Waldemar Zeiler und Philip Siefer des Start-ups „Einhorn". Mit ihrem Slogan „Unfuck the economy" nehmen sie eine klare Haltung ein und haben sogar mit „Fairstainability" einen Begriff geprägt für faire Nachhaltigkeit (Einhorn 2019).

Und genau an diesem Punkt sind gerade viele Unternehmen. Sie machen aktive Medienarbeit, eine mehr oder weniger aktive Social-Media-Arbeit (oft zu stark ausgerichtet an dem, was das Unternehmen in der Presse macht, weil ja effizient) und sie betreuen parallel die Social-Media-Kanäle des Vorstands. Gerade beim Letzteren, sind sie leider wenig erfolgreich. Das Traurige ist, dass nicht nur bei den externen Zielgruppen keine Resonanz entsteht, sondern auch bei den eigenen Mitarbeitern niemand mitliest, kommentiert, teilt oder liked. Wenn nicht einmal die eigenen Mitarbeiter interessiert, was der Vorstand auf Social Media macht, läuft definitiv etwas falsch.

Wir halten fest
1. Wenn CEOs lediglich die Zugänge für Ihre Kanäle hergeben, aber selbst inhalt-lich nicht aktiv werden, erreichen sie wenig Resonanz.
2. Wenn Kommunikationsabteilungen den Inhalt für die Social-Media-Kanäle der CEOs ausschließlich an dem ausrichten, was in der Medienarbeit läuft, erreichen sie wenig Resonanz.
3. Wenn die Inhalte in Social Media reingewaschen werden von allen potenziell gefährlichen oder unbequemen Inhalten und keine Persönlichkeit zeigen, errei-chen sie wenig Resonanz.

„Wenn Menschen eher darauf vertrauen, was Mitarbeiter des Unternehmens sagen, statt der CEO – warum dann noch die Bemühung für die CEOs in Social Media?", fragte mich neulich ein Kunde. Eine berechtigte Frage. An dieser Stelle ist es wichtig zu verste-hen, welche Sonderrolle der CEO und Vorstand in Social Media einnimmt.

Nach innen
Ein CEO oder Vorstand der aktiv auf Social Media ist, kann einen offeneren Dialog im Unternehmen schaffen, indem er oder sie Stellung bezieht, in kritischen Situationen das Wort ergreift und Werte vermittelt anstatt entschärfte Nachrichten zu senden. Das ehrliche Auftreten in Social Media kann zu Vertrauen führen und zu Verständnis, gerade in schwie-rigen Zeiten. Zudem hat es eine enorme Vorbildfunktion für die Mitarbeiter des Unterneh-mens, die sich dadurch verstärkt mit ihrem eigenen Auftritt in Social Media auseinander-setzen und sich auch trauen, mehr auszuprobieren. Das zahlt letztlich auch auf den digitalen Wandel des gesamten Unternehmens ein.

Nach außen
Menschen neigen zur Personalisierung. Als Gesicht des Unternehmens agiert der CEO und Vorstand auch weiterhin als Ankerpunkt. Dafür zu sorgen, dass Menschen Vertrauen in das Unternehmen haben, ist Chefsache, denn laut Einschätzung von Führungskräften, sind 60 Prozent des Marktwertes eines Unternehmens von dessen Reputation abhängig (Weber Shandwick 2012). Nicht umsonst fällt oder steigt der Aktienkurs eines Unterneh-mens u. a. wenn deren Lenker wie Steve Jobs ihren Rücktritt ankündigen (RP-Online 2011) oder aus dem Rahmen fallen wie Elon Musk (Süddeutsche 2018). Gerade Zielgrup-pen wie Investoren oder Journalisten beobachten das Auftreten der Unternehmenslenker genau – auch in Social Media. Das sorgt natürlich auch für eine gewisse Ehrfurcht von den sozialen Medien. Doch die gefürchteten Fuck-ups lassen sich vermeiden – durch Exper-ten, die einen am Anfang begleiten und nicht zuletzt durch eine gute Portion gesunden Menschenverstand.

Eine interessante Entwicklung zu der Aktivität von CEOs in Social Media konnte ich schon 2017 beobachten. Bei einem ehemaligen Kunden, dessen Muttergesellschaft in den

USA saß, gab es ein Social Dashboard, anhand dessen die Social-Media-Aktivität jedes Vorstands in den einzelnen Ländern gemessen wurde. Zwar wurden keine harten KPIs hinterlegt, die jeder CEO erreichen musste, aber falls jemand wenig bis gar nicht aktiv war, wurde schon mal nachgefragt und bisweilen aufgefordert, aktiver zu werden. Passend dazu ist das Zitat von Peter Aceto, CEO der ING Direct in Kanada: „Erfolgreiche Führungskräfte werden in Zukunft nicht mehr nur an Aktienkursen gemessen." (Experteer 2016)

5.5.2 Wie geht man nun vor, wenn man als CXO seine Digital Personal Brand in Social Media aufbauen will (oder einen CXO dabei unterstützen möchte)?

Klar ist, dass ohne Eigenregie nichts läuft. Vorgeschriebene langweilige Texte und Themen, die nicht einmal die eigenen Mitarbeiter interessieren, sind den Zeitaufwand nicht wert. Klar ist aber auch, dass CXO's nicht sofort lostwittern sollten, ohne ein Gespür aufzubauen für die Social-Media-Welt, deren Dynamik, Zielgruppen, Kanäle und Formate. Sie brauchen vor allem am Anfang einen Experten an ihrer Seite, der sie begleitet.

Wenn ich CXOs und Vorstände bei ihrer Digital Personal Brand berate, starten wir immer zunächst mit einem Check-in. Was war der Impuls, um mit Social Media anzufangen? Was versprechen sie sich davon? Welche Bedenken haben sie? Und sehr wichtig: Wie viel Zeit sind sie bereit zu investieren? Einen Monat Vollgas zu geben, nur um dann aufzuhören, ist so, als hätte man nie angefangen. Es ist besser langsam anzufangen, auszuprobieren und dann immer tiefer ins Wasser zu steigen.

Bei dem ersten Gespräch höre ich oft, dass CXOs durchaus Respekt haben vor dem neuen Terrain, der Transparenz und Schnelligkeit der Kommunikation. Gerade deswegen ist die Sicherheit durch einen kompetenter Begleiter am Anfang so entscheidend.

Zielsetzung
Bei der Zielsetzung muss nicht alles sofort in Zahlen ausgedrückt werden, aber eine klare Richtung ist entscheidend:

- Welche Ziele verfolgt der CXO mit seiner Digital Personal Brand? Dient der Aufbau der Digital Personal Brand dem Image des Unternehmens? Und/oder soll das Vertrauen der Mitarbeiter in das Management gestärkt werden?
- Wer sind die Zielgruppen, die man insbesondere ansprechen möchte? Welche Zielgruppen gilt es zudem noch zu beachten? Beispiel: Falls die eigenen Mitarbeiter nicht die primäre Zielgruppe sein sollen, so ist klar, dass diese natürlich trotzdem beobachten, was der CXO macht.
- Woran merkt man, dass man auf dem richtigen Weg ist? Beim Ziel „Imageaufbau und Stärkung der Marke nach außen" könnte man z. B. messen, wie viele Menschen aus der relevanten Zielgruppe dem CXO folgen oder sich vernetzen.

- Beim Ziel „Vertrauen bei Mitarbeitern steigern" könnte man messen, wie viele Mitarbeiter des eigenen Unternehmens mit den Social-Media-Posts des Vorstands interagieren (gerade bei LinkedIn stehen einem dafür ausführliche Statistiken zur Verfügung, die anzeigen, aus welchem Unternehmen die meisten „Ansichten" kamen).
- Aus den vorherigen Überlegungen ergibt sich die Wahl der Kanäle. Ich empfehle vor allem LinkedIn für das Erreichen von Entscheidern, Mitarbeitern und Meinungsführern. Twitter ist insbesondere spannend für den Kontakt zu Medien und Meinungsführern, erfordert aber schnelle Antworten, häufige Kommunikation und die enge Begleitung durch einen PR- und Twitter-Profi. Facebook ist für die CEO-Kommunikation aus meiner Sicht weniger geeignet. Instagram ist gerade für eine jüngere Zielgruppe interessant. Hier kann man sich Inspiration beim FDP-Politiker Christian Lindner holen, der Instagram gekonnt für sich einsetzt.

Wo komme ich her und wo stehe ich?

Der zweite Schritt ist eine Bestandsaufnahme. Mit welchen Themen wird der CXO aktuell wahrgenommen in externen und internen Kanälen? Welche Botschaften wurden bisher gesendet und wie war deren Resonanz? Ebenfalls sehr wichtig: Wie wird die Person aktuell intern wahrgenommen und mit welchen Themen in Verbindung gebracht? Social Media wirkt sowohl nach Außen, als auch nach Innen. Einen Vorstand nach Außen hin völlig anders darzustellen, als er oder sie nach Innen wirkt, kann gerade für die Unternehmenskultur schädlich sein. Hier braucht es Fingerspitzengefühl, denn viele Vorstände wissen gar nicht, wie sie wirklich wahrgenommen werden intern. Hier braucht es Kommunikateure, die gut vernetzt sind im Unternehmen und auch den Mut haben, die aktuelle Wahrnehmung des Vorstands mit diesem offen anzusprechen.

Themenfindung

Die Besonderheit hier besteht darin, Themen zu finden, die eine gewisse Flughöhe und gesellschaftliche Relevanz haben. Von einem Vorstand erwarten Menschen keine tiefen Analysen zu Elektromotoren, sondern einen Ausblick auf und eine Vision für die Elektromobilität der Zukunft und welche Auswirkungen das auf unsere Gesellschaft haben kann. Natürlich müssen die Themen dabei einen klaren Bezug zum Unternehmen und zu der Rolle haben. Ein Thema, das sich bei vielen CXOs neben dem Bezug zum Unternehmen findet: Führung und Unternehmenskultur. Gerade bei solchen breiten und sehr oft besetzten Themen ist es entscheidend, Persönlichkeit hineinzubringen durch eigene Erfahrungen, Meinungen und Beispiele (siehe dazu auch Kap. 4).

Privatsphäre

Vorstände und CXOs werden genauer beobachtet und geraten auch schneller in die Kritik. Deswegen ist es wichtig, sich vor dem Start Gedanken zu machen, was man preisgeben möchte und was nicht. Wer als CXO noch ein Facebook- oder Instagram-Profil privat betreibt, muss überlegen, welche Informationen er oder sie darüber teilt und welche Teile des Profils öffentlich sind.

Generell würde ich gerade am Anfang nur zu einem einzigen Social-Media-Kanal raten. LinkedIn ist aus meiner Sicht aktuell die beste Wahl. Hier finden differenzierte Diskussionen zu Themen rund um die Arbeitswelt und Wirtschaft statt. Da die meisten Nutzer mit ihrem Klarnamen unterwegs sind, sind Hate-Speech und respektlose Kommentare eher die Ausnahme.

Umgang mit Social Media: Technik und Knigge
Nach der Anfangsphase der Begleitung durch einen Experten sollten CXOs ihre Social-Media-Arbeit zunehmend selbst in die Hand nehmen und lediglich Content-Impulse und Hilfe beim Verfassen des Content bekommen. Siemens hat dafür z. B. das „Executive Enablement" Programm ins Leben gerufen mit Schulungen zu Technik und Auftreten in den Sozialen Netzwerken (Experteer 2016).

Dabei sollten folgende Fragen geklärt werden:

- Welche Kontakte sollte ich annehmen?
- Wann „like", kommentiere oder teile ich einen Post?
- Wann und wie oft sollte ich aktiv sein?
- Wie baue ich mein Profil richtig auf?

Ausführliche Infos findest Du dazu in Abschn. 4.3.

5.5.3   Wenn CXOs das Unternehmens verlassen

Sieben, acht Jahre bleiben CEOs in Deutschland, Österreich und der Schweiz im Durchschnitt ihrem Unternehmen treu (Haufe 2017). Danach folgt der Wechsel in ein anderes Unternehmen und oft genug auch in eine andere Branche. Was bedeutet das für das verlassene Unternehmen, das neue Unternehmen und den CXO selbst?

Wechsel auf CXO-Ebene sind oft mit Fragen verbunden, vor allem bei Mitarbeitern, aber auch bei externen Stakeholdern wie Investoren oder Business-Partnern. Die Kommunikation während eines Wechsels ist also im besonderen Maß gefragt und sehr vielfältig. Ich gehe an der Stelle vor allem auf die Transition von einer CEO Brand zur anderen ein.

Zunächst ist ein guter Abschied vom ausscheidenden CXO auf allen Kommunikationskanälen pflicht, sowohl intern als auch extern, digital und analog. Zudem ist ein Content-Audit wichtig: Welche Botschaften und Themen hat der CXO bespielt, die nun zukünftig nicht mehr von ihm adressiert werden, weil sie sehr unternehmens- oder branchenspezifisch sind? Will man sie weiter bespielen? Welche Themen nimmt der CXO hingegen mit? Idealerweise sprechen Kommunikationsabteilung und CXO offen darüber vor dem Ausscheiden.

Die gleiche Übung macht der CXO natürlich auch für sich selbst: Welche Themen möchte ich in meiner neuen Rolle bespielen? Welche nicht mehr? Wie soll ich meine Social-Media-Präsenz anpassen mit der Annahme der neuen Rolle? Idealerweise bleibt ein roter Faden an Themen, die man auch in der neuen Rolle aufnimmt. Deswegen ist es so entscheidend, den Themenfokus eines CXOs nicht nur nach den Gegebenheiten und Bedürfnissen des Unternehmens auszurichten, sondern an die Glaubwürdigkeit und Persönlichkeit des CXOs zu knüpfen.

Danach folgt auch schon das Kennenlernen der (Digital) Personal Brand des Nachfolgers. Welche Botschaften und Themen bringt er oder sie mit? Wie wird seine/ihre Personal Brand derzeit wahrgenommen? Welche Themen könnte er/sie „erben" vom Vorgänger und persönlich aufladen, welche bringt er/sie neu mit?

Gerade am Anfang wollen Mitarbeiter und externe Interessenten natürlich verstehen, wer da Neues im Vorstand waltet und die Person schnell einschätzen können. Dabei geht es weniger um die Fachkenntnisse, sondern vor allem um die Nahbarkeit und Persönlichkeit. Auch der neue Vorstand will das Vertrauen dieser vielen Interessensgruppen gewinnen. Social Media ist hier ein interessanter Kanal, denn er bietet viele Einblicke in die Interessen und Einstellungen einer Person. Ein Kanal, den kein Vorstand mehr vernachlässigen sollte. Denn, wie Hannes Ametsreiter, CEO der Vodafone Deutschland, sehr passend sagt:

„Ein CEO, der nicht kommuniziert, kann auch nicht führen." Vodafone (2019)

Die Kommunikation findet dabei zunehmend über Social Media statt.

Ich habe mit Alexander Leinhos, der die externe Kommunikation von Vodafone leitet, über die Chancen eines #SocialCEOs gesprochen und darüber, wie er Hannes Ametsreiter dabei unterstützt hat, zu einem Social CEO zu werden (s. Abschn. 5.5.4).

5.5.4   Die Chancen eines #SocialCEOs

Marina Zayats im Gespräch mit Alexander Leinhos

Über den Gesprächspartner
Alexander Leinhos leitet die externe Kommunikation von Vodafone. Seine Laufbahn begann er als Journalist. Zunächst bei der BILD Zeitung in Hamburg, dann als TV-Produzent für diverse Fernsehsender. Später zog es ihn in die PR. Zunächst als Manager, dann als Communications Director in einem Erneuerbare Energien Unternehmen. 2011 kam der Ruf von Vodafone. Dort baute er die Pressestelle zum Newsroom um – und positionierte Vodafone und seinen CEO als digitale Medienmarken. Der „Wirtschaftsjournalist" wählte Leinhos jüngst zu einem der Top 12 Sprecher in Deutschland und zur Nummer 1 im Bereich Telekommunikation und IT. Alexander Leinhos ist verheiratet und Vater zweier Kinder.

▶ „Hannes Ametsreiter, der CEO von Vodafone Deutschland, hat mal in einem Interview gesagt: Wenn man als CEO die Möglichkeiten von Social Media nicht erkennt, dann hat man was verpasst." Welche Chancen sehen Sie insbesondere
   darin, wenn CEOs sich gekonnt in Social Media bewegen können?
   CEOs sind längst nicht mehr die stillen Silberrücken im Elfenbeinturm. Sie sind
   heute Marken-, Sinn- und Haltungs-Botschafter ihrer Unternehmen. Und sie
   sind Bindeglied zur gesamten Öffentlichkeit. Eine, die im Übrigen längst nicht
   mehr durch Hintergrundgespräche und Kaminabende mit Leitmedien geprägt
   ist. In Zeiten, wo jeder von uns die Druckerpresse in der Hosentasche hat, wo
   Shitstorms immer weniger von Medien als von Menschen gemacht werden, wo
   Zustimmung oder Ablehnung in Social Media der erste Impuls sind, über Dinge
   nachzudenken, da hat ein Social CEO Raum. Indem er Themen, die interessieren, aufgreift – oder nicht. Indem er Stellung bezieht, auch, wenn es einmal un-
   bequem ist. Gemäß Fritz von Thun: Auch ein CEO kann nicht „nicht" kommunizieren. Und wenn er dann doch kommuniziert, sollte er es da tun, wo er die
   Mehrheiten erreicht. Und das ist in Social Media.

▶ Haben Sie Hannes Ametsreiter auf dem Weg zum Social CEO unterstützt?
   Natürlich. Denn auch das ist mein Job. Vorstandspositionierung ist längst kein
   Print-Werk mehr, sondern inzwischen eine 360-Grad-Aufgabe. Genau wie Kom-
   munikation, glaube ich, sollten wir auch CEO Positionierung holistisch angehen.

▶ Was waren die ersten Schritte beim Aufbau und welche Hürden galt es zu
   überwinden?
   Angefangen hat das Ganze vor zwei Jahren. Da sagte ich Hannes Ametsreiter, er
   könne doch mal seinen alten LinkedIn Account wiederbeleben. LinkedIn: Das
   sei das Nichtschwimmerbecken für Social. Plötzlich bekamen wir darauf sehr
   positive Resonanz. Wenig später kam er selbst mit Twitter um die Ecke: „Sollte
   ich das machen?" Meine erste Reaktion war – offen gestanden – verhalten.
   Denn so viel Du dort gewinnen kannst, so viel kannst Du dort auch falsch machen. Aber er wollte. Und – nicht weitersagen – ich ließ ihn. Heute hat er mehr
   als 3000 Follower. Tendenz steigend. Und bislang nur positive Erfahrungen
   gesammelt.

▶ Wie fielen die ersten Reaktionen der eigenen Mitarbeiter aus?
   Intern gleich extern. Das ist in der Kommunikation der altbekannte Leitspruch.
   In Zeiten von Social Media funktioniert der aber immer stärker auch in die um-
   gekehrte Richtung. Wir haben neben den externen natürlich auch unsere internen, firmeneigenen Netzwerke. Und ich erlebe immer häufiger, dass Dinge, die
   Hannes Ametsreiter auf Twitter oder LinkedIn kommuniziert, sehr schnell auch
   in den internen Netzwerken landen. Oder dass daraus wiederum Unterstützung für die externen Aktivitäten erfolgt. Genauso, denke ich, sollte es sein.

▶   **Thema Messbarkeit. Viele CEOs wollen natürlich konkret wissen: Wie zahlt die eigene Positionierung in Social Media auf die Ziele des Unternehmens ein. Was ist Ihre Antwort dazu?**
    Genauso viel oder wenig, wie sie auch in Print auf die Ziele des Unternehmens einzahlt. Da sehe ich keinen Unterschied. Der CEO dient dem Unternehmen, somit muss seine Positionierung letztendlich ebenso immer dem Unternehmen dienen. Sie ist kein Selbstzweck, sondern Mittel zur Steigerung von Bekanntheit und Reputation des Hauses durch Schärfung des Profils und aktiven Dialog. Dass dieser Dialog immer besser von Menschen mit Menschen als von anonymen Accounts ausgeführt wird, versteht sich von selbst. Schließlich machen Köpfe Wirtschaft – ob im realen oder digitalen Leben.

▶   **Vielen Dank für die interessanten Einblicke, Alexander!**

5.6   Unternehmenskommunikation

Die Unternehmenskommunikation erfährt seit Jahren eine starke Dezentralisierung. Jeder interne und externe Stakeholder hat heute die Möglichkeit, über das Unternehmen zu kommunizieren. Sei es über Social Media, einen eigenen Blog, über Arbeitgeberbewertungsportale, auf Events oder in Podcasts. Das hat zur Folge, dass Kommunikationsverantwortliche heute stärker denn je gefordert sind, diverse Abteilungen im Unternehmen zu beraten und zu unterstützen.

Gleichzeitig haben sie die Aufgabe, einen gemeinsamen kommunikativen Rahmen zu schaffen für das Unternehmen und deren Mitarbeiter. Die Werte, die Brand und der gesamte Marktauftritt soll stimmig sein.

▶   Diversität? Ja!
    Verwässerung durch zu viele Kommunikateure: Nein!

Ich habe mit Anja Kroll, Kommunikationsmanagerin Strategie & Innovation bei AXA Deutschland, über diesen nicht ganz einfachen Spagat gesprochen (Abschn. 5.6.1).

5.6.1   Corporate Influencer: Die Demokratisierung der Unternehmenskommunikation

Marina Zayats im Gespräch mit Anja Kroll

Über die Gesprächspartnerin
Anja Kroll, Jg. 1983, lebt und arbeitet in Zürich als Director bei der Strategie- und Kommunikationsberatung BOLDT. BOLDT verbindet Geschäftsstrategie und Kommunikation und ist überzeugt davon, dass die richtige Kombination dieser beiden

Elemente den Schlüssel für eine erfolgreiche Transformation liefert. Anja beschäftigt sich schwerpunktmäßig mit kultureller Transformation, Change-Kommunikation und dem Aufbau von Personenmarken u.a. im Rahmen von CEO-Kommunikation. Zuvor agierte sie als Pressesprecherin und Kommunikationsmanagerin Strategie & Innovation bei AXA Deutschland.

▶   **Bis vor Kurzem warst Du bei AXA damit beschäftigt, Mitarbeiter als Botschafter zu gewinnen. Was waren die Beweggründe?**
Nie zuvor hat sich die Versicherungsbranche derart rasant verändert wie heute. Mitarbeiter haben unabhängig von ihrer Hierarchiestufe viel mehr Gestaltungs- und Entscheidungsraum als vor einigen Jahren. Sie erleben und befördern Veränderung täglich. Es gibt auch keine authentischeren Stimmen für AXA. Warum sollten sie nicht darüber sprechen dürfen und so auch an Einfluss gewinnen, um noch mehr Veränderung zu ermöglichen?

Gänzlich neu ist der Ansatz allerdings nicht, nur hat man ihn früher nicht mit dem gerade angesagten „Corporate Influencer"-Etikett versehen, welches einem heute vermehrt begegnet. Ich persönlich glaube: Mitarbeiter sind, hierarchieübergreifend, schon immer auf fachlicher Ebene Experten für ihre Themen gewesen. Denn viele können diese auch mit entsprechender Kompetenz und Leidenschaft intern wie extern vertreten und dadurch als glaubwürdige Botschafter wirken, wenn Organisationen dafür den richtigen Rahmen schaffen und die Mitarbeiter dies auch selbst wollen.

Grundsätzlich bin ich überzeugt: Wer mit Leidenschaft und Begeisterung für sein Thema oder Projekt brennt, kommuniziert auch so. Und das spürt der Rezipient der Botschaft. Beispielsweise hat der zuständige Produktmanager oder Projektleiter auch in der Vergangenheit üblicherweise mit Enthusiasmus, Authentizität und der erforderlichen fachlichen Tiefe berichtet, wenn er von der Unternehmenskommunikation gebeten wurde, für ein Video, ein Interview oder einen Fachbeitrag bereitzustehen.

Mehr denn je sollten Organisationen, die so sehr gewünschte Pluralität und Diversität ihrer Belegschaft auch in ihrer Unternehmenskommunikation abbilden und diese demokratisieren. Es gilt nicht mehr „One Voice. One Message", sondern „Many Voices. One Message". Die Zeiten, in denen nahezu nur Vorstände und Pressesprecher als Gesichter einer Organisation nach außen sichtbar waren, sind vorbei. Auch wenn das Bedürfnis der Öffentlichkeit nach Personalisierung und damit nach Zuspitzung auf ein Gesicht für ein Thema, ein Unternehmen oder eine Marke nach wie vor besteht.

Dabei sind die Anforderungen an Kommunikatoren heute keineswegs geringer als früher. Aber es sind andere und sie befinden sich im stetigen Wandel. Heute sollten Kommunikatoren ihre Medienkompetenz und ihr Know-How aus den Bereichen Kommunikationsstrategie, Storytelling, Redaktion und Medienwirkung vielmehr gezielt einsetzen und teilen, um andere Abteilungen zu beraten und zu befähigen. Denn Kommunikation durchdringt alle Bereiche und ist kaum mehr klar abgrenzbar.

Einheiten wie Unternehmenskommunikation oder Employer Branding können daher einen bedeutenden Beitrag dafür leisten, Experten in ihren Organisationen sichtbar zu machen. Sie sollten Mitarbeiter dahingehend beraten, wo und mit welchen Themen sie sich positionieren können. Denn auch wenn viel möglich ist, ist nicht alles sinnvoll. Eine zentrale Herausforderung ist es, die aus der Unternehmensstrategie abgeleitete Kommunikationsstrategie nicht verwässern zu lassen, auch wenn Kommunikationsaktivitäten dezentraler verlaufen als zuvor.

▶   **Wie wurde der Prozess gestaltet von der Idee bis hin zur Implementierung?**
Mitarbeiter zu Botschaftern einer Organisation zu machen, ist weniger eine Frage des Prozesses als vielmehr der Einstellung.

Viel hat mit der vorherrschenden Unternehmenskultur und den Werten zu tun. Zudem ist es auch eine Frage des Vertrauens. Kürzlich war ich auf einem Workshop mit zahlreichen PR-Experten. Da wurde debattiert, ob es gut und richtig sei, Mitarbeitern des Unternehmens eine Bühne zu geben und sie extern sichtbar zu machen. Denn damit würde man es Headhuntern allzu leicht machen, die besten Köpfe aufzuspüren und sie letztlich abzuwerben.

Mit oder ohne Zutun sind High Potenzials für Headhunter sichtbar. Ich betrachte es als Ausdruck von Stolz und Loyalität, wenn Mitarbeiter das Image und die Sichtbarkeit ihres Arbeitgebers unterstützen und sich einbringen. Darüber hinaus bin ich mir sicher, dass es beispielsweise für Bewerber ein echtes Plus ist, wenn sie im Rahmen ihrer Recherche in den sozialen Kanälen Beiträge finden, die mehr über die Köpfe hinter der Marke verraten und sie so im besten Fall bereits virtuell einige ihrer möglicherweise künftigen Kollegen kennenlernen können. Die Stimmen der Mitarbeiter sind nicht nur eine glaubwürdige Informationsquelle auf faktischer Ebene. Bewerber erhalten so auch einen authentischen Eindruck davon, ob der „cultural fit" für sie stimmt. Ohnehin gewinnt der Aspekt „cultural fit" stark an Bedeutung, so ist es nicht nur für Bewerber spannend zu wissen, ob man zueinander passt, sondern auch für Kooperationspartner wie Start-ups. Und wir selbst freuen uns natürlich auch, wenn wir Mitarbeiter und Partner anziehen, die sich mit unserem Mindset identifizieren.

Ein relevanter Meilenstein für AXA als Unternehmen war sicher, als der Konzern die verantwortungsvolle Nutzung sozialer Netzwerke innerhalb der Arbeitszeit genehmigte und im Zuge dessen der „Social Media Leitfaden des AXA Konzerns" neu formuliert wurde. Darin heißt es unter anderem seit 2015:

„Werden Sie ein Botschafter für AXA. Bedenken Sie dabei, dass Sie als Mitarbeiter im Netz mit AXA in Verbindung gebracht werden, wenn Sie AXA als Arbeitgeber nennen oder Inhalte teilen, liken und kommentieren. Nutzen Sie dies, um die Marke AXA zu unterstützen. Berücksichtigen Sie, dass Sie im Netz

Ihren persönlichen virtuellen Fußabdruck hinterlassen und als Repräsentant der Marke AXA wahrgenommen werden."

Es gibt schon länger intern wie extern Initiativen, die Mitarbeitern, ihren Themen und Projekten eine Bühne bieten, z. B. ein jährlich verliehener Award, der herausragende Mitarbeiterverdienste würdigt. Ein weiteres Beispiel: eine Kampagne von Employer Branding, die einzelne Mitarbeiter portraitiert und ihre privaten Leidenschaften und die Diversität der Belegschaft zeigt z. B. als Tattoo-Model, als Musical-Sänger oder engagiert im Ehrenamt. Vergleichbare Initiativen gab es auch bei anderen Unternehmen, nur dass dies niemand unter „Corporate Influencer" subsumiert hätte. Inzwischen sind es vor allem digitale Kanäle, die an Bedeutung gewonnen haben, und der Schwerpunkt verlagert sich zunehmend von internen auf externe Formate.

▶ **Wie schafft man den Spagat zwischen Sicherheit und Einhalten von Richtlinien des Unternehmens einerseits und dem Begeistern von Mitarbeitern für die Nutzung von Social Media und den Aufbau ihrer eigenen Brand andererseits?**
Tatsächlich ist das die zentrale Herausforderung und es braucht Zeit: Zeit zum Umdenken, um sich von etablierten Mustern zu lösen.

Unternehmen müssen sich von der Vorstellung lösen, dass jede Kommunikation, die das Unternehmen betreffen, steuerbar sei. Das ist sie nicht. Letztlich ist es doch nachhaltig betrachtet zielführender, eine Entwicklung aktiv zu begleiten und zu kanalisieren als abzuwarten, bis die Eigendynamik so groß ist, dass die Entwicklung kaum mehr steuerbar ist. Denn wer intrinsisch motiviert, stolz auf seine Tätigkeit ist und sich mit seinem Arbeitgeber identifiziert, spricht gern über ihn – offline und online. Der Bedarf ist also gegeben. Daher ist es keine Frage, ob man sich mit dem Thema beschäftigen sollte, sondern eher, wie man es angeht und welche Ressourcen investiert werden, um seine Potenziale auszuschöpfen. Unser Social-Media-Leitfaden wird vor dem Hintergrund, dass sich berufliche und private Aktivitäten im Netz immer stärker vermischen, übrigens gerade überarbeitet.

▶ **Du bist auch begeisterte „Working Out Loud"-Anhängerin: Inwieweit hilft dieser Ansatz bei dem Aufbau und der Stärkung der eigenen Brand (in und außerhalb des Unternehmens)?**
Working Out Loud (WOL) ist eine großartige Methode, um unternehmensinterne, aber auch -externe Netzwerke bzw. Beziehungen zu stärken und Expertenwissen über Abteilungs- oder gar Unternehmensgrenzen hinweg nutzbar zu machen. Es geht nicht nur darum, Arbeit zu erledigen, sondern andere auch daran teilhaben zu lassen und gegenseitig von Erfahrungen zu profitieren und zu lernen.

WOL basiert auf fünf Prinzipien, nämlich Beziehungen, Großzügigkeit, sichtbare Arbeit, zielgerichtetes Verhalten und wachstumsorientiertes Denken (Wikipedia 2019a, b). Man startet üblicherweise mit einem zwölfwöchigen Circle aus bis zu fünf Personen, die idealerweise verschiedene Hintergründe und Hierarchien repräsentieren und so vielfältiges Wissen und Perspektiven einbringen. Dabei verfolgt jeder ein Ziel für zwölf Wochen, am besten eines, das ihn auch intrinsisch stark motiviert. Um mit der Methode warm zu werden, starten viele im ersten Circle daher mit einem Ziel, welches zum Beispiel mit der eigenen Persönlichkeitsentwicklung zusammenhängt. Das habe ich auch so gemacht. Die Reflexion durch die anderen Teilnehmer erlebte ich als extrem wertvoll und habe daraufhin auch oftmals noch neue Aspekte meinen Betrachtungen hinzufügen können oder sie sogar stark überarbeitet.

Wie läuft das nun ab? Es gibt einen Teilnehmer, der wie ein Moderator agiert. Mit Hilfe der wöchentlichen Guides, die John Stepper, der Begründer der Methode und Autor von „Working Out Loud" (2019), kostenfrei im Netz stellt, führt er durch die Circles. Schritt für Schritt geht es um Beziehungsaufbau, neue Gewohnheiten, das Leisten von Beiträgen, die Erweiterung des eigenen Netzwerks, die Aktivierung des Netzwerks und letztlich wird aufgezeigt, wie man eine Bewegung starten kann.

Als Kommunikator habe ich sofort viele Anschlussstellen zu meiner Profession gesehen. So ist es doch eine meiner zentralen Aufgaben, Öffentlichkeit herzustellen und dafür selbstverständlich auch Netzwerke aufzubauen und zu pflegen – Public Relations eben.

Auch bei AXA gibt es WOL-Circles. Seit einiger Zeit schon international, seit Kurzem auch in Deutschland. AXA strebt eine neue Form der Zusammenarbeit an und fördert den interdisziplinären Austausch, unter anderem durch offene Arbeitswelten mit Desk Sharing. WOL ist für mich ein Element, das den interdisziplinären Austausch stark befördert.

Und auch im Kontext des Themas Corporate Influencer ist WOL sehr hilfreich. Ich stellte eine Reihe von Überlegungen an: Wer ist im Konzern schon heute ein Corporate Influencer? Wie kann man mit gutem Beispiel vorangehen? Wie kann man Nutzen aufzeigen und welche Motivation verfolgen Menschen, die sich für die Idee begeistern lassen? Wie kann man konkret den Anfang machen, den Stein ins Rollen bringen? Wie drückt man Wertschätzung für geleistete Beiträge aus? Welche Spielregeln brauchen wir? Müssen Richtlinien angepasst werden? Wie viel Unterstützung und Hilfestellung wird benötigt oder gewünscht? Wie reagiert man, wenn doch etwas schief geht? Wie kann man der Bewegung eine gute Richtung geben? John Stepper schreibt, dass am Anfang einer Bewegung eine Idee steht: das Streben nach Veränderung (Working out Loud 2019). Es geht um Ideen, die so stark sind, dass Menschen ihren Beitrag leisten und ein Teil davon werden möchten. Daraus kann eine Bewegung erwachsen. John Stepper schreibt weiter: „Enable and empower others to take action … move audience members from being customers to becoming team members" (Working out loud 2012). Das motivierte mich, das Thema Corporate

Influencer noch einmal neu anzugehen. Gleichermaßen half es zu erkennen, welche Auswirkungen es auf eine Unternehmenskommunikation im Konzern hat.

▶ **Danke für diese interessanten Einblicke, Anja!**

5.7   Change Projekte

Die Digital Personal Brand der eigenen Mitarbeiter in Social Media, wird von einigen Pionier-Unternehmen auch für die Begleitung von Change-Projekten eingesetzt. Dabei werden sie mal Change-Agents genannt (Continental), mal Interne Influencer (Microsoft) und mal Corporate Influencer.

Dahinter steckt die Überzeugung, dass Veränderung nicht einfach von oben diktiert werden kann, sondern in der gelungenen Interaktion zwischen Menschen entsteht. Was ist die Hauptvoraussetzung für eine „gelungene Interaktion"? Eine Antwort liefert folgender Schlüsselsatz von Franz Hütter: „Emotionen bewirken die Freisetzung von Botenstoffen, die in unseren Nervenzellen Lernkanäle öffnen und Veränderungsprozesse damit dauerhaft in die Gehirne der Beteiligten einschreiben." (Change happens 2018, S. 68). Es erfordert also Menschen im Unternehmen, die von der Veränderung nicht nur rational, sondern auch emotional überzeugt sind und das auch auf andere Menschen übertragen können. Das könnte mit ein Hauptgrund sein, warum die oben genannten Unternehmen ihre Change-Agents und co. rein nach dem Wollen der freiwilligen Mitarbeiter auswählen und nicht nach ihrer vermeintlich geeigneten Rolle im Unternehmen.

Warum die eigenen Mitarbeiter und nicht externe Change-Agents? Auch dazu lässt sich bei Franz Hütter eine wichtige Erkenntnis finden: „Insbesondere das Vertrauens- und Bindungshormon Oxytocin koppelt Motivation an die Qualität der Beziehung – wir sind also besonders motivierbar, wenn wir etwas mit Menschen tun können, denen wir zwischenmenschlich verbunden sind" (Change happens 2015, S. 71).

5.7.1   Interne Influencer bei Microsoft

Bei Microsoft werden Mitarbeiter bekräftigt und befähigt, soziale Netzwerke zu nutzen. Die internen Influencer sollen dazu beitragen, mit ihrer Digital Personal Brand die Unternehmenskultur weiterzuentwickeln (mehr Transparenz, Austausch, Kooperation über Abteilungen hinweg) und ein positives Image nach Außen zu tragen. „Seit Jahren zeigt sich der Trend, dass Kommunikation persönlicher wird. Social Media hat dazu einen wesentlichen Beitrag geleistet," sagt Magdalena Rogl, Head of Digital Channels bei Microsoft in München (Personalmagazin 2018). Neben Workshops und Trainings, werden sogar Einzelcoachings angeboten. Damit wird eine klare Botschaft in das gesamte Unternehmen

gesendet: Wir wollen, dass ihr aktiv und professionell Social Media nutzt. Für Euch und
für Microsoft. Dafür stellen wir Euch alles zur Verfügung, was ihr braucht.

Nicht nur öffentliche Social-Media-Kanäle wie LinkedIn und XING kommen dafür
zum Einsatz, sondern auch interne soziale Netzwerke.

Welche konkreten Ziele können damit unterstützt werden? Für Microsoft bestand ein
Ziel darin, mehr Stellen durch Frauen zu besetzen in einer Branche, die eher männerlastig
ist. Microsoft sprach also vermehrt Mitarbeiterinnen an, die bereit waren eine starke Digital Personal Brand aufzubauen und darüber hinaus als Speakerinnen auf Events aufzutreten. Themen wie die Vereinbarkeit von Beruf und Familie wurden so sichtbarer im Unternehmen und außerhalb. Diese Vorbildfunktion bewirkt langsam, aber sicher ein Umdenken
und damit einen Change in der Unternehmenskultur und in der öffentlichen Wahrnehmung
des Konzerns.

5.7.2 Change-Agents bei Continental

Auch der Automobilzulieferer Continental setzt bei Change-Projekten verstärkt auf die Digital Personal Brand der eigenen Mitarbeiter. Change-Agents waren die Antwort auf eine
ambitionierte Aufgabe: 2012 sollte Enterprise Social Networking bei Continental weltweit
eingeführt werden. Damit sollten insgesamt 86.000 Kollegen erreicht werden. Mitarbeiter
aus unterschiedlichen Ländern und Kulturen. Change-Agents sollten dabei helfen, den
Wert und das Know-how des Enterprise Social Networks in das gesamte Unternehmen zu
tragen. Idealerweise ein Change-Agent pro Niederlassung. Mitarbeiter, die Interesse hatten,
sollten sich freiwillig bewerben. Die einzigen Voraussetzungen: Neugier, Motivation und
fließendes Englisch. Der zugrunde liegende Gedanke: Das notwendige Wissen kann beige-
bracht werden, wichtiger ist das persönliche Wollen (Harald Schirmer 2016).

Das Bewerbungsformular kann hier eingesehen werden: https://www.slideshare.net/
haraldschirmer/guide-self-introduction-form-finding-change-agents-for-enterprise-soci-
al-media-adoption

Eine spannende Frage im Bewerbungsbogen war: „Wie würdet Ihr Menschen überzeugen, Social Media zu nutzen?" Einige der am häufigsten genannten Antworten dabei waren:

- (Persönliche) Vor- und Nachteile aufzeigen, genauso wie Kostenvorteile (Kommunika-
  tion verbessern, Zeitersparnis, Erfahrungsaustausch etc.)
- Eigene Erfahrungen teilen und als Vorbild vorangehen
- Die eigenen Business-Kontakte pflegen, Menschen mit ähnlichen Interessen vernetzen
- Bessere Arbeitsumgebungen schaffen (z. B. durch Wertschätzung über Social Media)
- Entwicklungsmöglichkeiten aufzeigen und Trainings halten

Mittlerweile werden über 1000 Change-Agents bei Continental ausgebildet und sind
ein fester Bestandteil von Change-Projekten. Die Change-Agents durchlaufen nach der
Aufnahme ein dreistufiges Lernmodell. Das erste Modul umfasst, wie Netzwerken bei

Continental funktioniert. Das zweite Modul beinhaltet regelmäßige virtuelle Treffen für den Erfahrungsaustausch. Modul drei umfasst dann das Vermitteln von verschiedenen Lernmethoden, damit die Change-Agents ihre Kollegen vor Ort das Wissen effizient weitergeben können (Personalmagazin 2018). Wie sie dann das Wissen letztendlich vermitteln, ist den Change-Agents weitestgehend freigestellt. Zudem dürfen und sollen sie zehn Prozent ihrer Arbeitszeit für die Aufgabe als Change-Agent verwenden.

5.7.3 Die Rolle von Digital Personal Branding und der Social-Media-Nutzung der Mitarbeiter auf Change-Prozesse.

Mitarbeiter dabei zu unterstützen, zu Corporate Influencern zu werden, ist ein Change-Prozess an sich. Gleichzeitig können jene Corporate Influencer auch andere Change-Projekte im Unternehmen unterstützen.

Über diese Dualität habe ich mit Lothar Wüst gesprochen, dem Gründer und Geschäftsführer der Beratungsfirma Cormens (s. Abschn. 5.7.4).

Während der vielfältigen Change-Projekte, die er in DAX-Unternehmen begleitet, stößt er auch oft auf das Thema Social Media und den Umgang der Mitarbeiter damit. Im gemeinsamen Interview greift er zwei Perspektiven auf:

1. Die Lehren aus dem Change-Management für das Befähigen der Mitarbeiter im Bereich Digital Personal Branding und professionelle Nutzung von Social Media
2. Die Auswirkung der professionellen Nutzung von Social Media seitens der Mitarbeiter auf den Change-Prozess in Unternehmen

5.7.4 Synergien aus der Digital Personal Brand der Mitarbeiter und dem Change Projekt des Unternehmens

Marina Zayats im Gespräch mit Lothar Wüst

> **Über den Gesprächspartner**
> Lothar Wüst beschäftigt sich seit 20 Jahren mit Change-Management. Seine Leidenschaft dafür wurde bereits während des Studiums der Soziologie bei den führenden Risiko-, Organisations- und Systemtheoretikern geweckt. Jahrelange praktische Change-Erfahrungen sammelte er als Führungskraft und Berater in vielfältigsten Projekten.
> Lothar Wüst ist weltweit als Executive Coach tätig und hält die höchste Coaching-Zertifizierungsstufe der Interna- tional Coaching Federation (Master Certified Coach) inne. Sein Wissen teilt er gerne in zahlreichen Vorträgen in internationalen Unternehmen und an führenden Universitäten. Außerdem bildet er Organisationsberater aus und ist Gründer und Geschäftsführer der CORMENS GmbH und Lehrtrainer am Hephaistos Institut.

▶ **Was sind die Hürden, auf die Du häufig bei Change-Prozessen in Unternehmen stößt?**

Ich beobachte häufig das Entstehen von zwei Polen. Sobald eine Veränderungsabsicht ausgesprochen wird, formieren sich zwei Gruppen in Unternehmen. Die eine möchte die Veränderung, die andere möchte den Status quo beibehalten. Oft wird die angestrebte Veränderung als besser und manchmal sogar überlebensnotwendig verkauft (gerade bei Projekten rund um die digitale Transformation), der Status quo hingegen als veraltet und ineffizient. Die Gruppe, die Veränderung will, redet den Nutzen des Bestehenden klein oder versteht ihn nicht, verkauft die Chancen der Veränderung zu optimistisch und redet die Risiken hingegen klein. Auf der anderen Seite werden die Probleme des Bestehenden kleingeredet und die Chancen des Neuen nicht verstanden.

Genau das macht Change-Prozesse so schwierig. Die entscheidende Frage lautet somit: Wie schafft man es, beide Kräfte, die in einem Change-Prozess gegeneinander agieren, in einen konstruktiven Dialog zu bringen? Klaus Eidenschink beschreibt die dafür nötige Fähigkeit als „pathische Kompetenz" (Metatheorie der Veränderung 2019). Es bedeutet, dass ich mich darauf einlassen kann das bislang Verteidigte loszulassen, um der Überzeugung anderer Raum zu geben und dieser Sichtweise mit Neugier zu begegnen.

▶ **Wenn Unternehmen ihren Mitarbeitern professionelle Social-Media-Nutzung, z. B. für den Vertrieb oder das Recruiting näherbringen wollen, bedeutet das auch oft einen Change-Prozess, bei dem unterschiedliche Sichtweisen aufeinander stoßen. Welche Lehren kann man dabei aus dem Change-Management ziehen?**

Zunächst ist es wichtig zu verstehen, dass es im Change nie darum geht, jemanden zu überzeugen. Kein Mensch kann jemand anderen direkt überzeugen. Ich überzeuge mich immer selbst.

Wenn es um die Nutzung von Social Media geht, beobachte ich es oft, dass Menschen dazu keine klare Haltung einnehmen. Um Menschen beim Finden der für sie richtigen Haltung zu unterstützen, ist ein Austausch sowohl über die Risiken und Chancen der Nutzung als auch die Nicht-Nutzung erforderlich. Welche Annahmen haben die Menschen dazu? Welche Sinngebung? Welche Erfahrungen? Was von dem was sie hindert, basiert wirklich auf Erfahrung, was auf Halbwissen oder Nichtwissen. Wie fundiert sind diese Meinungen?

Oft entstehen dann „Klick-Momente", in denen ich zu der richtigen Lösung komme. Um dieses Klick zu erzeugen, braucht es natürlich den Austausch und den Raum, wo man sich druck-, angst- und vorurteilsfrei mit etwas auseinandersetzen kann.

Um es noch mal auf das Grundgerüst von Veränderungen zu beziehen: Veränderung hat immer zwei Pole, der eine setzt uns in Bewegung hin zu etwas

Neuem, der andere lässt uns am Status quo festhalten. Wenn ich etwas sehe, das ich als sinnvoll erachte, dann will ich mich bewegen. Das tun Menschen von allein, dafür brauchen sie keinen Change Manager. Die Aufgabe liegt vielmehr darin, sie in diesem Prozess zu begleiten und aufzuzeigen, welche Wege es gibt.

▶   **Und wie begleite ich Mitarbeiter in diesem Prozess?**
Menschen sind offener für Veränderungen, wenn ein Raum für Fragen und ehrliche Antworten geschaffen wird. Die interne Kommunikation adressiert oft nur die Vorteile und die Möglichkeiten, die aus der Nutzung resultieren könnten. Ebenso wichtig ist es jedoch, auch die Kritiker zu Wort kommen zu lassen und potenzielle, unerwünschte Nebenwirkungen offen anzusprechen. Neben dem Raum, in dem unterschiedliche Informationen aufeinandertreffen können, braucht es auch die Bereitschaft jedes Einzelnen, diese Unterschiede auch auf sich einwirken zu lassen.

Ein Werkzeug, das ich als sehr effektiv erlebt habe, ist das Reverse Mentoring. In den Duos aus senior(er) und junior(er) Mitarbeiter, passiert sehr viel ehrlicher und hilfreicher Austausch zu Social Media. Ältere Kollegen können in einem geschützten Rahmen ihre Fragen stellen und lernen (müssen sich aber auch darauf einlassen, dass ihnen jemand Jüngeres die Welt erklärt). Natürlich kann das auch unter Gleichaltrigen stattfinden. Der Mythos, dass alle jungen Menschen automatisch Social-Media-Affin sind, stimmt nicht.

Letztlich ist das aktive (Vor)leben von Digital Personal Branding eine große Anforderung an die Kultur eines Unternehmens. Sichtbar sein mit seiner Brand (im Zusammenspiel mit der Corporate Brand) erfordert Vertrauen in das Unternehmen, vertrauen, dass es beispielsweise keinerlei negative Auswirkungen auf meine Karriere hat.

▶   **Wenn nun eine Führungskraft sagt: „Ich will, dass meine Mitarbeiter für die Ziele des Unternehmens (und die eigenen Karriereziele), ihre Digital Personal Brand in Social Media aufbauen". Wie messe ich die Erfolge und welche Ziele setze ich überhaupt?**
Bei der Zieldefinition sollte nicht ausschließlich (quantitative) Messbarkeit im Vordergrund stehen. Bei der Steuerung von Aktivitäten kann es schnell passieren, dass Mitarbeiter schlichtweg an der Anzahl der Beiträge gemessen werden, unabhängig davon, was sie posten. Das erfüllt zwar die Quote, ist aber nicht zwangsläufig sinnvoll. Das ist dann oft ein reines gegenseitiges Liken von Beiträgen oder ein Gruppenfoto mit dem Hinweis, dass dies hier der beste Workshop seit Jahren war. Das führt dann zu der Instagrammisierung von Unternehmen. Daher ist es wichtig, die interne Social-Media-Nutzung nicht einfach nach Aktivitäten zu verzielen, sondern erst ein gemeinsames Verständnis zu erreichen.

Über welche Beiträge würde ich mich als Mitarbeiter freuen? Wie kann Social Media dazu beitragen, dass wir uns als Abteilung im Unternehmen besser positionieren? Was gefällt mir bei der privaten Nutzung gut, was nicht und was sollten wir daher hier im Unternehmen tun und was lassen? Das Aufmerksammachen auf offene Stellen im Team ist hier ein wunderbares Beispiel. Wenn Menschen gerade keinen neuen Job suchen, lesen sie in der Regel nicht den internen Stellenmarkt. Wenn Sie aber sehen, dass in einem anderen Bereich jemand gesucht wird und sie wiederum jemanden kennen, der einen Job sucht, dann lassen sich oftmals schnell Kandidaten finden.

▶   **Perspektivwechsel: Welche Rolle kann Social Media und gelebtes Digital Personal Branding im Change-Management spielen?**
Mit Digital Personal Branding mache ich mich und meine Expertise sichtbar. Das erzeugt eine Resonanz auf andere Menschen. Wenn ich beobachte, wie jemand etwas macht, dann schafft das oft die Bereitschaft hin zu dieser Veränderung nach dem Motto: „Wenn er/sie das kann, kann ich das sicherlich auch …" oder „Wenn er/sie das für sinnvoll hält, schaue ich mir das nochmal genauer an". Das gilt insbesondere für Menschen, die man kennt und schätzt.

Nicht umsonst gibt es sogenannte Change-Agents, die als Vorbilder bestimmte Tools oder Verhaltensweisen vorleben, die man im gesamten Unternehmen einführen möchte. Social Media spielt dabei eine wichtige Rolle als Begegnungsraum für diese Resonanzerlebnisse. Entweder über unternehmensinterne Social-Media-Netzwerke oder öffentliche Netzwerke wie XING oder LinkedIn.

Ein prominentes Beispiel für eine gelungene Brand ist aus meiner Sicht Janina Kugel, Chief Human Resources Officer und Mitglied des Vorstands der Siemens AG. Sie ist sichtbar, vertritt ihre eigene Meinung und lässt uns an ihren Aufgaben teilhaben. So nehmen interne Mitarbeiter, aber auch externe Menschen Siemens nochmal anders wahr. Zudem interagiert sie mit Menschen in den sozialen Netzwerken, darunter natürlich auch ihre Mitarbeiter. Das öffentliche Feedback in Form von Kommentaren oder Likes erzeugt ein Gefühl der Wertschätzung. Ein so schnelles und hierarchieübergreifendes Feedback wäre ohne Social Media unmöglich. Das färbt ab auf die eigenen Mitarbeiter, deren Identifikation mit dem Unternehmen steigt und sie zu der Auseinandersetzung mit der eigenen Social-Media-Nutzung bewegt. Offensichtlich hat es da bei einigen Mitarbeitern „Klick" gemacht, da ihre Haltung hinsichtlich Social Media nicht mehr gleichgültig ist.

▶   **Vielen Dank für diese interessanten Einblicke, Lothar.**

Literatur

Chief Marketer (2012) IBM'S social selling: the computer giant finds B2B leads in social media. https://www.chiefmarketer.com/ibms-social-selling-the-computer-giant-finds-b2b-leads-in-social-media/. Zugegriffen am 01.04.2019

Dixon M, Adamson B (2013) The Challenger Sale. Portfolio, New York

Edelman (2018) Edelman trust barometer employee experience 2018. https://www.edelman.com/sites/g/files/aatuss191/files/2018-10/Edelman_Trust_Barometer_Employee_Experience_2018_0.pdf. Zugegriffen am 01.10.2019

Edelman (2019) Edelman trust barometer 2019 global report. https://www.edelman.com/sites/g/files/aatuss191/files/2019-02/2019_Edelman_Trust_Barometer_Global_Report.pdf. Zugegriffen am 01.10.2019

Einhorn (2019) Magic Vorträge. https://einhorn.my/vortrag-einhorn/. Zugegriffen am 01.10.2019

Experteer (2016) „Social CEOs": Warum Führungskräfte auf sozialen Kanälen aktiv werden sollten. https://www.experteer.de/magazin/warum-fuehrungskraefte-auf-sozialen-kanaelen-aktiv-werden-sollten/. Zugegriffen am 01.10.2019

Handelsblatt (2018) Dax-Chefs sind Social-Media-Muffel. https://www.handelsblatt.com/unternehmen/management/twitter-xing-linkedin-dax-chefs-sind-social-media-muffel/20949622.html?ticket=ST-503303-7FvXPCw7Ssi1kGJsGTda-ap2. Zugegriffen am 01.10.2019

Harald Schirmer (2016) How I found the most passionate change agents. http://harald-schirmer.de/2016/12/06/guides-how-i-found-the-most-passionate-change-agents/. Zugegriffen am 05.07.2019

Haufe (2017) Geschäftsführer sitzen länger auf dem Chefsessel. https://www.haufe.de/personal/hr-management/ceo-wechsel-die-verweildauer-deutscher-ceos_80_413156.html. Zugegriffen am 01.10.2019

Institute for the Future (2018) S.15. AI forces shaping work & learning in 2030 http://www.iftf.org/fileadmin/user_upload/images/ourwork/Work___Learn/IFTF_Lumina_AI_Forces_Work_Learn.pdf. Zugegriffen am 09.08.2019

Klinkhammer M, Hütter F (2018) Change Happens: Veränderung gehirngerecht gestalten. Haufe, Freiburg im Breisgau

Lern-Psychologie (2019) Lernen am Modell nach Bandura. http://www.lern-psychologie.de/kognitiv/bandura.htm. Zugegriffen am 09.08.2019

LinkedIn (2017) State of sales in Germany. https://business.linkedin.com/content/dam/me/business/de-de/talent-solutions/cx/2017/images/infographics/linkedin_state_of_sales_germany_final.pdf. Zugegriffen am 01.04.2019

Margret Klinkhammer und Franz Hütter et al (2015) Change happens – Veränderungen gehirngerecht gestalten. S 68, 71

Metatheorie der Veränderung (2019) Pathische Kompetez. https://metatheorie-der-veraenderung.info/wpmtags/. Zugegriffen am 05.07.2019

Modern Marketer (2016) Case study: Wie IBM erfolgreich mit social selling durchstartete. http://www.modernmarketer.de/case-study-ibm-social-selling/. Zugegriffen am 01.04.2019

Orange by Handelsblatt (2019) Nena Schink: Warum mich die Influencer-Welt anekelt. https://orange.handelsblatt.com/artikel/61544. Zugegriffen am 08.07.2019

Personalmagazin (2018) Das Prinzip Influencer macht Schule. https://www.haufe.de/download/personalmagazin-ausgabe-72018-personalmagazin-454966.pdf. Zugegriffen am 05.07.2019

Reputation Institute (2019) CEO RepTrak – the world's most reputable CEOs. https://www.reputationinstitute.com/ceo-reptrak Zugegriffen am 01.10.2019

RP-Online (2011) Apple-Chef ist krank – Aktienkurs fällt. https://rp-online.de/wirtschaft/unternehmen/apple-chef-ist-krank-aktienkurs-faellt_aid-8856379. Zugegriffen am 01.10.2019

Rundstedt (2018) SO VERLIEREN UNTERNEHMEN IHRE BESTEN MITARBEITER. https://
newsroom.rundstedt.de/pressemitteilungen/talents-trends-so-verlieren-unternehmen-ihre-bes-
ten-mitarbeiter/. Zugegriffen am 08.07.2019
Süddeutsche.de (2018) Musk raucht Gras – Tesla-Aktie stürzt ab. https://www.sueddeutsche.de/
wirtschaft/autohersteller-musk-raucht-gras-tesla-aktie-stuerzt-ab-1.4122222. Zugegriffen am
01.10.2019
Vertriebsmanager (2017) Nils Prüfer: In Zukunft haben die Key Accounter die Nase vorn. https://www.
vertriebsmanager.de/ressort/key-account-management-zukunft. Zugegriffen am 01.04.2019
Vodafone (2019) Ein CEO, der nicht kommuniziert, kann auch nicht führen. https://www.vodafone.
de/newsroom/unternehmen/ein-ceo-der-nicht-kommuniziert-kann-auch-nicht-fuehren/. Zugegriffen am 01.10.2019
Weber Shandwick (2012) CEO Reputation hat massiven Einfluss auf Corporate Image bei Verbrau-
chern. https://www.pressebox.de/inaktiv/weber-shandwick-deutschland-gmbh-co-kg/CEO-Re-
putation-hat-massiven-Einfluss-auf-Corporate-Image-bei-Verbrauchern/boxid/505370. Zugegriffen am 01.10.2019
Wikipedia (2019a) Paul Watzlawick. https://de.wikipedia.org/wiki/Paul_Watzlawick. Zugegriffen
am 01.10.2019
Wikipedia (2019b) Working out loud. https://de.wikipedia.org/wiki/Working_out_loud. Zugegriffen
am 03.09.2019
Working out Loud (2012) https://workingoutloud.com/blog/tag/printing. Zugegriffen am 03.09.2019
Working out Loud (2019) https://workingoutloud.com/de/about. Zugegriffen am 03.09.2019
Zeit.de (2018) Investoren verklagen Tesla-Chef Elon Musk. https://www.zeit.de/wirtschaft/unter-
nehmen/2018-08/boersen-tweets-elon-musk-tesla-investoren-aktienkurs-manipulation-klage.
Zugegriffen am 01.10.2019

Fahrplan für Personal Branding Programme für Mitarbeiter

6

In Kap. 5 haben wir gesehen, wie vielfältig die Einsatzmöglichkeiten einer starken Digital Personal Brand der Mitarbeiter für das Unternehmen sein kann. Wer die Schwarmintelligenz der eigenen Mitarbeiter in Social Media aktiviert, hat ein unschlagbares Werkzeug in Sales, Employer Branding, Marketing oder in der internen Kommunikation zur Verfügung. Gleichzeitig dürften die Beispiele der Unternehmen, die entsprechende Programme einsetzen, klargemacht haben, dass Mitarbeiter nicht über Nacht die Vorteile für sich erkennen und gekonnt nutzen. Zurecht, denn ohne klares Angebot, Training, Anerkennung und die notwendigen Rahmenbedingungen im Unternehmen, werden die Programme keine langfristigen Erfolge erzielen.

Wie geht man nun vor, wenn man als Verantwortlicher die eigenen Mitarbeiter als Corporate Influencer gewinnen und befähigen möchte? Ich erkläre es Dir an einem Fahrplan, den ich auch bei meinen Kundenunternehmen einsetze.

1. Die Voraussetzung
- Zielbestimmung: Auf welche Unternehmensziele soll die Corporate-Influencer-Initiative einzahlen? Es ist sehr wichtig, konkrete Ziele zu definieren (auch wenn die KPIs am Anfang oft noch nicht klar festgehalten werden können). Möchte ich mehr und passendere Bewerber anziehen, möchte ich meinen Umsatz steigern, möchte ich die Mitarbeiterzufriedenheit und das Engagement während eines Change-Prozesses steigern? Corporate-Influencer-Initiativen eignen sich nicht für Unternehmen, die lediglich auf den Trend aufspringen wollen und „einfach mehr Sichtbarkeit" erreichen möchten. Wer einen Schwarm (aus eigenen Mitarbeitern) mobilisieren will, ohne ihm eine klare Vision zu geben, steuert am Ende lediglich nirgendwohin oder noch schlimmer: arbeitet gegen die Ziele des Unternehmens.

© Springer Fachmedien Wiesbaden GmbH, ein Teil von Springer Nature 2020
M. Zayats, *Digital Personal Branding*,
https://doi.org/10.1007/978-3-658-30174-3_6

- Wird die Initiative vom Management gestützt und wird dafür ausreichend Zeit und Budget eingeräumt? Viele Unternehmen träumen von einer geheimen Grassroots-Bewegung, die nach und nach alle Zweifler umstimmt. Das ist romantisch, aber naiv. Eine Grassroots-Bewegung ist sinnvoll, aber ohne die Unterstützung vom Management verlaufen Corporate-Influencer-Initiativen schneller im Sande, als sie entstehen. Die zentrale Frage lautet also: Wer muss als Sponsor mit an Bord? Wenn eine Social-Selling-Initiative geplant ist, sollte der Vertriebschef, der COO oder sogar der CEO eingeweiht und überzeugt sein von dem Plan. Diese Entscheider müssen zudem verstanden haben, dass diese Initiativen eine Investition in das Unternehmen sind und nicht ab Monat drei den „Break-even" erreichen. Kluges Erwartungsmanagement ist gefragt.

  Ebenfalls zu klären: Wie viel Budget steht zur Verfügung? Die größte Investition in solche Programme sind nicht die externen Berater, sondern die Trainingszeit der Mitarbeiter. Ebenfalls wichtig: Wer ist verantwortlich für die Initiative? Neben einem ggf. externen Berater sollte es immer jemanden auf Unternehmensseite geben, der die Initiative verantwortet und vorantreibt, jemand, der Herzblut für das Thema mitbringt, einen langen Atem hat und selbst als Corporate Influencer mit gutem Beispiel vorangeht. Es braucht also einen Überzeugungstäter, der die Initiative auch gegenüber Zweiflern gut verteidigen kann.
- Ist die Unternehmenskultur bereit für Corporate Influencer? Corporate-Influencer-Initiativen können die Unternehmenskultur verändern (das kann sogar ein Ziel davon sein!), allerdings müssen auch einige Voraussetzungen gegeben sein, damit solche Initiativen überhaupt andocken im Unternehmen. Eine der wichtigsten Voraussetzungen: Die Social-Media-Nutzung während der Arbeitszeit ist erlaubt und Mitarbeitern wird Vertrauen entgegengebracht, dass sie trotz (freiwilliger!) Teilnahme an der Initiative ihre Kernaufgabe erledigen. Man wird nicht jeden Zweifler für solch eine Initiative gewinnen können (und das muss man auch nicht), allerdings ist es wichtig, dass ein offener Dialog entstehen kann. Insbesondere wichtige Multiplikatoren im Unternehmen dürfen nicht als Bremsblöcke für die Initiative auftreten, sonst kann die nötige Startenergie sofort wieder erlöschen.

2. Die Pflicht

- Social-Media-Guide: Ob Social-Media-Ratgeber, Social-Media-Pamphlet oder Social Do's & Don'ts: Corporate Influencer brauchen einen klaren Rahmen, in dem sie sich bewegen dürfen. Denn Mitarbeiter, die sich als Corporate Influencer beteiligen möchten, werden immer wieder fragen: Was ist erwünscht, was darf ich und wie schütze ich mich und das Unternehmen? Verantwortliche für die Initiative müssen im Austausch mit der Unternehmenskommunikation, dem Marketing, der HR und weiteren relevanten Stakeholdern im Unternehmen eine einheitliche Regelung finden und diese schriftlich festhalten. Werden dabei alle Fragen geklärt? Mit Sicherheit nicht, denn das Thema ist zu vielschichtig. Die großen Fragen sollten jedoch aufgegriffen werden und durch einen kontinuierlichen Dialog weiterentwickelt werden. Ein Social-Media-Guide ist ein lebendes Dokument.

- Was haben Mitarbeiter davon? Viele Unternehmen träumen von dem Nutzen von Corporate Influencern im Recruiting oder Sales (Social Selling), machen sich aber zu wenige Gedanken, was es ihren Mitarbeitern bringt. Wer nur einseitig fordert, ohne etwas zu geben, wird Schwierigkeiten haben, die ersten geeigneten Influencer zu finden. Dabei spreche ich nicht von monetären Anreizen, sondern eher von Trainingsmaßnahmen und der Möglichkeit, an seiner Digital Personal Brand zu arbeiten. Diese Trainings sind wichtig, wenn man nicht nur eine Armee von Linkschleudern, sondern echte Corporate Influencer aufbauen will, die auf die Unternehmensmarke einzahlen.
- Vorreiter identifizieren und befähigen: Die beste Erfahrung mache ich immer wieder mit einer kleinen Vorreitergruppe. Diese Menschen haben den Mut und die Freude, die ersten Corporate Influencer im Unternehmen zu sein oder es gibt sogar schon welche! Wer ist in Deinem Unternehmen schon aktiv auf Social Media und teilt dort seine/ihre Expertise und spricht über das Unternehmen? Die Wahrscheinlichkeit, dass es diese Corporate Influencer ohne Auftrag schon gibt, ist groß. Diese Vorreiter gilt es zu befähigen und mit ihnen in den offenen Dialog zu treten. Warum machen sie das, was sie machen, bzw. warum wollen sie die Ersten sein? Was brauchen sie, um besser zu werden? Welche Herausforderungen haben sie aktuell? Welches Wissen brauchen sie? Pflege diese ersten Corporate Influencer, denn die Art und Weise, wie mit ihnen umgegangen wird und welche Erfahrungen sie machen entscheidet oft darüber, ob weitere Mitarbeiter ihnen folgen oder nicht. Das Video „How to start a movement" auf You-Tube zeigt wie wichtig es ist, seine ersten „Follower" zu feiern!

  Wie befähigt man diese Menschen? Hier braucht es oft Experten aus den Fachabteilungen oder externen Support. Zunächst lohnt sich die Suche im eigenen Unternehmen. Wer hat das Wissen, das die Corporate Influencer brauchen? Da Konzepte für Schulungen, die Schulungen selbst, das Feedback und die Weiterentwicklung der Initiativen zeitintensiv ist, lohnt es sich, hierfür einen externen Experten zu holen, der eng mit dem internen Verantwortlichen zusammenarbeitet, der von dessen Wissen profitiert und lernt.

  Im Übrigen sollen nicht alle Mitarbeiter Corporate Influencer werden. Das wäre auch nicht wünschenswert. Nicht jedem Mitarbeiter liegt es, in Social Media präsent zu sein und Beiträge zu verfassen. Die Voraussetzung sollte eine Bereitschaft zur Sichtbarkeit und Offenheit für Social Media sein.
- Kommunikation im Unternehmen: Solche Initiativen machen neugierig und werfen einige Fragen auf. Es ist entscheidend, das Narrativ zu steuern. Welche internen Kommunikationskanäle können genutzt werden, um die Initiative vorzustellen und zu erklären? Insbesondere der Nutzen sollte dabei klar herausgestellt werden. Ebenfalls wichtig ist es, Etappensiege zu kommunizieren, um das Überleben des Programms zu sichern, bis es keinen Zweifel mehr an dessen Nutzen gibt.
- Woran merke ich schon heute, dass ich auf dem richtigen Weg bin? Wie anfangs erwähnt, können solche Initiativen am Anfang nur schwer mit harten KPIs versehen werden. Jedoch sollten zumindest einige klare Pflöcke eingeschlagen werden, um si-

cherzustellen, dass man nach drei Monaten auf dem richtigen Weg ist. Ein Beispiel: Ich habe für einen Kunden ein Social-Selling-Programm aufgesetzt. Wir haben am Anfang insbesondere darauf geschaut, wie viele Vertriebsteams Schulungen von sich aus anfragen, wie viele Menschen regelmäßig in LinkedIn und XING Beiträge teilen, wie viele nach den Schulungen ihr LinkedIn- und XING-Profil erstellen bzw. optimieren und welche Erfahrungen mit uns geteilt werden. Aus dem Feedback konnte das Programm weiterentwickelt werden, weil klar war, das wir auf dem richtigen Weg sind. Nach einem Jahr besteht kein Zweifel mehr, dass Social Selling wichtig ist für die tägliche Arbeit im Vertrieb und jeder Vertriebler misst seine Social-Selling-Erfolge genauso wie die klassischen Sales KPIs (mithilfe der Integration von Social Selling in das CRM-System).

3. Die Kür

- Wie lernen wir Menschen eigentlich? Was motiviert uns? Diese Fragen sind schon die Kür, aber oftmals entscheidend dafür, ob eine Corporate-Influencer-Initiative die nötige PS auf die Straße bekommt. Neben dem reinen Wissensinput sollte der Trainer auch verstehen, wie Menschen am besten lernen und es dementsprechend vermitteln. Auch deswegen lohnt es sich, mit einem externen Experten zusammenzuarbeiten oder entsprechende Abteilungen wie Change Management oder People Development mit einzubeziehen, die solches Wissen mitbringen können.
  - Durchhaltevermögen. Die Menschen, die solche Initiativen planen und vorantreiben, brauchen Durchhaltevermögen. Ich habe schon oft Corporate-Influencer-Initiativen gesehen, die kurz davor waren Wind aus den Segeln zu verlieren, weil es mal eine ruhige Phase gab. Es gab Einstellungsstopps, die zu einer Mehrbelastung der Mitarbeiter geführt haben, was wiederum „Lieblingsprojekte" erschwert haben. Oder aber ein Corporate Influencer hat etwas in LinkedIn geteilt, was da nicht hingehört und schon wurde die gesamte Initiative angezweifelt. Das gehört manchmal dazu und erfordert Durchhaltevermögen von den Verantwortlichen und viel Herzblut für das Thema.
  - Austausch über die Unternehmensgrenze hinaus. Auch in Deutschland gibt es mittlerweile einige Unternehmen, die Corporate Influencer bereits erfolgreich einsetzen. Ob Bosch, Otto, Microsoft, Deutsche Telekom, Continental, Hays oder andere. Tritt mit den Menschen in diesen Unternehmen in Kontakt und tausche Dich mit ihnen aus. Insbesondere LinkedIn bietet hierfür die perfekte Möglichkeit. Der Corporate Influencer Day der Quadriga ist ebenfalls eine sehr gute Anlaufstelle, um sich mit Gleichgesinnten auszutauschen.

Ich wünsche Dir viel Spaß und viel Erfolg beim Aufbauen Deiner Digital Personal Brand und dem Befähigen anderer, dasselbe zu tun!

The manufacturer's authorised representative in the EU is Springer
Nature Customer Service Centre GmbH, Europaplatz 3, 69115 Heidelberg,
Germany. If you have any concerns regarding our products, please
contact ProductSafety@springernature.com

Printed and bound by CPI Group (UK) Ltd, Croydon, CR0 4YY

24/04/2026

02096341-0010